近世仏教思想の独創

僧侶普寂の思想と実践

西村 玲

トランスビュー
TRANSVIEW

近世仏教思想の独創——僧侶普寂の思想と実践＊目次

第三章　聖俗の反転——出定如来・富永仲基　89

第四章　現世の解体——須弥山説論争と普寂　114

おわりに　286

凡例

一、文献引用に当たっては、漢文資料は原則として現代仮名遣いで書き下した。和文資料は、カタカナを平仮名に直し、適宜句読点を改めた。旧字・異体字は、原則的に新字に統一した。

二、引用資料は以下の略号を用いた。

大正蔵＝大正新脩大蔵経

新日仏全＝新版大日本仏教全書（鈴木学術財団版）

日蔵＝日本大蔵経（鈴木学術財団版）

三、引用文中の割注は〈 〉で示した。

四、引用文および本文中の［ ］は、筆者による補足である。

五、歴史上の人名は、通常多く用いられる呼称に統一した。

六、研究者の氏名は敬称を略した。

装幀　高麗隆彦

近世仏教思想の独創

僧侶普寂の思想と実践

はじめに

　近年、日本近世（江戸時代）の見直しが進んでいる。従来の封建史観は新たな視点を獲得しつつあり、近世は多様で豊かな文化を内包していた、という評価を与えられつつある。研究が手薄だった近世の宗教についても、主として日本史学分野からの研究が進み、民衆信仰と宗教統制の実態が、さまざまな角度から明らかにされてきた。その結果、近世の宗教世界における仏教は、幕藩体制の頂点から底辺の民衆にまで深く広く浸透し、巨大な影響力を持っていたことが分かってきた。

　ひるがえって、近世思想史の現状はどうか。丸山眞男の提唱した政治思想史、近世を儒学から国学への変遷と見る枠組みが、そう単純には成り立たないことは、検証されてすでに久しい。しかし、それに代わる思想史観はいまだ提出されていないのが現状であり、歴史学の進展に比して、思想史研究の立ち後れは著しい。その要因の一つは、丸山以後の近世思想史が政治思想史の視点を踏襲したまま、本質的に仏教思想を捨象して、論じ続けられてきたことにあるだろう。

　これまで日本近世の仏教思想は、いわゆる近世仏教堕落史観、すなわち江戸の幕藩体制下で形式化し堕落した思想というレッテルを貼られ、その思想的意義はながく省みられてこなかった。民衆の生活において仏教思想が果たした役割は、辛うじて認められてきたものの、知識人たる学僧たちは堅く閉ざされた寺の中で、無数の経典と各祖師をめぐる繰り言を、飽きもせずに繰り返していたにすぎない、と考えられてきた。何世代にもわたって積み上げられた膨大な知識の堆積は、権力を支えて権威の光背ともなったが、そこには歴史の現実と相対する緊張関係はなく、思想を生きる主体性はなかった、と。

歴史的に見れば、近世仏教堕落論という学説は、明治以後の急速な近代化を達成するために、前代の江戸に対する全面的な否定を必要とした日本近代の時代状況から生まれてきたものでもある。さらに言えば、堕落論の背景となった近代における仏教への不信は、直接的には近世後半から近代に至って明確に自覚された、僧侶と寺院への不信と反感から、必然的に生じてきたとも思われる。そしてこの不信は、私たちが生活の中で何らかの形で僧侶と寺院に関わるたびに、意識的であれ無意識的であれ、往々にして反復され、首肯される感覚でもあろう。その失望と反感は、逆に言えば、私たちの仏と僧への本能的とも言える期待と願いの深さを映すものである。

近世における仏教思想は、近世を生きた人々の精神構造を、本質的に規定する思想の一つであった。今に至るも、日々新たな落胆と反感を生み出すほどに、近世においての仏の教えは、私たちの魂と体に刻印された。それはなぜか。むろん多くの歴史的理由とさまざまな考察がなされているけれども、わけてもその思想的理由はなにか。近世の仏教思想が、今日の日本思想史上で考えられているように、本当に無意味なもの、あるいは頽廃の源泉であったならば、近世において仏教はここまで広く深く根付いただろうか。さらには、廃仏毀釈と神仏分離によって幕を開ける激動の近代を経て、現代に至るまで、仏教がこれほど私たちに身近なもの、内なるものとして生き残り得ただろうか——。

近世に入ってからの仏教思想は、寺檀制度と本末制度に支えられる社会的地位と経済的安定を獲得して、中世後期の戦乱による打撃から本格的に復興していった。その過程で、日本の僧侶たちは、同時代の中国大陸における明代（一三六八―一六四四）の仏教を貪欲に吸収していく。大陸の新しい仏教を取り入れようとする彼らの努力と、折りからの明朝滅亡とが相俟って、多くの中国人僧侶が来日した。その結果、新しい禅である黄檗《おうばく》禅が輸入確立されて、明代の新しい版（万暦版）を用いた大蔵経が出版された。

それと同時に、一方では、古代・中世において盛んであった日本仏教の再生と復興を目指す僧侶たちが、各宗派においてあらわれる。そうした存在の一つが本書で論じる律僧《りつそう》、すなわち、ほとんど壊滅状態にあった戒律を再生し、さまざまな形で戒律を実行する僧侶である。近世初頭の律僧たちは、中世南都の戒律復興を模範としてその活動を始めており、全般に宗派の枠組みを越える傾向を持っていた。近世前期における仏教思想は、明代仏教の輸入による革新と、古代中世からの仏教を再生しようとする伝統の復興を車の両輪として発展していったと思われる。

近世中期において、仏教思想は最盛期を迎える。近世初頭からの革新と復興の波が徐々に浸透するにつれて、各宗において中世からの雑多な信仰や慣習が批判され排除されて、仏教思想の近世化が進んだ。僧侶養成のための各宗の学問所の整備も進み、徂徠学をはじめとする近世思潮との関わりもあって、専門家による教理思想の研究が本格化する。全国の戒律寺院の数は、この時期に最大になっており、律僧らはある程度宗派を越えて、個人として活動していた。

近世後期には、各宗において徐々に排他的な宗派性と閉鎖性が強まり、律僧はむろんのこと僧侶個々人に対する宗内統制が厳しくなってくる。この傾向は、近世後期における民間宗教者に対する統制の強化とも重なる。恐らくは、国学神道の勃興とも無縁ではないと推測されるが、近代に入ってからの廃仏毀釈を経て、さらに強化されていったと考えられる。

日本の仏教が、近世を通じて、さらには近代に至っても、生き残り得たのはなぜか。同時代の東アジアにおける仏教の社会的・思想的な地位の低さを考えてみれば、そのことは決して当たり前のことではない。まずは仏教を思想として捉え直してみること、さらには宗教思想史の視点を積極的に取り入れていくこと。そのことによって初めて、政治思想史の一面性を越えた近世思想史の全体像を把握しうる可能性が、我々の射程に入ってくるのではないだろうか。

これから見ていくのは、この問いに対する応答の一つ、近世仏教の最盛期であった十八世紀を生きて、近代へとその思想のバトンを送った普寂《ふじゃく》（一七〇七―一七八一）という僧侶のことである。普寂は、富永仲基《とみながなかもと》（一七一五―一七四六）と同時代人であり、華厳学を基盤とする律僧である。その没直後から近代を経て現代に至るまで、仏教諸宗から異端の学僧とされ、蛇蝎の如く忌避されてきた。また一方では、明治三十年代から始まる、近代仏教の思想的運動である「新仏教運動」において、その祖師批判を含む自由討究の姿勢が、近代的な学問につながるものとして高く評価されている。

思想史的に言えば、普寂は前近代の既成教団の僧侶として、近代の先駆けとして広く称揚されてきた富永仲基に対置されてきた。それは確かに分かりやすい図式ではあるけれども、彼らの精神に身を添わせてみれば、鋭く対立すると同時に深く補完し合う、近世思想史上の聖と俗が見えてくる。普寂は富永仲基とならんで、仏教の内なる近代化の起点であり、近代仏教の思想的水源の一つである。その点で普寂の思想は、仏教内部の位置づけにとどまるものではなく、近世という時代の中で考えるべき思想家の一人といえよう。三十二歳で夭折した仲基に比べれば、七十五歳まで生きた普寂は、自らの思想を完成し実践する時間を与えられただけ、その生はより完結性の高いものとなった。しかし一方で、思想家としてのその完結性は、普寂をして仲基にもまして時代から隔絶せしめ、近代以後までも彼を孤立させる要因となった。

近世を生きる知識人は、神仏の美しい夢を生きていた中世的精神から、すでに遠く隔たっている。世俗的知識人である仲基は、若さの客気に溢れて「仏もまた可なり。儒もまた可なり」と言い放ち、聖界に生きる普寂は「仏祖の命脈、今まさに尽きんとす。その危うきこと、なお一髪にて須弥を繋ぐがごとし」と痛切に知る。普寂は、その最期に「不肖と雖もこれを回復し、仏祖の命脈を続けんと欲す。これ吾が素志なり。この故に生涯、唯だこの一事のみを事とす」と言い切った。近世中期を生きる普寂は、仏教が信ずるに値する思想であることを、世間と自らに、存在をかけて証明せねばならなかった。普寂が発見したその方法は、まずは釈迦の言葉を実行する僧侶、律僧として生きることであった。本書は、普寂を通して、日本近世における仏教思想の内実とその展開を考察し、近世から近代にかけての仏教の思想的水脈の一つを示そうとするものである。

日本における仏教思想は、私たちの世間、社会と倫理の根底を支える普遍性を供給してきた思想の一つである。なかでも近世の仏教思想は、良くも悪くも現在の私たちの倫理と宗教を直接に支える歴史的位置にある。私たちは、過去から何を受け取り、何を捨ててきたのか。そして何を、未来に伝えられるのか。近代を経た今、近世におけるその端緒の時を生きた普寂らの思想は、改めてそのことを問いかける。近世の仏教思想が、どのように生きていたかを明らかにすることによって、その宗教性を実証し、新たな思想史への構築に寄与することを目指したい。

第一章　近世思想史における仏教の意義

第一節　空と治国平天下――丸山眞男を始点として

一　近世思想史の再構築

第二次大戦後の近世仏教の研究は、日本史学の大家であった辻善之助が、一九五五年に『日本仏教史』で提出した学説、いわゆる近世仏教堕落論から始まっている。辻は敬虔な真宗門徒であり、東大史料編纂所の初代所長であった。そのライフワークである『日本仏教史』全十巻の中で、「近世篇」は四巻分を占める。そこで提出された近世史料は、教理思想以外の仏教史料のほぼ全域――本末制・寺檀制・諸宗復古・排仏論など――にわたる膨大なものであり、結論は以下のようにまとめられる。

江戸時代になつて、封建制度の立てられるのに伴ひ、宗教界も亦その型に嵌り、更に幕府が耶蘇教禁制の手段として、仏教を利用し、檀家制度を定むるに及んで、仏教は全く形式化した。之と共に本末制度と階級制度とに依つて、仏教はいよいよ形式化した。……僧侶は益々貴族的になり、民心は仏教を離れ、排仏論は凄まじく起つた。仏教は殆ど麻痺状態に陥り、寺院僧侶は惰性に依つて、辛うじて社会上の地位を保つに過ぎなかつた。

（辻善之助『日本仏教史』[1]）

日本近代のアカデミズムにおいて、近世仏教の意義は常に否定され続けてきた。戦後の辻史観は、もっとも近年のそれと言えるだろう。こういった近世仏教の否定的な意味づけは、日本近代における近世の時代評価と密接に関わっている。

近世文化史家の中野三敏がいうように、明治以後、急速な近代化を実現するためには、前代の近世を基本的には否定し、常に批判することが必要であった。[2] 大きく見れば、辻史観も、その一つと見ることができる。第二次大戦後には、当時の近代主義の視点から、近世に近代の萌芽を認めて、積極的に評価しようとする方向が生まれた。それは日本思想史の分野でいえば、丸山眞男の近世思想史であり、中村元の近世仏教観であった。以後長らく、その見方が踏襲されてきたが、近年ようやく近代主義が見直されるに至って、近世再評価の動きが始まりつつある。近代を経た今、中野がいうように、近世江戸を再評価することは近代の終焉ではなく、近代の成熟の始まりであることを自覚すべきだろう。

戦後の近世思想史は、仏教を捨象した丸山眞男の政治思想史から始まり、基本的には丸山の視点が受け継がれてきた。そこにおいて、仏教の思想は、前近代の封建制度と迷妄の源泉とみなされ、戦後知識人の恃むべき思想とはなりえないとされて、うち捨てられてきた。こうした状況であってみれば、本論に入る前に、近世思想史において仏教を論じる意味を明確にしておく必要があるだろう。

そもそも丸山は、なぜ仏教を捨象したのか。仏教をうち捨てることによって、私たちは何を喪失してきたのか。近世思想史の再構築のためには、これまで空白であった仏教思想の意義と実像を明らかにすることを、もはや避けては通れない。本章では、戦後の近世仏教研究を振り返った上で、丸山眞男の近世政治思想史を検討し、その思想を確認する。その上で、近世思想史における仏教の意義を考察していきたい。

二　近世仏教研究史の概略

戦後、歴史学的な近世仏教の研究においては、政治史的な研究が主たる牽引力となってきた。全般的な傾向としては、近世初期を対象とするもの、あるいは幕末を論じるものの二つに分けられる。前者は、キリシタン禁制を掲げて、仏教勢力を統制下に入れながら、幕藩体制が構築されていく過程を明らかにするものであり、後者は幕末ないし近世後期から、近代天皇制への移行を論じるものが多い。

まずは一九六〇年代に、藤井学は政治制度史的な視点から、近世初頭の幕府による宗教統制を論じた。幕府が各寺院を本末制度によって統制し、行政支配の末端として機能させる寺檀制度によって民衆を把握し、宗教勢力と民衆を同時に支配下に組み入れていったことを示した。さらに藤井は、中世から近世への移行期に遡って、論じている(3)。

藤井より若干遅れて、圭室《たまむろ》文雄は、主として寺請制度（庶民の各人が、寺の檀徒であってキリシタン信徒ではないことを、その檀那寺に証明させた制度）と、本末制度（各宗の本山が全国の寺院を寺格によって統制、末寺として支配する制度）を中心に分析し、中世の宗教勢力が近世幕藩体制の中に組み入れられていく過程を明らかにした。近世中期以後には、寺請制度の確立が進むにつれて権力の一部となった寺院が、民衆から収奪することによって退廃、堕落していく。それに対抗する形で、反仏教の流れが生まれたという。[4] 政治経済史的視点から、仏教史を分析した意味は大きいと思われる。

仏教に関わる政治史的な研究で、画期となったのは朝尾直弘である。朝尾は、近世の将軍権力は、中世の宗教勢力を打倒することで確立されたところの、聖俗二界に君臨する絶対権力である、と論じた。[5] さらに大桑斉は、近世寺院によって行われた寺請制度が、キリシタンではない良民・領民として、民衆個々人を証明する思想的な検閲機能を持っていたことを、実証した。その寺請制を成立させた実効的な権威は、世俗法に対する宗教法が持っていた相対的自立性にあったことを明らかにしている。大桑は、幕藩制国家が宗教的権威と一体化することで存続したことを、寺檀制度の分析から詳細に論じて、近世仏教の政治思想的な側面を明らかにした。その後大桑は、中世から近世までの仏教の展開についても論じている。[6] しかしこれらの研究は、幕藩体制確立期における宗教政策を中心とするため、近世後期は研究史上、空白のままであった。

これに対して、高埜利彦は、幕藩体制から近代天皇制への移行を論じる中で、身分制の外にいる民間宗教者が、どのように統制されていったかを示した。[7] 高埜によれば、山伏などの流動する身分的周縁の人々は、幕府権威を基盤とする免許によって全国的に統制されて、幕府による全国民の身分統制が達成される。さらに近世後期には、幕府権威の相対的な低下に伴い、天皇権威が免許保証者として浮上する。こうして民衆の信仰は多様化し、幕末の新宗教へとつながっていったという。高埜の研究は、のちに述べるように社会史においても新しい研究を引き出す契機になった。

これらの研究は、仏教が中世に持っていた強大な政治的勢力を失いつつ、近世宗教として体制の中で再構築され、機能していく過程を明らかにした。その具体的な方法が、民衆の個別支配とキリシタン禁制を目的とする寺檀制度であり、宗派内での秩序と序列を保証する本末制度であった。

政治史的な研究とほぼ同時に、民俗学的・社会史的な研究も進んだ。一九六〇年に竹田聴州は、仏教が近世の民衆生活にいかに生きて機能していたかを考察する、「生きた機能論」を提言した[8]。それ以後、現在までの社会史においては、浄土真宗についての研究が進んだ。先鞭をつけた児玉識《こだましき》は、神祇不拝などを守った近世の真宗門徒を論じて、真宗信仰が民衆の中で生きていたことを実証し[9]、近代までを視野に入れて、近世真宗の実態を解明している[10]。奈倉哲三は、越後蒲原の真宗門徒を対象として、その具体像を示した[11]。また有元正雄も、近世真宗に関わる一連の研究を行っている[12]。児玉らの真宗研究に対して、澤博勝や引野亨輔も、さまざまな地域における真宗門徒の多様なあり方を示した[13]。

これらの社会史的な研究は、民衆における近世宗教の具体像を詳細に明らかにし、近世真宗の研究は大きく進展した。さらに、高埜の影響を受けた諸研究が進み、近世後半には仏教の枠組みを超えて、神道国学や民衆宗教の形をとって、宗教的なエネルギーの広がっていったことが明らかにされつつある。歴史的には、その後の仏教は、近世後半の思想的総決算ともいうべき廃仏毀釈を迎えて、国家神道に収斂される近代の宗教再編に参加していくことになる。

尾藤正英はこうした実証的な研究に対して、近世の日本社会においては、家を単位とする仏教・神道・民俗宗教を併せた一つの宗教が形成され、普遍的宗教として普及したとする国民的宗教論を提示した[14]。尾藤は、普遍的宗教の必要条件を「普遍性と倫理性、すなわち閉鎖的な共同体の限界を超えた人間一般の次元において、個人の精神的な救済への道を開くことと、同時にその人間社会の連帯性ないし共同体の意識にもとづく行為の基準としての倫理や道徳を、個人に指し示すこととの、二つの条件が不可欠であろう[15]」とする。そして近世の仏教は、葬祭儀礼を一手に引き受けることで支配層から民衆までの生活に行き渡り、鎌倉仏教の平等と救済の精神が人々の生活の中で現実化していったことを論じた。これは近世における宗教思想について、ある程度の全体的な見通しを与える研究と思われる。

これらの研究によって、近世の権力構造と民衆生活の双方において、仏教が深く広く根を張っていたことが、次第に明らかになってきた。近世における仏教は、生活においても体制においても、私たちの想像を超える大きな存在だったといえるだろう。

さて、以上の歴史学的研究に対して、近世の仏教思想そのものを対象とする思想史的な研究は、非常に少ない。敗戦直後の一九四九年に、中村元は、近世仏教の思想家として、富永仲基と鈴木正三《しょうさん》を論じた。[16] 中村は、マックス・ウェーバーの宗教観を手掛かりとして、仲基らの思想に「批判的精神」と「合理主義」に代表される近代的思惟を見出した。[17] 厳密な意味の僧侶ではなかった両者——人生の半ばを武士として過ごした正三と、儒教を基盤とする学者の仲基——の人選が示すように、中村は彼らを、近世仏教における例外的な思想家として高く評価した。中村は、世俗的知識人の優れた思想を対象とすることにより、近世仏教思想に民衆性と合理性という価値を新たに見出した。[18] そのことは一方で、仏教を現実に担った多数の近世教団と僧侶を堕落論の鉄鎖の中に封じることになり、これ以後の思想史的な仏教研究の進展を疎外する一要因ともなった。

中村はまた、丸山眞男の『日本政治思想史研究』について、短く論評している。[19] 丸山が、自然的秩序を前近代性、作為の論理を近代性であると定義することに対して、インド仏教の理念から疑義を呈し、仏教思想が作為の論理と自然的理法の両者を持つことを論じた。また丸山が、知識階級の政治思想のみを論じることに対して、民衆を服従させる政治思想としての仏教の役割に注意を促している。丸山の政治思想史に対して、仏教の思想史的意義を指摘したものといえるだろう。

丸山眞男の『日本政治思想史研究』は政治思想史の立場から、近世を徳川封建体制が崩壊していく過程と捉え、「儒学から国学へ」という大きな流れを描いた研究である。戦後の近世思想史学は、この思想史像を土台として進展してきた。その過程で、儒学は丸山の描いたような中心的思想ではなかったことが論証され、丸山の儒学を中心とする近世思想史は訂正された。近年では、近世の思想史は、儒教・仏教・神道国学などの諸思想から成り立っていたことが論じられ[20]、思想史における仏教排除の問題点が指摘されている[21]。

しかし、近世思想史を儒学と国学のみで論じる丸山政治思想史学の視点そのものは、民衆史の視点を取り入れつつも、現在に至るまで基本的には変わっていない。政治思想史から見る仏教は、民衆支配におけるその有効性と機能性が指摘されるにとどまり、思想自体の意義と歴史に踏み込んで論じられることはない。丸山から現在に至るまで、依然として仏教は、近世思想史の周縁でありつづけている。この位置づけは、仏教が深く広く根づいていた近世の実態からは、やはりかけ離れたものといわざるを得ないのではなかろうか。

近世において、仏教の果たした思想的役割は何であったのか。この時代を生きる人々は、なぜ、どのように仏教を必要としたのか。その問いに答えることは難しいが、たとえば手掛かりとして、丸山の愛した思想家・福沢諭吉の自伝を見てみよう。『福翁自伝』の冒頭には、諭吉が生まれた時の父の喜びが、次のように語られる。

父が大層喜んで「これは好い子だ、この子がだん〳〵成長して十か十一になれば寺に遣《や》って坊主にする」と、毎度母に語ったそうです。……中津〔福沢の生まれ育った中津藩〕は封建制度でチャント物を箱の中に詰めたように秩序が立っていて、何百年経っても一寸《ちょい》とも動かぬという有様、……先祖代々、家老は家老、足軽は足軽、……到底どんなことをしたって名を成すことは出来ない、世間を見れば茲《ここ》に坊主というものが一つある、何でもない魚屋の息子《むすこ》が大僧正になったというような者が幾人《イクラ》もある話、それゆえに父が私を坊主にすると言ったのは、その意味であろうと推察した……。（『福翁自伝』(22)）

父は、諭吉が生まれたことを喜んで、ゆくゆくはこの子を坊主にしようと常々語っていた。先祖代々定まっている封建制度の中で名を成すには、坊主しかない、と父が考えたからという。この一段は、次の有名な「門閥制度は親の敵《かたき》で御座る」という一節に続く。

父の生涯、四十五年のその間、封建制度に束縛せられて何事も出来ず、空しく不平を呑んで世を去りたるこそ遺憾なれ。また初生児の行末を謀《はか》り、これを坊主にしても名を成さしめんとまでに決心したるその心中の苦しさ、その愛情の深き、私は毎度このことを思い出し、封建の門閥《もんばつ》制度を憤《いきどお》ると共に、亡父の心事を察して独《ひと》り泣くことがあります。私のために門閥制度は親の敵で御座る。（『福翁自伝』(23)）

『福翁自伝』には、「〔父が〕書き遺したものなどを見れば真実正銘《しょうみょう》の漢儒で、殊《こと》に堀河《ほりかわ》の伊藤東涯《とうがい》先生が大信心《だいしんじん》で、誠意誠心屋漏《おくろう》に愧《は》じずということばかり心掛けたものと思われる」とあり、福沢の父は儒学を信じていた(24)。時はすでに幕末、もっぱら儒学を修めた福沢の父にとっても、坊主になること、出家することは、封建制度の門閥を超える道――恐らくは公的に認められたほぼ唯一の道――だった。近世寺院と僧侶が、世俗社会に対する宗教社会として世俗外身分の位置にあり、相対的な自立性を保ったことは、大桑斉が寺請制度の分析を通して詳しく論証している[25]。では、それを支える思想は何だったのか。近世において、なぜ出家することが封建の門閥制度を超える方法であり、仏教は現世の秩序を超えていく道でありえたのか。

次節では、丸山の信念を明らかにすることで、彼が見なかった思惟を逆照射し、浮かび上がらせたい。そのことによって、近世思想史が排除してきたもの、仏教の思想的意義を考える手掛かりとしたい。仏教の思想史的意義が正面から論じられて初めて、近世思想史の再構築が、ようやく現実味を持って視野に入ってくるだろう。

三　丸山眞男の発見したもの

民衆史家の安丸良夫は、丸山眞男を「戦後日本民主主義の理念的代弁者」とする[26]。安丸の言葉通り、一般に、丸山は西欧民主主義を理想として近代化を目指した思想史家とされる。彼は、戦中から戦後にかけて、その思想史像を形成した。日本帝国とその敗北にあたって、彼は何を信じ、近世の思想に何を見たのか。

丸山は、戦時の一九四〇から四四年の間に書いた諸論文を、『日本政治思想史研究』（東京大学出版会、以下『研究』と略称）にまとめて、一九五二年に出版した。また敗戦の一九四五年から、日本ファシズムを論じた諸論文を続けて発表し、一九五六から五七年には、これらを『現代政治の思想と行動』（上・下）として出版した。これは、一九六四年に『増補版　現代政治の思想と行動』（未来社、以下『現代政治』）として再刊された[27]。この二冊は、戦後の思想界に大きな影響を及ぼすと同時に、現在の近世思想史学の土台ともなった。ここでは、戦後思想史学の基礎として考察するために、もっとも膾炙した版を用いて、この二著から、丸山における仏教不在について論じたい[28]。

丸山没後に出版された『丸山眞男講義録』（全七冊）中の、通史としての日本政治思想史講義の中で、古代と中世の仏教思想が論じられている。これについては、すでに末木文美士が、丸山は仏教を普遍主義的に理解し、鎌倉新仏教を高く評価したことを述べた[29]。丸山のこの見方は、当時の日本仏教研究の通説を反映したものであり、そのことは、一般的な講義という性質を考えれば当然のことである。ここでは、近世思想史における仏教の意義を論じるために、その後の近世思想史学の基礎となったという基準にもとづいて、丸山の主要な著作を取り上げる。

まずは『研究』によって、丸山近世思想史の概観を示しておこう。この著は、近世封建社会の正統的な世界観（朱子学）が、どのように内部から崩壊していったかを描いている。近世初頭の儒学者（藤原惺窩、林羅山、山崎闇斎）らが取り入れた朱子学が、近世前期の儒者（山鹿素行・伊東仁斎・貝原益軒）の思想によって、内部的に解体されていく過程を示す。次に、荻生徂徠が、その政治的思惟によって朱子学を本質的に分解したことを論じ、徂徠を近世儒学の絶頂とする。さらに、本居宣長が国学を主張して、内面の心情を発見したことを論じて了える。丸山の見た近世思想史は、儒学と国学によって、朱子学の独裁から人間が解放されていく過程であった。彼のいう「近代化」の過程である。

丸山が、この解放の過程を論じるにあたって、徳川体制と彼自身が生きた日本帝国、近代天皇制国家を重ね合わせていたことは、すでに多くの論者によっていわれており[30]、ほぼ同時期に書かれた『現代政治』の日本ファシズム論を読めば、率直に首肯しうるところだろう。では、なぜ丸山は両者を重ねることができたのか。彼が見た徳川体制と日本帝国の共通点とは、何だったか。

丸山が分析した、日本ファシズムの特徴を確認しておこう。『現代政治』の巻頭論文「超国家主義の論理と心理」では、日本の国家主義は「精神的権威と政治的権力を一元的に占有する」[31]ものとされる。以下では、すべての権威と権力が天皇に収斂されていく仕組みが論じられるが、その原因は政治と道徳の一体化、公的な国家と私的な精神の一元化にある。丸山自身の言葉で見てみよう。

国法は絶対価値たる「国体」より流出する限り、自らの妥当根拠を内容的正当性に基礎づけることによつていかなる精神領域にも自在に浸透しうるのである。／従つて国家的秩序の形式的性格が自覚されない場合は凡そ国家秩序によつて補捉されない私的領域というものは本来一切存在しないこととなる。……「私事」の倫理性が自らの内部に存せずして、国家的なるものとの合一化に存するということの論理は裏返しにすれば国家的なるものの内部へ、私的利害が無制限に侵入する結果となるのである。

（『現代政治』一五―一六頁、／は原文改行を示す。傍点は丸山。以下同）

国家秩序と私的領域が一体化すること、国家が体制と精神的価値を一元的に創出し、一体として保持することが述べられる。丸山は、この公と私の一元化、政治と道徳の一体化を、徳川体制の政治思想に重ねた。『研究』において封建思想とされる朱子学は、次のように述べられる。

むしろ超越性と内在性、実体性と原理性が即自的に（無媒介に）結合されてゐるところに朱子哲学の特徴が見出されるのではなからうか。（『研究』、二二―二三頁）

個人のかうした道徳的精進がまた一切の政治的社会的価値実現の前提条件である。（『研究』、二五頁）

そして、この道徳と政治社会の一体性が崩れていく過程、「さしも整序性を誇った朱子学の連鎖は一つ又一つと断ち切られて行く[32]」道筋が、各儒者を例証として述べられる。その解体過程の頂点が、荻生徂徠である。徂徠の思想とは何か。

……徂徠の思惟方法の特質が如何なるものであるかはもはや明かであらう。……一言以て表現するならば、政治的思惟の優位といふことである。（『研究』、七六頁）

我が徳川封建制下における「政治の発見」を徂徠学に帰せしめることはさまで不当ではなからう。（『研究』、八四頁）

政治を発見した徂徠は、そのことで何をしたか。

かくして道とは徂徠においてひとへに聖人の道とされた。……聖人の道乃至先王の道の本質はなによりも治国平天下といふ政治性に在る。かうして治国平天下が道の核心に置かれたことが、やがて個人道徳と政治との連続的思惟に対する痛烈な否認となつて徂徠学に現はれたとしても、……朱子学の分解過程を辿つて来たわれわれにとつては決して唐突ではないであらう。
（『研究』、八二頁）

徂徠は政治性によって、体制としての政治と個人道徳を分離した、とされる。丸山は、封建国家の根源である道徳と政治の一体化を終わらせるくさびが政治である、というのだが、しかしここで彼のいう「政治・政治性」とは一体何か。

彼の政治という言葉が何を指すのか、『研究』では明言されない。たとえば、ここでも「治国平天下というふ政治性」と定義されるだけである。しかし、戦後の丸山の軌跡を考え併せれば、徂徠に擬せられる政治の独立とは、直接には、近代市民国家における国家は人間の精神内部に立ち入ってはならないという原則[33]、法規範の独立概念のことと思われる。丸山は、政治・法と倫理・宗教の分離によって、精神的自由が保障され、封建国家の思想――徳川体制のそれでも、日本帝国のファシズムでも――が崩壊しうることを信じた。

即ち「公」とは政治的＝社会的＝対外的なものを指し「私」とは個人的＝内面的なものを示してゐる。……理念型的に言へば一般に非近代的な、ヨリ正確には前近代的な思惟はかかる意味における公私の対立を知らないのである。それは前近代的な社会構成そのものが――やはり理念型としては――この意味での公私の分裂を有しないことと照応してゐる。
（『研究』、一〇六―一〇七頁）

丸山のいう前近代の社会とは、徳川体制や日本帝国のように、公と私が未分離の社会である。精神的価値とは異なる政治独自の価値を見出し、具体的な法を導入することによって、公と私は分離され、人々は初めて心の自由を、ひいては体の自由を得られるだろう。

丸山が信じたものは、「現実に人間を動かし(34)」人の集団を安寧に保つ技術、人が幸せに生きることに対しての政治の有効性である。その政治形態は、丸山にあっては、具体的には西欧近代の市民国家を指していたが、彼は徂徠の内に、封建体制の崩壊をもたらす思想、政治という普遍的な概念を見出し得た。それは、何よりもまず丸山自身の内にある、正義への希求そのものでもあったから。『研究』のあとがきに言う。

いかなる磐石のような体制もそれ自身に崩壊の内在的な必然性をもつことを徳川時代について——むろん思想史という限定された角度からではあるが——実証することは、当時の環境においてはそれ自体、大げさにいえば魂の救いであつた。（『研究』あとがき、八頁）

個人修養の延長ではない正義と秩序、社会全体の平和と安寧、「治国平天下」を目指す思惟、政治という概念と方法が日本近世にあったことを、丸山は儒学のうちに発見した。近世思想のうちに、公と私の分離の思惟を見つけていく過程は、確かに自身いうとおり、現実の日本帝国を生きる魂の救いであり、祈りであったと思われる。丸山にとって、徳川体制の内部的崩壊を論じることは、眼前の日本帝国の崩壊を幻視することだったろう。

丸山は自身が生きる天皇制国家を梃子として、江戸儒学を政治思想として発見した。その後の研究によって、その細部は多く修正されてきたけれども、近世において儒学が政治の領域を担ったという発見は、今も説得力を持って生きている。

『研究』では、儒学に続いて「国学はかく一切の規範性を掃蕩した内面的心情をそのまま道として積極化した」[35]として、国学が自然性と内面性の解放の役割を担ったとされ、いわば近代的な文学の地位を与えられた。丸山が、近世思想史をまとめた部分を見ておきたい。

> ……政治は漸次個人道徳より独自化し、徂徠学に至つての儒教は完全に政治化された。しかるに規範の政治的なるものへの昇華は他面、人間内面性の解放となり、その自由な展開への道をひらいた。国学はまさにこの後を承けて、一切の儒教的作為の否定者として登場し、徂徠学において私的領域としていはば消極的な自由を享受してゐた内面的心情そのものに己が本来の栖家を見出したのである。かくて国学は徂徠学の公的な側面を全く排しつつ、その私的、非政治的なそれを概ね継承することとなつた。
>
> （『研究』、一七七―一七八頁）

> 朱子学の連続的思惟によつて、倫理に全く繋縛されてゐた政治、歴史、文学、等の諸領域が夫々その鎖を断ち切つて、文化上の市民権を要求した。……さうして第一のものには「安民」、第二のものには「実証」、第三のものには「物のあはれ」といふ固有の価値規準が与へられた。
>
> （『研究』、一八八頁）

さらに丸山は、宣長における国学が、文学から政治へと変容していくことを指摘する。丸山は、宣長の「もののあはれ」が政治原理となったことを指して、「文学が文学ながらに政治化される[36]」と表現した。後年、国文学の日野龍夫は、丸山の宣長理解について、受動的絶対肯定に至った宣長の論理は徂徠学の思想を「政治的服従の立場から継承したという意味を持つ[37]」もの、とまとめている。

丸山は、上の支配者側から政治思想を提供する徂徠学に対して、下から体制を支える民衆側の政治思想として、宣長学を定置したといえるだろう。近世当時の国学ないし宣長学が、果たしてどこまで政治思想として捉えられるかということは、また別問題である。ここで重要なのは、儒学と国学を捉える丸山の視点が、近世政治思想史として終始一貫していることにある。確かに、丸山の面目は、江戸儒学の内に普遍的な政治性を発見し、政治思想史としての近世思想史を創出したことにあろう。

そして、そこには仏教の場所はなかった。それは仏教の思想を「難手《にがて》とする」(38)丸山個人の資質の表れでもあるが、より本質的には、日本近世において仏教と儒教が担った思想的役割が鋭く対立するものであったことに、起因している。

四　空と治国平天下

近世を通じて、儒者は倦まずたゆまず、体制を支え民衆に根づいた仏教を批判し続けた。儒者の排仏論にはいくつかの類型があるけれども、その心性は、仏者が現世の価値観を公然と無視することへの苛立ちであるように思われる。彼らの言には、理解を越える不合理なものへの苛立ちがにじんでいる。たとえば、その中の一人である十七世紀前半の儒者、中江《なかえ》藤樹《とうじゅ》の言を見てみよう。

釈尊、十九にて天子の位をすて、山に入、三十成道の後、人間本分の生理をいとなまず、或時は乞食し、人倫を外にし、人事をいとひすて、種々の権教・方便説をときて愚民を誑誘〔あざむいて誘う〕めされたること、皆これ無欲無為自然清浄の位を極上と定、……無欲妄行の誤なり。……しかる故に、仏者は太虚を超出すれば貴ことならびなきによつて、父母兄長をも崇恭する理なしなど云て、其父母を拝せず、父兄をうやまはず。……或は三綱五常の道は今生幻の間のいとなみにして菩提の種とならずなどゝ証誘し、或は主親をころしたる極重の悪人にても、念仏の功力にては必極楽浄土へ往生するなどゝ教誨せり。……人心をまどはし禽域へひき入、世教のさまたげとなる事、挙てかぞへがたし。かくのごとくなるは……根本は釈尊無欲の妄行よりおこりたるものなり。（中江藤樹『翁問答』[39]）

仏者は、「五倫のまじはり夢幻のごとく[40]」と、人間倫理は役に立たない幻にすぎないと宣言し、父母主君を殺しても極楽に往生すると公然と説く。人心をまどわし、世教のさまたげとなることこの上ない。この誤りの根本は、釈迦が無欲をかかげる妄行を行ったことにはじまるという。

誠実な儒者、藤樹の目に見える仏教は、愚にもつかぬ極楽や菩提など確かめようのない妄説を根拠として、人々に社会の正義と秩序を無視することを教え、結果的にアナーキズムを正当化し蔓延させるものである。これは治国平天下、いわば政治と倫理の精神に映る仏教であるが、もう一つの類型を見ておこう。

日本国を四つに分て、其一を天竺に（へ）年貢に出すと。……其積りは日本国中の寺領幷に寺地山は諸檀那なり。其より取入るものを合して言也。……或は新地、或は替地など、其（とて）寺地とするを見れば、百姓の命をつなぎ、妻子を養ふ上田畠をとられ、屋敷を追立られ、潰して大寺数多建て、あまつさへ門前とて町家を作り人に貸し、寺領の上の知行とす。……僧は衆生済度の役たる身にて済度（を）

こそせずとも、斯く万民を流浪させず、せめて人の屋敷田地（畑）をよけ（ぎ）て野山をも望めかし。

（熊沢蕃山『宇佐問答』[41]）

〔悟りを得た禅僧は〕釈迦の本意をさとりたらば、……今まで辛苦して勤しことの無用なりしを知りて、髪を貯へ、故郷に帰り産業をつとむべし。家督ありて故郷へ帰るに及ばざる者は、還俗して新業をつとむべし。

（山片蟠桃『夢ノ代』[42]）

前者の熊沢蕃山《くまざわばんざん》は、十七世紀半ばの備前岡山藩において、藩主と共に僧侶追放と寺院整理の廃仏毀釈を実行したとされる儒者である。蕃山のいうことには、寺院はすでに日本全国の四分の一を寺領として、釈迦の生国天竺に差し出している。その上に、新寺を造るために百姓の田畑を潰し、屋敷を取り上げるとはなにごとか。せめて屋敷田畑のない野山に、新寺を造るべきだ、という。次の山片蟠桃《やまがたばんとう》は、十八世紀後半から十九世紀初頭の大坂町人の儒者であり、仙台藩を立て直した辣腕の商人であった。蟠桃は、すでに悟りを得た僧侶は、もはや修行が無用であるのだから、還俗して家業に戻るなり、新しい仕事を始めるなりして働くべきであるという。

現実の経世済民を目指す彼らの目に映った仏教は、物的・人的資源を吸い込み、無駄に消費する巨大な組織であった。彼らにとっての仏教は、思想的に危険というのみならず、現実に莫大な浪費の主犯であって、不可解かつ不合理なものであり、存在自体を指弾するしかないものである。

近世儒者の執拗な排仏論を理解するためには、これまでいわれてきた政治的・社会的な理由のみならず、その根底にある思想的な本質を考えるべきだろう。彼らの苛立ちの根底には、自らが依って立つ価値観を、仏者が空《くう》の思想によって否定し、出家遁世という行動によって拒否することへの理不尽さ、存在を無視されることへの怒りがあるのではないだろうか。彼らがさまざまな形で志した思想、正義と秩序を目指す政治は、繁栄と富を目的とする経済を従えて、人々の争いを止めさせ、社会の安定と平和を形づくるためのものである。社会倫理は、個人のレベルでは人が人と関わる方法を教え、人をして社会的生物たらしめる。正義にもとづく政治は、確かに人の幸福を実現する一つの道である。

しかし正義と秩序の実現は、まったく同時に、ある価値観の固定化と絶対化の過程でもあって、安寧は同時に圧迫と閉塞をもたらす。それはたとえば、現実には「中津は封建制度でチャント物を箱に詰めたように秩序が立っていて、何百年経っても一寸とも動かぬという有様」（福沢）として、あるいは「精神的権威と政治的権力を一元的に占有する」（丸山）ほど完成された近代天皇制として現れる。そういった体制や制度の歴史はもとより、私たちの日々の生活そのものが、さまざまな分類とカテゴリー――人種や民族、性別、年齢、貧富、能力といった無数の価値観とそれにもとづく差別――を十重二十重に重ねた上に、ようやく成り立っている。正義と秩序、公平と調和は、社会的にも自己内部においても、自らと他者の双方を区別し裁断して序列化した上に、ようやく成り立つほかないものである。それゆえ歴史を見れば、人は正義と秩序をつくっていく一方で、そこから欠落したものを救うために、その根拠となった価値観自体を徹底的に否定し、根底からその意味を破壊する思想を、常に必要としてきた。いわゆる否定の精神である。[43] 実際のところ、それら無数のカテゴリーが本質的には無意味であることを知らずして、無数の断片となったまま、人はどうしてこの現実の圧迫と閉塞を生きていけるだろうか。

日本近世にあっては、政治と経済の現世の価値観を否定し解体して、人の精神を解き放つ思想的な役割を担ったのは、仏教であった。いうまでもなく、近世の仏教は寺檀制度によって体制を支える政治思想の側面も持っていたから、これは政治思想史に還元され得ない思想的な役割のこと、丸山であれば思惟様式といったはずの事柄である。儒教が思想的に担った領域、治国平天下と経世済民を目指す政治の領域にとっては、空と無我によって現世それ自体の意義を否定する仏教は、もとより排除されるべきものであろう。近世を通して、仏教が儒教と鋭く対立するものでなければ、儒者は仏教の存在自体にあれほど苛立ちはしなかっただろう。仏教が現世を否定する思想として機能していなければ、福沢諭吉の父は、生まれたばかりの赤子を坊主にしようとは思わなかっただろう。

そして、もし政治思想史の一面性を超えて、生の全体を把握しようとする思想史から見るのであれば、近世における空と治国平天下の思想、仏教と儒教は、いずれも人が生きるためには普遍的に必要な思想だったのではないだろうか。秩序と正義を立てることは、そこから欠落するもの、見落とされるものを生み出すことでもあるから。そこで苦しむ人を救うためには、その価値観自体を否定し、破壊することが必要である。空と治国平天下の価値観は鋭く対立することによってこそ、初めて補完しあって人とその社会を支えることができたと考えられる。

近世の仏教思想は、現世の価値観を否定することで個人の精神を解放し、現実社会を相対化し解体する普遍的な価値観に、人々を導いた。それは、封建制度の抑圧の中で、人がこの世と自分を超えていく道を示す思想であった。これから見ていく普寂をはじめとする仏者たちは、それぞれの生によって、その道を明かす。なかでも普寂の軌跡は、鮮烈な光を放って、思想としての近世仏教の独創性を明らかにする。その思想は、近世のすぐれて時代的な思想であると同時に、近代に継承されていく思惟形態でもあった。普寂は、どのような社会と人々の中で生きて、どのように現世を解体したか、いかにしてこの世を超えていったか。

五　仏教思想の意義

丸山眞男は、日本帝国のファシズム体制を生きることによって、江戸儒学を政治思想として発見し、近世政治思想史を創出した。政治思想史を専門とする彼が仏教を論じなかったのは、直接的には専門ではなかったからであるが、より本質的には、近世の仏教思想が政治思想を否定し解体する思想であって、政治思想史に組み込むこと自体が不可能だったからだと考えられる。

その後の政治史的な研究の進展は、丸山を越えて、近世における制度としての仏教が政治的に果たした役割を明らかにしてきた。寺檀制度と本末制度に象徴される近世仏教の政治的役割の解明は、丸山以後の近世政治思想史の最大の成果の一つである。近世社会の中で、権力機構の制度として機能した仏教は、思想として自らを固定化し、多くの腐敗と頽廃を生み、抑圧の原因にもなった。それは、あらゆる硬化した制度と思想の陥る運命でもあろう。

それと同時に、仏教が制度となることは、そこを生きる個々人にとっては、社会と自分から解放される道、遁世と解脱の可能性への道が、社会的に確保されることでもあった。現実には、それは各宗教団の庇護の下で生きることであると同時に、往々にして教団から疎外され、排除されることをも意味していたが、近世の厳しい身分制社会にあってその道があることは、今よりはるかに大きな意味を持っていた。事実、多くの人々がその困難な道を辿って、それぞれのかたちで、可能性を現実のものとしていった。日本近世において、人はどのように精神の自由を獲得し、いかにして生を超えていったか。これから、普寂の歩んだ道を見ていこう。

第二節　普寂研究史

一　普寂について

普寂は、十八世紀中葉に生きた律僧であり、富永仲基とならんで、仏教思想の近代化の端緒を開いた思想家である。宝永四年（一七〇七）に生まれ、天明元年（一七八一）満七十五歳で没した。従来の近世思想史上で考えれば、富永仲基（一七一五—一七四六）の同時代人であり、メルクマールとされる荻生徂徠（一六六六—一七二八）と本居宣長（一七三〇—一八〇一）のほぼ中間期にあたる。その生涯と思想の詳細については、後ほど述べるとして、まず生涯の概要を紹介しておこう。

普寂は、伊勢桑名の地、浄土真宗（当時は一向宗）源流寺の長男に生まれ、二十歳前から、京都・大坂で修学する。病をきっかけに、一向宗に疑問を抱いて修行を志し、二十八歳で生家を出て、世を捨てた。当時の戒律運動の拠点の一つであった、尾張の真言宗興正寺に身を寄せ、浄土宗の高名な捨世僧であった関通の世話になる。後述するように普寂が浄土律僧になったのは、このときの関通との縁がきっかけである。さらに、京都・加賀・南都などの諸国を遍歴して、瞑想と戒律を実践した。四十一歳で、京都の浄土律院であった長時院で具足戒を受けて律僧となり、長時院の住職となった。五十七歳の時に、江戸目黒に新設された浄土律院である長泉院に住職として入ったが、その後も二度京都に赴き、講義を行っている。七十五歳で、念仏を唱えつつ長泉院で亡くなった。

浄土宗の学問所である十八檀林に学んだことは一度もないにも関わらず、普寂は江戸に来て以来、浄土宗檀林の筆頭である芝の増上寺で、死の直前まで継続的に講義を行った。さらに、講義を聴いた増上寺学僧の喜捨によって、講義原稿の多くが著作として出版されている。普寂は、その没後に浄土宗教団から否定されるが、生前は学行兼備の高僧として尊敬されており、禅僧を中心として浄土宗外にも、彼を熱烈に慕う学僧は多かった。

以上が生涯のあらましであるが、普寂は、華厳思想を理論的基盤として、釈迦仏復古を目指し、小乗教（声聞教）を実践する思想家である。普寂は若年のころ、瞑想によって思想的煩悶を解決した。その境地を生涯の指針として、華厳学を基盤とする思想を構築し、それを実行した。それは現実の生活では、釈尊当時の原始教団を理想として、戒律（戒）と瞑想（定）と学問（慧）を等しく行うことであった（三学均修）。

また普寂は、当時の排仏論に対して、その実践的思想にもとづく独自の護法論を述べている。十八世紀には、いわゆる近代的な合理性に基づく仏教への批判が始まりつつあった。世俗的知識人たちは、従来の仏教批判に加えて、西洋科学の地球像を根拠として、須弥《しゅみ》山《せん》説と呼ばれる仏教の古代的宇宙像を、さらには仏教信仰そのものを批判していた。また、日本仏教の主流である大乗仏教は、古代インドに実在した釈迦の直接の教えではなく、釈迦没後に歴史的に形成されたものであることが、明らかになりつつあった。

普寂の思想は、仏教思想家の立場からそれらの批判に応えるものであると同時に、その後の日本仏教近代化の思想的道筋を示唆し、予言するものでもあった。当時の学僧たちが、普寂を熱烈に支持した理由の一つには、その思想が僧侶たちの時代的不安に応えたことがあるだろう。普寂の実践行と学問は一体不可分の思想をなしており、それは当時の時代状況から必然的に生まれたものである。

普寂没後、近世後期から近現代に至る普寂評価は、日本仏教の思想が幾重にも揺れ動きながら、困難な近代化を進めていく道のりと重なる。あえて図式的にいってしまえば、普寂は、近世以来の宗門仏教からは危険な異端の思想家として白眼視され、近代仏教学とその影響を受けた者からは、近代の先駆けとして高く評価されてきた。伝統と近代の間で、まっぷたつに分かれる普寂の評価は、日本思想史における近代化の実相の一典型をも表しているといえるだろう。

そうした理由から、普寂についての研究史は、それ自体が近代仏教思想史でもあり、近世仏教思想の結実として考えられるべきものである。本節では、そのことに留意しながら、普寂の先行研究を振り返りたい。

二　普寂の研究史

普寂は、その生前から激しく批判されているが、没直後の浄土教団内において、普寂排除の意志は、はっきりと現れる（第九章参照）。それ以後、浄土宗はもとより華厳思想をはじめとする各宗学者から、その思想は否定されていった。

近代の明治に入ってから、各宗学でなされた普寂研究は近世の評価を踏襲し、普寂を異端と位置づける。明治末年の四十四年（一九一一）に発表された佐々木憲徳《ささきけんとく》による普寂論は、伝統教団における普寂像をはっきり教えてくれる。

長泉普寂の如きは……而して殆んど凡て其等身の著作が其内に論義し批判する所厳酷に過き中正を失ひて極端に堕れりとの言ひ分を以て、諸種の学者より異端視せられ異解者として取り扱はるゝものも亦た彼れに並立するは定めて多からざる可し。実に彼の著作は所謂正統派の学者よりは蛇蝎の如く忌み嫌はれ、近頃迄よし之を読むも読まざるの風をなし頗る博覧の聞えある学者にして其書目さへ出すものなきの有様たりしなり。

（佐々木憲徳「普寂の『妙玄復真』を読む」[44]）

普寂の論は、厳格にすぎて中正を失い、極端すぎるため異端視されており、正統派からは蛇蝎の如く嫌われた。仮に普寂の著作を読んでも、読んでいないかのようにふるまい、博学の学者でさえ普寂の著作を挙げることがはばかられた、という。学者は、普寂の著作を読んでも、読んでいないふりをする、という佐々木の言は興味深い。普寂の著作は、近代に編まれた膨大な仏教叢書（大正新脩大蔵経や大日本仏教全書など）に、多く入っている。それらは数多い普寂の書の中でも、祖師批判をはじめとして、彼独自の思想が色濃く出ているものであり、その著作がある程度広く読まれていたことをうかがわせる。

それでは、普寂は、どのような点で異端とされ、蛇蝎の如く嫌われたのか。まずは、その学問の中心であった華厳学の研究を見てみよう。普寂の華厳思想そのものについては、第五章で論じることにして、ここでは普寂評価に的を絞りたい。

明治三十八年（一九〇五）には、脇谷撝《わきたにぎ》謙《けん》が、近世華厳における普寂の特徴について論じている。[45] 脇谷は、

「普寂は極端の実行家」であるから、実践行を重視するあまりに、華厳の真理を理解できなかったとする。脇谷自身の意見としては、同じく異端であった鳳潭《ほうたん》と普寂の両説を融合止揚させていくことが重要である、という。大正二年（一九一三）には、亀谷聖馨《かめたにせいけい》と河野法雲《こうのほううん》による『華厳発達史』が出される。その中で、普寂は華厳学の異端とされる。その理由は、普寂が華厳の祖師の中で、第二祖智儼《ちごん》と第三祖法蔵《ほうぞう》のみを認めて、以後の第四祖澄観《ちょうかん》と第五祖宗密《しゅうみつ》を批判すること、普寂の同教一乗と別教一乗の理解が、正統説から外れることにある。(46)

二年後の大正四年（一九一五）に、湯次了榮《ゆすきりょうえい》は、それまでの日本華厳学の集大成とも言える大著、『華厳大系』を著した。(47)普寂を論じる箇所で、普寂が如来蔵心を基本とすることを明らかにした。その上で、普寂は律僧として実践行を重んじるあまりに、華厳円教を凡夫には手の届かない教えにした、と批判する。

さらに、普寂をまとめて「普寂は極端に実行を以て旗幟と為し、教義の如き一々皆此を根底として論じ、直入円頓を許さず、閻浮一生は終教漸修に止まるものと主張し、行儀階級を説き、各極端に走れる」(48)と、普寂が実践面からのみ華厳学を理解することを問題とする。しかし管見の限りでは、普寂は大機であれば頓教・円教への直入も可能（優れた者であれば、より高度な教えに直ちに入ることも可能である）として、むしろ限定を避けており、「閻浮一生は終教漸修」（この世の一生ではより低い教えである終教に段々と入っていく段階に止まる）という文意は見出せない。湯次が、ここで何を根拠としたのか不明であるが、近世当時において、浄土宗の大我が同内容の普寂批判を主張しており、あるいは大我の批判を踏襲したのかもしれない。昭和十七年（一九四二）には、高峯了州《たかみねりょうしゅう》が、湯次の見解を肯定する形で普寂を論じ、その特徴を明らかにした。従来明らかにされていた同教・別教の二教の解釈に加えて、普寂の仏教理解（五教判）は、人が仏になっていく道のり（如来蔵心が顕現する過程）を菩薩の修行段階（十地）として、すべての仏教（五教）を十地に配列することを明確に論じた。(49)このことは、第五章で詳しく論じる。

戦後の華厳学においては、平成二年（一九九〇）に鎌田茂雄が、華厳の信満成仏《しんまんじょうぶつ》（菩薩の初歩的な修行段階である十信位で、究極の仏の悟りを得られること）の教義を論じる中で普寂に言及した。普寂の華厳学は、法相宗《ほっそう》に腰を据えているため、華厳学の正しい理解とはいえないと述べ、華厳の異端とする従来の普寂理解を踏襲している。(50)近世当時の普寂は、実践を主張して漸修を強調し、法相・倶舎《くしゃ》に関する講義も多く行った。恐らくは当時から、普寂は法相寄りだという理解があったと思われる。

しかし当の法相宗からは、結城令聞《ゆうきれいもん》が、普寂の法相理解は法相宗学にもとづくものではなく、法蔵を基盤とする華厳学に依ることを論証している。昭和十五年（一九四〇）に、結城は、諸宗にわたる法相の流れを、近世を通じて明らかにした。近世中期に南都から地方に伝播した法相教学は、各宗において自由に研究されるようになった。その中でも普寂は、もっとも自由な思想家の一人であり、「華厳の性相融会の学風であるのであって、普寂は華厳に坐して唯識を講じた」という。(51)さらに結城は、宇井伯壽《ういはくじゅ》と法相理解をめぐって論争する中で、昭和五十五年（一九八〇）に、普寂が華厳の法相批判を踏襲することを明らかにした。(52)

普寂は、真諦《しんだい》訳（旧訳）による摂論《しょうろん》系唯識に対して、玄奘《げんじょう》訳（新訳）の法相唯識を下位に置く。この新訳と旧訳《くやく》による差異化は、中国唐代の法蔵以来の華厳の方法である。法蔵は、当時の法相（新訳系）の隆盛に対して、法相を批判して華厳を主張するべく、この手法を取った。普寂の場合も、旧訳系の唯識は高く評価するが、法蔵と同じく新訳系の法相唯識は厳しく批判する。普寂に即して見る限り、法相寄りとは言い難いのが事実である。さらに昭和五十六年（一九八一）には、太田久紀が普寂の法相批判について論じた。(53)普寂は、唯識の真意は如来蔵心の発揚にあると考えること、法相宗の祖、慈恩大師基《き》を批判することを明らかにしている。

普寂の思想は、華厳を中心とする南都系であるために、天台学による研究は少ない。とはいえ普寂は、天台三大部の講義を行っており、三大部の注釈も出版している。それらを対象として、明治末期に前述の佐々木憲徳が、普寂は性悪論を認めず、荊渓《けいけい》以下の天台諸師を非難していると論じた。(54) 佐々木は、「（普寂が）此慣用法門として振り廻せしものの何者なるか……即ち所謂如来蔵心の法門なりとす。彼は到る所得意の箇所に至れは常に此慣用法門を引き来たつて之を解明せり」として、普寂が如来蔵心を思想の中心にすることを「独特の根本見解である」としている。結論としては、華厳学の研究と同じく、普寂の思想は「余りに狭苦しき見解を抱き居たりしなり。……然り性悪性具の批議は彼れとしては寧ろ力量已上の事に属す」として、あまりに実践行にとらわれたものであり、天台を理解できていないものである、とする。戦後には、昭和三十一年（一九五六）に仲尾俊博が、短いものであるが、普寂の灌頂批判について論じている。(55)

近世における普寂評価を土台として、明治期以降に蓄積されたこれらの諸研究は、普寂の思想の基本的特徴を明らかにしてきた。その特徴とは、普寂は如来蔵心（心の中にある、仏となりうる可能性・原因）を思想の中心におくこと、律僧である普寂は実践行を重視すること、その結果として華厳をはじめとする各宗学の枠組みから外れることである。宗学的な研究史としては、普寂の根幹である律宗からの研究がないことが惜しまれる。このことは、律宗が衰退した近代仏教史の反映でもあろう。より根本的な問題は、それぞれが各宗の思想に限って普寂を評価するために、華厳や法相といった各論については細部まで厳密に論じられるが、それらを貫く普寂の全体像については、ほとんど問題とされてこなかったことである。

以上は、基礎的な普寂研究であるが、一方に近代の新仏教運動に始まる普寂評価がある。近代仏教学が緒に就いた明治三十年代、ヨーロッパのインド語原典研究が本格的に取り入れられていく。近代仏教史を研究する池田英俊は、十九世紀末から二十世紀初頭の新仏教運動を明らかにした。池田は、村上専精《せんしょう》（一八五一―一九二九）が先導する大乗非仏説論争が、新しい学問の契機となったことを論じて、村上における普寂らの影響を指摘した。(56) 普寂の大乗仏説論と、その村上への影響については、改めて第五章で論じる。ここでは明治以後の諸研究が、どのように普寂を近代の先駆けと見たか、について述べておきたい。

大乗非仏説論争は、大乗仏教は歴史上の釈迦の説ではないというものである。明治後半における大乗非仏説論争は、村上専精や境野黄洋《さかいのこうよう》らの新仏教運動と結びついて、近代仏教の信仰と思想の形成に、大きな役割を果たした。村上専精は、その著書『大乗仏説論批判』で、普寂を高く評価する。村上は、その書の最後に、次のように述べる。

> 仲基、天游の輩は歴史眼を有して教理眼を有せず、又潮音、徹定の輩は教理眼を有して歴史眼を有せず、此れかため双方相衝突して互に氷炭相容れす、……之を歴史問題となして、而も教理の意味を包含して解釈せし者は、実に普寂律師その人なりと謂はすんはあるへからす。余も大体に於て寂公の考へに同意する者なり。之に依て自下余の弁に代ふるに寂公の『顕揚正法教復古集』に於ける一節を抄出し、以て全論を結ばんとす。
> （村上専精『大乗仏説論批判』(57)）

大乗非仏説を論じるにあたって、世俗的知識人であった富永仲基らには仏教教理が分かっておらず、仏者である潮音らには歴史が分かっていない。歴史と教理の双方を理解して論じたのは普寂だけであり、村上自身も普寂に同意する、という。この後に、自らの弁に代えて、普寂の主著『顕揚正法復古集《けんようしょうぼうふっこしゅう》』を長く引用して終える[58]。

また、富永仲基を世に知らしめた東洋学の内藤湖南（一八六六―一九三四）も、普寂に着目している。仲基らを紹介する小文に、「又徳門〔普寂〕の復古集〔『顕揚正法復古集』〕を読で而して教内の弁疏に耳を傾けざるべからず、吾別に臆説あり、他日の詳説を要す[59]」というから、湘南は普寂の存在に気がついていた。

普寂が住職であった目黒の長泉院において、昭和前期に住職であった大島泰信は、東京帝国大学で姉崎正治に宗教学を学び、『浄土宗史』を書いた大正大学教授であった。大島が訳者であった、国訳一切経『顕揚正法復古集』の解題には、内藤湖南からの手紙の一部が載せられている。それによれば、「道光和上〔普寂〕は四十年来景仰の大徳に有之。分らぬながら其撰著は、顕揚正法復古集始め、已に数部を読み奉り致し居る次第に有之[60]」とある。この手紙は、湖南が逝去する数カ月前とあるから、湖南が六十八歳で没する昭和九年（一九三四）のものだろうか。湖南四十年来の普寂論は、ついに日の目を見ることはなかった。

村上専精と内藤湖南は、近世の大乗非仏説論を考察していく中で、富永仲基に引き続いて仏教者の普寂を発見し、普寂を仏教思想における近代の先駆けとして理解した。ことに当時の村上は、大乗非仏説を唱えたために、浄土真宗大谷派（東本願寺）から僧籍離脱したという状況にあった。近代仏教学を樹立しようとしていた村上にとって、仲基に対抗しうる仏者として、普寂は文字通り、自らの先駆けに見えたものと思われる。

村上以後、普寂の護法論についての研究は、戦前の随筆に近い小論のいくつかを除いて、今日までほぼ皆無である。そのことを考えると、思想史上において初めて、仲基と並ぶ思想家として普寂を発見した村上らの功績は大きい。しかし仏教が専門ではない湖南はもとより、村上も大乗非仏説論争を研究の主題とするために、普寂の護法論のみを対象として、それを支える思想全体を問題とはしなかった。そのため、宗学からの普寂研究を考察するまでには至らず、普寂理解という点では表層的なものにとどまった。あるいは、村上の宗学の無視は、旧来の宗学を克服しようとする戦略的な姿勢であったのかもしれない。

戦後、昭和二十四年（一九四九）に中村元が、その著作『近世日本の批判的精神の一考察』で、普寂に言及している。第一節で見たように、中村は当時の近代主義的な立場から、近世日本の批判的精神の表れとして富永仲基を論じた。普寂についての言及は、以下のものである。

　また仏教のほうでも、当時には普寂や戒定のようなすぐれた批評的研究家を出している。しかしこの二人は、ともに既成宗派の僧侶であった。だから二人ともに大乗非仏説論を問題とし、ことに戒定は勇敢に大乗非仏説論を認めているにもかかわらず。〔ママ〕富永仲基のように思想の発達を歴史的に跡づけるというところにまでは進みえなかったのである。

（中村元『近世日本の批判的精神』[61]）

中村は、仲基を近代の先駆けとして捉える一方で、仲基の対立項として、既成教団の僧侶である普寂を置いた。これは、戦後の民主化の波を受け止めて、村上専精の普寂観を批判的に受け継いだ研究といえよう。しかし中村の関心は仲基にあったから、普寂は近世教団における学僧の類型として出されるに過ぎず、その思想については論じられない。

一方、内藤湖南の系統では、東洋学の神田喜一郎が、昭和五十五年前後（一九七七、一九八一）に、近世前半の学僧について思想史的な特徴を論じている。(62) 神田は、当時の学僧たちが、当時輸入された黄檗《おうばく》禅の影響を受けて、古典文献を批判的に読み込み、独自の説を展開した、と論じる。彼らの思想・学問は、儒学において伊藤仁斎や荻生徂徠らが展開したのと同じものであり、この頃の仏教研究は時代の新思潮を示すものであったという。普寂については、今日の科学的な仏教研究に近い学問を行なった、厳しい復古主義者としている。神田は、近世前半には仏教思想が創造的エネルギーを持っていたことを論じて、普寂がその頂点に位置する一人であることを指摘した。湖南の学問を受け継ぎ、中国思想との関わりから、近世の仏教思想を論じた先駆的研究であるといえよう。

同じく、湖南の普寂への着目を手がかりとして、日本史学の田中久夫は、昭和三十七年（一九六二）に、普寂の主著である『顕揚正法復古集』から、普寂の特徴を論じた。(63) 短いものだが、普寂を研究の主題に据える。田中は、普寂が慈雲と同じく、釈尊の正法復古を掲げて諸宗の一致を説くこと、漸修を重視して漸入大乗（小乗教から大乗教へと入っていくこと）を主張することを論じた。普寂が、念仏によって直ちに成仏しようとする当時の考えを、本願誇《ほんがんぼこ》り（どんなに悪いことをしても、阿弥陀仏の悪人救済の本願によって許されるとする考え）として批判することを指摘し、最後に「さういふ実践家としての態度をもつている普寂が、教相についての深い学殖により、正法に復古するといふ立場に立つてあらはしたのがこの書〔『顕揚正法復古集』〕」であると結論した。

田中は、慈雲と比較しつつ、普寂を近世仏教思想家の一人として捉えた。時代状況の中で普寂の全体を論じて、おおよその全体像を捉えている。しかし中世史を専攻する田中は、宗学をはじめとする仏教学的な研究に触れないまま論じており、普寂の思想的な基盤は不明なままである。

この他には、第一節で見た辻善之助が、『日本仏教史』の中で、伝記を中心として普寂を紹介している[64]。辻は、龜谷聖馨らに依って宗学的な普寂論を踏襲し、普寂は「其の華厳を弘通して、諸宗に刺激を与へ、之に依つて後来華厳学者の踵を接して出づるに至らしめた」とする。また、真宗史を専門とする柏原祐泉は、近世護法論研究の中で、普寂に言及する。昭和四十八年（一九七三）に、柏原は自らが編者の一人であった『日本思想大系　近世仏教の思想』の解説で、辻善之助の近世仏教堕落史観を踏襲して、近世排仏論と護法論について述べた。詳細については第四章で論じるが、ここで普寂は、科学への理解を示さない旧勢力の一人とされる。この意見は、教理思想にもとづく普寂の意図を理解しなかったことから生まれたものと思われる。第一節で見た大桑斉も、平成元年（一九八九）の著作の中で、普寂について触れた[65]。大桑は、普寂を近世華厳教学の復興者の一人とみなして、田中久夫と同じく、慈雲とならぶ諸宗一致の思想家としている。

村上専精に始まる思想史的な研究は、普寂を宗学の檻から解放し、一人の思想家として自立させる方向をとった。富永仲基との比較を手掛かりとすることによって、近世思想史上に普寂を位置づけると同時に、近代につながる近世の仏教思想家としての性格を明らかにした。しかしいずれの研究も、宗学的な基礎研究を欠落させて普寂を論じたために、あくまでも表層的な理解にとどまって、普寂の独自性はあいまいなままである。そこでは、近世思想家としての普寂にとって、華厳や戒律などの仏教思想がどのような意味を持っていたのかは、最初から問題とされない。

そして今、普寂の研究を進めるに当たって必要なことは、明治以後積み重ねられてきた二つの研究の流れ——基礎的な宗学研究と全体的な思想史研究——を統合し、止揚することだろう。この二つの流れは、これまで見てきたように、お互いに没交渉のままで来ている。それは大きく見れば、日本思想史における前近代と近代の関係でもある。

本書では、以上のことを念頭において、両者の統合止揚を目指す。そのことによって、近世中期を生きた普寂の全体像を捉え、仏教思想の近代化とは、どのような形で始まっていったのかを明らかにする。富永仲基に見られるような当時の時代思潮に対して、普寂はどのように向かいあったか。普寂において、時代的な護法論と異端の教理思想とは、どういう関係にあったのか。彼が律僧として主張する実践行は、その思想においてどういう意味を持ったのか。近世仏教教団から、どのようにして普寂のような思想家が生まれ、なぜ没後に排除されていったのか。まずは、普寂の伝記から見ていこう。

註

（1）辻善之助『日本仏教史』第一〇巻、岩波書店、一九五五年、四九三―四九四頁。
（2）中野三敏『写楽―江戸人としての実像―』、中公新書、二〇〇七年、八―一一頁。同上『十八世紀の江戸文芸』、岩波書店、一九九九年、二一―六頁。仏教については、オリオン・クラウタウ「近世仏教堕落論の近代的形成」、『宗教研究』三五四、二〇〇七年、六四―六五頁。
（3）藤井学「江戸幕府の宗教統制」、『岩波講座日本歴史一一　近世三』、岩波書店、一九六三年。同上「近世初期の政治思想と国家意識」、『岩波講座日本歴史一〇　近世二』、岩波書店、一九七五年。
（4）圭室文雄『江戸幕府の宗教統制』、評論社、一九七一年。近世を通史的に論じた研究は、同上『日本仏教史　近世』吉川弘文館、一九八七年。
（5）朝尾直弘『将軍権力の創出』岩波書店、一九九四年（初出は一九七一―一九七四年）、二九―三一頁。
（6）大桑斉『寺檀の思想』、教育社歴史新書、一九七九年。同上『日本近世の思想と仏教』、法蔵館、一九八九年。同上『戦国期宗教思想史と蓮如』、法蔵館、二〇〇六年。

（7）高埜利彦『近世日本の国家権力と宗教』、東京大学出版会、一九八九年。
（8）竹田聴州「近世寺院史への視角」、『近世仏教』一、一九六〇年。
（9）児玉識『近世真宗の展開過程』、吉川弘文館、一九七六年。
（10）児玉識『近世真宗と地域社会』、法蔵館、二〇〇五年。
（11）奈倉哲三『真宗信仰の思想史的研究』、校倉書房、一九九〇年。
（12）有元正雄『真宗の宗教社会史』、吉川弘文館、一九九五年。同上『近世日本の宗教社会史』、吉川弘文館、二〇〇二年。
（13）澤博勝『近世の宗教組織と地域社会』、吉川弘文館、一九九九年。同上『近世宗教社会論』、吉川弘文館、二〇〇八年。引野亨輔『近世宗教世界における普遍と特殊』、法蔵館、二〇〇七年。
（14）尾藤正英「日本における国民的宗教の成立」、『江戸時代とはなにか―日本史上の近世と近代―』、岩波現代文庫、二〇〇六年。初出は一九八八年。
（15）前掲論文「日本における国民的宗教の成立」、一四三頁。
（16）中村元『中村元選集〔決定版〕別巻7　近世日本の批判的精神　日本の思想Ⅲ』、春秋社、一九九八年。初出は『近世日本の批判的精神の一考察』、三省堂、一九四九年。『中村元選集〔決定版〕別巻8　日本宗教の近代性　日本の思想Ⅳ』、春秋社、一九九八年、一五三―二五六頁。
（17）前掲書『中村元選集〔決定版〕別巻8　日本宗教の近代性　日本の思想Ⅳ』、一五三―一六五頁。
（18）前掲書『中村元選集〔決定版〕別巻7　近世日本の批判的精神　日本の思想Ⅲ』、一三七―一七七、二七七―二八四頁など。
（19）「〔付篇二〕自然的秩序と作為の論理」、前掲書『中村元選集〔決定版〕別巻8　日本宗教の近代性　日本の思想Ⅳ』三二五―三四一頁。
（20）黒住真『複数性の日本思想』、ぺりかん社、二〇〇六年、一五四、一八二―二〇一頁、二〇四頁・注二〇など。
（21）黒住真「近世日本思想史における仏教の位置」、『近世日本社会と儒教』、ぺりかん社、二〇〇三年、一四九―一五二頁。同上前掲書『複数性の日本思想』、四四頁、五四頁・注二六など。
（22）福沢諭吉『福翁自伝』、岩波文庫、一九七八年、一三―一四頁。
（23）前掲書『福翁自伝』、一四頁。

（24）同上『福翁自伝』、一一頁。
（25）大桑斉前掲書『寺檀の思想』、一二〇、一二五頁。
（26）安丸良夫「丸山思想史学と思惟様式論」、大隅和雄・平石直昭編『思想史家　丸山眞男論』、ぺりかん社、二〇〇二年、一八四頁。
（27）初版と再版の異同については、平野敬和の解題「『現代政治の思想と行動』」、『KAWADE 道の手帳　丸山眞男』、河出書房新社、二〇〇六年、六四頁。
（28）以下、本論で用いる『日本政治思想史研究』は、東京大学出版会、一九五二年版を用いた。『現代政治の思想と行動』は、増補版の一九六四年版を用いた。
（29）末木文美士「〈原型＝古層〉から世界宗教へ―『丸山眞男講義録［第四冊］』を読む―」、前掲書『思想史家　丸山眞男論』、一三四―一三五頁。
（30）たとえば、黒住真前掲論文「日本思想とその研究」、三四―三五頁。
（31）前掲書『現代政治』、一七頁。
（32）前掲書『研究』、三〇頁。
（33）渡辺洋三『新版　法とは何か』、岩波新書、一九九八年、三九頁。また明治以降、「天皇が法的正義の担い手であると同時に、道徳的正義の担い手でもあるしくみ」が、「天皇制国家存立基盤」であったことは、同上前掲書、四二頁。
（34）「現実に人間を動かし、それによって既存の人間関係あるいは社会関係を、望まれていた方向に変えることが政治運動のキーポイントである。／現実に動かすという至上目的を達成するために、政治はいきおい人間性の全部面にタッチすることになるのである」（「人間と政治」、『現代政治』、三六一頁）。
（35）前掲書『研究』、一七八頁。
（36）同上『研究』、一七四頁。
（37）日野龍夫「近世文芸思潮研究」、『日野龍夫著作集　第二巻　宣長・秋成・蕪村』、ぺりかん社、二〇〇五年、一九頁。初出一九七六年。
（38）家永三郎に対する丸山のコメントに「〔家永三郎の著作である〕『日本思想史に於ける否定の論理の発達』が出され、私は自分の難手《にがて》とする仏教の教理を非常によく勉強されておるのに、大変驚嘆いたしました」とある。「がんばれ、家永君」、『丸山眞男集』第十一巻、岩波書店、一九九六年、七五頁。初出は一九七九年。

(39)『日本思想大系二九　中江藤樹』、岩波書店、一九七四年、一二八―一二九頁。藤樹が『翁問答』を著したのは寛永十七年（一六四〇）であり、三十三、四歳の時である。
(40)同上『翁問答』、『日本思想大系二九　中江藤樹』四七頁。
(41)『増訂　蕃山全集』第五巻、名著出版、一九七八年、二九三頁。
(42)『日本思想大系四三　富永仲基　山片蟠桃』、岩波書店、一九七三年、四六二頁。
(43)日本思想史における否定の精神については、家永三郎『叢書名著の復興一〇　日本思想史における否定の論理の発達』、新泉社、一九六九年、二四―二五頁。
(44)佐々木憲徳「普寂の『妙玄復真』を読む」、復刻版『六条学報百十一号～百二十二号』、第一書房、一九七五年、一一六号、五一―五六頁。初版は『六条学報』一一六号、一九一一年。
(45)脇谷撝謙「鳳潭と普寂の華厳観」、復刻版『六条学報四十号～五〇号』、第一書房、一九七五年、四四号、八―一五頁。初版は『六条学報』四四号、一九〇五年。
(46)亀谷聖馨・河野法雲『華厳発達史』、名教学会、一九一三年、四四九―四六八頁。
(47)湯次了栄『華厳大系』、国書刊行会、初版一九一五年、復刻一九七五年。本論では復刻版を使用した。
(48)同上『華厳大系』、一三三頁。
(49)高峯了州『華厳思想史』、百華苑、復刻版一九七六年、四六四―四七一頁。初版一九四二年。
(50)鎌田茂雄「日本華厳における信満成仏の解釈」、『松ヶ丘文庫研究年報』四、一九九〇年、五二―五三頁。
(51)結城令聞「江戸時代に於ける諸宗の唯識講学とその学風」、小野清一郎・花山信勝編『日本佛教の歴史と理念』、明治書院、一九四〇年、主に四五七―四六一頁。
(52)結城令聞「近世唯識研究の或る系譜についての評論」、仏教史学会編、『仏教史学会三十周年記念　佛教の歴史と文化』、同朋舎出版、一九八〇年、八九九―九〇三頁。
(53)太田久紀「日本唯識研究―普寂の法相教義批判―」、『印度学仏教学研究』三〇―一、一九八一年。
(54)佐々木憲徳前掲論文「普寂の『妙玄復真』を読む」、復刻版『六条学報百十一号～百二十二号』、一一六号、五一―五六頁。
(55)仲尾俊博「普寂徳門の天台教義批判」、『印度学仏教学研究』四―一、一九五六年。
(56)池田英俊『明治の仏教批判』、評論社、一九七六年、一九五―二〇二頁。同上『明治の新仏教運動』、吉川弘文館、一九七六年、五―六頁。
(57) 村上専精『大乗仏説論』、光融館、一九〇三年、二四六―二四七頁。
(58) 詳細は、本書第五章。
(59) 内藤湖南「涙珠唾珠」中「樗陰散語」の「三子の学風」、『内藤湖南全集』第一巻、筑摩書房、一九七〇年、三八七頁。三子とは、富永仲基・平田篤胤・服部蘇門を指す。
(60) 国訳一切経、諸宗部第二四『顕揚正法復古集解題』、二五三頁。
(61) 中村元前掲書『中村元選集〔決定版〕別巻7　近世日本の批判的精神　日本の思想Ⅲ』、二五八頁。本書では、一九八九年の最終版に基づいて論じたが、内容は、一九四九年の旧版『近世日本の批判的精神の一考察』とほぼ同様である。
(62) 神田喜一郎「江戸時代の学僧たち」、『藝林談叢』、法蔵館、一九八一年。神田喜一郎「鳳潭・闇斎・徂徠」「鳳潭余話」、『墨林閒話』、岩波書店、一九七七年。
(63) 田中久夫「『顕揚正法復古集』」、『日本歴史』一七五、一九六二年。
(64) 辻善之助『日本仏教史　近世編之三』第九巻、岩波書店、一九五四年、四九八―五〇〇頁。
(65) 大桑斉「第五章　諸教一致論の形成と展開　三宗派教学の形成と華厳教学」、『日本近世の思想と仏教』、法蔵館、一九八九年、四〇六―四〇七頁。

第二章　僧侶普寂——その生涯（一七〇七—一七八一）

一　普寂の位置づけ

近世浄土宗において、檀林・寺檀関係から離脱して世を捨てた僧侶（捨世僧）については、先学の諸研究がある。まずは、前章で見たように、浄土宗長泉院の住職でもあった大島泰信が、大正三年（一九一四）刊の大著『浄土宗史』で、浄土捨世地と律院の特徴と代表的な僧侶を論じた。(1) 以後の研究は、大島の論を出発点として展開してきた。浄土律に関わる研究では、岩崎敲玄が、戒脈を追う形で浄土律の全体を述べている。(2) 戦後には、伊藤眞徹が浄土宗捨世僧の各人を紹介し、捨世を浄土宗信仰革新運動として捉えている。(3) また井川定慶は、浄土宗捨世僧をめぐるさまざまな論争について述べている。(4) 大橋俊雄は、浄土律宗における各法系図を示した。(5) なかでも長谷川匡俊は、社会福祉史の観点から歴史的な展開に踏み込んで、総括的な研究を進めてきた。(6)

これらの研究においては、大島の分類を基本として、浄土宗僧侶は社会的類型によって次の三種、すなわち一般の寺院に住む者は官僧、律院に住む者は律僧、捨世地に住む者は捨世派と分類される。[7] これらの概念と用語については、第六章で詳しく論じたい。いずれにせよ長谷川が述べるように、これらの類型は現実には重なっている場合も多く、ある程度理念的な分類として理解するべきだろう。

この浄土宗内における分類で考えれば、普寂は、浄土宗で戒律を行う捨世僧侶であり、浄土律僧ということになる。しかし普寂は、確かに社会的には浄土律僧として世を過ごしたが、浄土宗への帰属意識はほとんどない。

普寂の念仏理解については、第八章で論じるが、ここでは浄土宗祖師である法然に対する普寂の姿勢について、浄土宗側からの研究を見ておこう。普寂は、他の浄土宗僧侶のように、法然を無条件に認める訳ではない。これについては一九六四年に、伊藤眞徹が、普寂は中国の善導のみを認めることを明らかにした。伊藤は、「普寂は善導の浄土法を僻解したものが法然であり、法然の精神を歪曲したものが、その後の列祖歴代の碩徳であると決断し、善導の解行のみが唯一絶対であると理解」したと述べる。さらに、普寂の浄土宗に対する理解は、「宗義を没進展性の枯死固形化したものと解したもので、宗義の不変性の一面のみが取り上げられている」[8] と批判している。

普寂は浄土教に限らず、インドと唐以前の中国仏教だけを認めるから、この伊藤の批判は、普寂の浄土宗理解に対してはある程度妥当なものと思われる。普寂は、日本仏教の歴史を現実への適応と見るから、法然を末世に応じた布教者としては認めるが、自分の人生の模範とは考えていない。彼の著作における署名は、常に「苾芻《びっしゅ》〔比丘。僧侶〕普寂」であり、自ら南山律宗の末裔であるとは述べても、浄土僧であると自負することはない。

一方で、普寂は、浄土宗の学問所である十八檀林に学んだことは一度もないにも拘わらず、江戸に来て以来、浄土宗檀林の筆頭である芝の増上寺で、死の直前まで華厳学を中心として継続的に講義を行った。さらに、その講義を聴いた増上寺学僧の喜捨によって、講義原稿の多くが著作として出版されている。普寂は、その没後に浄土教団から否定されるが、生前は学行兼備の高僧として全般に尊敬されており、禅僧を中心として、浄土宗外からも彼を熱烈に慕う学僧は多かった。普寂自身の意識は別として、社会的には、普寂は浄土律僧として生涯をすごしている。

第一章で見たように、普寂の思想は、宗学的な研究においては諸宗の異端とされ、思想史的な研究では諸宗一致とされてきた。異端と諸宗一致は正反対の評価のように見えるが、そうではない。これらの見解の意味するところは、普寂の思想が宗派の枠組みから外れていることを示している。では、普寂は実際にはどのような生涯を送り、自分をどのような人間であると考えていたのだろうか。本章では、普寂と関わりがあった同時代の浄土宗僧侶とも比較しながら、その生涯と自己意識を明らかにしたい。以下では、普寂の生涯を、次の三期に分けて述べる。

一、修学期：誕生～二十八歳。
二、遍歴修行期：二十八歳～五十七歳。諸国を遍歴修行して、江戸目黒の長泉律院に招かれるまでの時期。
三、講義著作期：五十七歳～七十五歳。長泉院に入ってから亡くなるまで、講義と著作に明け暮れた時期。

本章の記述は、主として、普寂七十二歳（安永七年・一七七八）の折りに書かれた自伝『摘空華《てきくうげ》』によった。この自伝は、弟子に請われて書かれたものである。自伝末尾の弟子の補足によれば、普寂の七回忌（天明七年・一七八七）に、出版を期してまとめられたという。(9) しかし、現行の浄土宗全書の『摘空華』底本は写本とされており、現在の長泉院にも、写本であれ版本であれ、『摘空華』は所蔵されていない。あるいは出版されなかったのかもしれない。

この題名「空華」とは、眼病の折りに、空中に浮かんで見える幻の花のことであり、実際には存在しない事柄の譬喩である。たとえば、「凡夫の執着の対象は、空華のように存在しない」といわれるが、近世には「空華」の語は、僧侶の随筆などの題にもよく見られる。この自伝の冒頭には、執筆を勧められた普寂が「止めよ止めよ。予、少壮に志す所の一として剋得せず。徳行の後に冀《こいねが》うべきもの無ければ、乃ち誌して醜を千歳に貽《おく》らんや(10)」と述べるから、自らの生涯を空しい華に譬える意が込められているかもしれない。浄土宗全書に収められている近世高僧の伝記の中には、他に自伝はなく、このような抽象的な題名がつけられているものもない。

自伝に併せて、普寂の弟子、鸞山《らんざん》が著した『長泉普寂大和上行状記』の漢文本と仮名本の二種を、適宜参照した。(11) 鸞山は、普寂に深く私淑した増上寺の学僧であり、後に十八檀林の一つ、江戸本所の霊山寺の第十六代住職となった人である。(12)

二　普寂の生涯

（一）修学期（誕生～二十八歳）

普寂は、宝永四年（一七〇七）八月十五夜に、伊勢国桑名郡の増田村、一向宗源流寺の長男として生まれた。父は源流寺住職の秀寛、母は中村氏である。幼名を左南という。西を向いて合掌すれば、左が南となるという意である。六歳から九歳まで、浄土三部経を習読した。ちなみに、普寂が九歳の年に、富永仲基が生まれている。十歳から十二歳までに儒書と詩文を学んだ。十四歳の時に、桑名の浄土宗西山派光明寺で『倶舎論』世間品《せけんぼん》の講義を聴いたのが、最初の聴講である。

翌年の享保六年（一七二一）、十五歳のときに、父・秀寛《しゅうかん》に大呵責を受けたことで、普寂の幼年期が終わる。その叱責では「おまえは幼少の時から書を読み、神童との評判が高かった。しかし最近では、囲碁将棋ばかりで、齢志学〔十五歳〕を過ぎて何も学ぼうとしない」、「ああ汝、我が面皮を糞汚する者か[13]」と言われている。晩年に書いた自伝に、この時の言葉を克明に書いているほどであるから、よほど応えたのだろう。これ以後普寂は、伊勢から京・大坂まで修学の場を拡げていった。

享保八年（一七二三）十七歳で、美濃称名寺の円澄から『浄土論註』、翌年の十八歳のときに同じく円澄から『無量寿経』『阿弥陀経』の講義を受けた。これは一向宗寺院に生まれた者としては、基礎的な修学過程と思われる。十九歳のときには、桑名天承寺の禎山《ていざん》禅師から、『大乗起信論義記』『華厳五教章』『円覚経略疏』『因明纂解』の講義を聴く。普寂にとって、初めての浄土教以外の講義であり、華厳の書物が入っている。彼はこれらを「一つとして遺す所無く」記録し、「大いに学教に勇み[14]」広く学ぼうと決意した。

学教を志した普寂は、上洛する。京都では、十玄より『大乗起信論義記』『四教儀集註』『華厳五教章』の各講義、天旭による『成唯識論述記』講義、次に堺に下り、真教の『大日経住心品疏』講義、湛慧《たんえ》の『成唯識論述記』講義を聴いた。浪花では、鳳潭《ほうたん》の『法華徐註』講義を聴聞した。これ以後、普寂が諸教を講義の形で学んだことはなく、彼の学問的基礎は、この時期に得たものである。

「聴聞の段階は終わったから、自ら経論章疏を研究しよう」[15]と考え、二十一歳（享保十二年・一七二七）の一夏の間、河内の法然寺で、義雄《ぎゆう》と共に倶舎論を自学した。秋になって、堺の専称寺・慧然《えねん》に頼まれ、『倶舎論頌疏』の「業品」以後を代講する。しかし講義が終わる頃になって肺結核と思われる病にかかり、伊勢に帰郷した。

これ以後普寂は、生涯病弱であったが、特にこの時には書を読むこともできなくなり、死を覚悟している。この病は、彼が真宗と決別し、世を捨てる重要な契機となった。

ここに於いて、出離の道に於て大怖畏を起こし、日夕惆然たり。一旦忽然として自ら崇《あが》むる所の法義、経論に牴牾することを遅慮す。千思万慮し心扉漸く開きて、従前に安んじて履《ふ》む所は全く正法の藩籬の外にあることを自覚せり。意、即時に親里を出離せんと欲するも、自己の病身、出家修道に堪うるべからざることと、及び父母・祖母・曾祖母に悲嘆を与え、必ず命根を滅却するに至らんことを恐れ慮り、その志を遂げずして年有り。

（『摘空華』、浄土宗全書一八、二八〇頁）

病になって以来、仏法について悩み続けた。遅ればせながら、崇敬してきた一向宗の教えが、経論と違っていることを深く考え、全く正しい仏法ではないことを自覚した。即座に家を出たいと思ったが、病気の身では出家修道に堪えられないことと、家族を悲しませることを恐れて果たせなかった、という。実際に普寂が生まれた寺を出たのは、この四年後であるが、それまでの間、「生死を恐るるの情、日に倍し月に増して、寝食も安からず[16]」という状態で、出家捨世すべきかどうかを悩み続けた。なお、普寂が悩んでいた時期に、荻生徂徠が六十三歳で亡くなっている（享保十三年・一七二八没）。

病がいったん癒えた二十五歳（享保十五年・一七三〇）のときに堺に戻り、ときどき大坂の四天王寺に参詣して、聖徳太子に出離のことを願った。このときから、普寂の聖徳太子への崇敬は生涯続いた。高田良信は、『勝鬘経』に対する普寂の注釈書『勝鬘師子《しょうまんしし》吼経顕宗鈔《くきょうけんしゅうしょう》』は、聖徳太子作とされる『勝鬘経義疏』を最良とすることを指摘している[17]。

二十七歳で堺から戻った後に、「こうして今生を空しく過ごせば、また生死輪廻に沈む[18]」と考え、「今、塵世を背捨して、道門を趣向せん[19]」と、ついに世を捨てることを決意した。一晩、走井《はしりい》の観音に祈った後に、青銅三百文のみを懐中に郷里を離れた。享保十九年（一七三四）の四月二十八日、二十八歳の時であった。このとき、父・秀寛に「身にかけし法の衣はおなしきも　みははあはねばぬき捨てそする」という歌を送ったという。この歌は、鸞山の著した仮名本『長泉道光普寂大和上行状記』（五頁）だけにある。自伝では、「委《くわ》しく思願と及び勧発菩提心の数条を誌し、これを父寛翁に寄す」とだけあり、鸞山が普寂から直接に聞いた歌と思われる。

普寂はこれ以後、自伝においても他の著作においても、生寺及び一向宗には、一切触れない。初めて悟りを得た際には、「二十歳以後、仏教の知識は持っていたけれども、心は常に仏教の外にあったのはなぜか」と省みて、「もし病気になっていなければ、非正法の中で、一生を徒《いたずら》に過ごして死んでいた[20]」と、真宗を仏教の外にある非正法であると断言する。これからの普寂は、さまざまな師と所をさまよいながら、一人でその境地を切り拓いてゆくことになる。

（二）遍歴修行期（二十八歳～五十七歳）

享保十九年の晩春四月に生家を出た普寂は、京都を経由して、夏までは弟の智圓が住していた河内交野《かたの》郡津田村の正応寺に代わって住し、念仏を行った。秋になって弟らの紹介で、尾張の八事《やごと》北山、古義真言宗の興正寺に身を寄せた。当時の興正寺の状況については、川口高風『諦忍律師の研究』に詳しいが、[21]興正寺は尾張高野と言われる名刹であり、近世戒律運動の拠点の一つである。ここで普寂は、浄土宗の高麟常照《こうりんじょうしょう》から菩薩戒と斎戒を受け、観音を聖徳太子の本地と考えて、境内の観音堂で修行の加護を祈った。

近世における浄土捨世僧は、その捨世の直後に、苦行に近い実践行を集中して行うことが多い。たとえば、師子谷の法然院を再興した忍澂《にんちょう》（一六四五―一七一一）は、二十三歳で世を辞した後に、江ノ島と竹生島の弁天のもとで、念仏三昧と断食を行っている。[22]また徳本《とくほん》（一七五八―一八一八）は、苦行を長年にわたって行い、念仏行者として尊敬を集めた。在家から出家して二年ほどで本格的な苦行を始めており、その様子は「毎暁の垢離には、寒風肌を刺、満身のひゞ皹《あかぎれ》あたかも松皮の如し。礼拝し給ふごとに、鮮血ほどばしるまで[23]」であったという。

こうした苦行は、当時の捨世僧にとって、ある種の理想であったと思われる。普寂も興正寺で、まず九十日の念仏三昧を行った後に、油を掌に注いで燃やす苦行を試みている。火をつけてすぐにやめたが、傷の痛みは修行を大いに妨げた。食事は念仏への集中を妨げるという理由で、七日の断食も行ったが、すでに二日で念誦ができなくなり、後悔しつつ七日を終えた。普寂は、これらの試みから苦行は修行の邪魔になると結論し、以後行わなかった。

この時、浄土宗の高名な捨世僧であった関通《かんつう》（一六九六—一七七〇）が、普寂の修行の様子を聞き、必要なものはないかと尋ねてきた。このことは、『関通和尚行状記』にも見える。[24] 普寂は仏像を所望し、関通はさっそく阿弥陀像を贈った。関通は、普寂に浄土律の諸師を紹介し、浄土宗特有の宗戒両脈（浄土宗義を伝える宗脈伝法と、円頓戒を相伝する戒脈伝法）を受けさせるなど、普寂が浄土宗の僧侶となることを決定づけた人物である。簡単に紹介しておこう。

関通は、近世中期の浄土宗最大の民衆布教家とされる。二回の百万遍念仏を成しとげたときの彼の誓願は、その思想を端的に表していよう。その誓願とは、「抑《そもそも》、下八品の往生は予が所願にあらず。所以は何となれば上上品のみ即悟無生ときけばなり」と、最上の段階で極楽往生することであった。なぜなら、最上の段階で往生する者だけが、極楽で即座に悟ることができ、その結果「直に穢国に還来し」（直ちにこの世に還って来て）、「普く師僧父母六親眷属……悉く教導して同く極楽に生せしめ」られるからである。彼の最終的な目標は、ついには「十方界に入て苦の衆生を救」うこと、一切の苦しむ生物を救うことにある。その大願をかなえるためには、「先つ今世に於て」、自分の勧めによって念仏し「往生するもの限り無らしめ給へ」[25] と願っている。関通の一生は、極楽を目指してこの誓いを実現しようとするものであり、長谷川匡俊によれば、その日課結縁は一千万人に及んだ。[26] 人々へのその影響と感化は大きなものであり、関通の住んでいた村では、子供が虫を殺すこともなく、魚鳥を商う者が村を通り過ぎることさえなくなったという。[27]

関通は官僧のエリートから隠遁した捨世僧であり、生涯律僧にはならず、また住職にもならなかった。関通の浄土律勃興のための尽力については、大島泰信の『浄土宗史』に詳しい。[28] 関通は享保十八年（一七三三）、仏法興隆のために、自らが居た官寺の西方寺を律院の円成律寺に変えた。官寺から律院への転換許可を得るために、本山と国府にかけあって苦労しているが、自身は新住職とならず、三河の律僧であった義灯を住職としている。

関通自身は、隠遁念仏を生涯の自行とするが、断食後の病気療養のため彼を頼ってきた普寂に対して、「隠遁念仏は尊ぶべき行ではあるが、出家捨世を実行した優れたあなたがやるべきことではないだろう」と諭している。さらに「何ぞ明師に従いて大器を成ぜざるや」と、檀林への入門や正式な律師に就くことを、強く勧め続けた。(29) しかしこの時には、普寂は関通の勧めを振り切って興正寺に帰り、仏を見る瞑想である般《はん》舟三昧《じゅざんまい》によって、最初の悟りを得る。

当時の浄土宗内では、学僧らを中心として、浄土教系の瞑想はある程度広く行われていたようである。彼らの実践行は「三昧発得《さんまいほっとく》」と言われ、大蔵経の校訂で有名な忍澂は、称名念仏と般舟三昧を好み、「自行純粋、別行般舟三昧(30)」であった。唯識学者でもあった義山(一六四八—一七一七)は、定(瞑想)を劣った散善念仏とすることに対して、疑義を呈している。(31) 教団内で活躍した仏定(一七三四—一八〇〇)は、禅を学ぶ浄土宗僧を「念仏は王三昧なることをしらず」と批判して、「吉水〔法然〕の流を汲むもの。速に三昧を証せずんは、何の面目ありて仏祖に対せん」と述べている。(32) さて、普寂の三昧はどうだったか。

この九十日に必ず三昧を得んと決志して、心に常に阿弥陀仏の相好光明身を憶想す。口に恒に阿弥陀仏名を称え、日別の称名八万或いは九万声なり。一期まさに半ばせんとするに、忽然として心中に、起信論等所説の大乗諸法の縁生無性の趣を顕現す。これを従前学ぶ所の聞所成慧に対望するに、旨趣全く一なれども、死活頗る異なる。ここに於いて、大乗教法の大旨、了然として解を発す。

（『摘空華』、浄土宗全書一八、二八二頁）

この九十日間で必ず悟りを得ようと決意し、阿弥陀仏を思い浮かべつつ、毎日八万回から九万回の仏名を唱えた。期間の半分ほど過ぎた頃に、大乗起信論などの説、「事象は縁によって仮の事柄として生じるのであって、固定的な物として生じるのではない」ということが、心中に突然あらわれた。この認識をこれまでの知識と比較したところ、言葉は同じでも内容は全く異なっていた。この時に、大乗仏教の大体が分かったという。さらに、この悟りが誤った執着ではないかどうかを確認するために、試みに「宋儒排仏の説、及び茂卿の随筆等」を読んだ。この「随筆」とは、荻生徂徠の『蘐園《けんえん》随筆』であるが、「宋儒排仏の説」とは朱子の書だろうか。その結果、「宋の道学や、荻生徂徠の儒学は世間世俗の学問であって、我が教と同列に論じられるものではない。仏教は最上にして、完全な説である」と知り、「信の解を与えるはこれ真実なり。これ執著に非ず[33]」と、信仰が正しい理解を与えるのであり、この理解は執着ではない、と結論した。

こうして最初の自信を得た普寂は、興正寺の律僧諦忍《たいにん》に、大蔵経閲覧を願った。諦忍は諸教に通じた真言律僧であり、ことに浄土念仏に造詣が深く、学僧として知られていたことが明らかになっている[34]。諦忍に閲覧を許されて蔵中に入り、そこに安置してあった延命普賢像に「有縁の経を探り得る」ことを祈ってから、瞑目して一函を取ると、唐訳華厳経であった。華厳経は根本の教えであると大歓喜し、これからは「願わくば一解一行たりとも花〔華〕厳教海に遊泳し、一止一作たりとも雑花法界に廻趣せん[35]」と誓い、以後の念誦の合間に大蔵経を閲覧した。これが、普寂が自らの思想として、華厳を選んだ経緯である。華厳思想において、普賢菩薩は、凡夫が成仏に向かって修行していく過程を象徴している。

その後関通の勧めで、普寂は江戸の律僧敬首《きょうじゅ》（一六八三―一七四八）に就こうとするが、敬首から関東で戒律を学ぶのは良くないと断られ、京都の律僧・通西に就くことを、手紙で勧められた。これは浄土律の玄門通西であり、浄土律の霊潭《れいたん》（一六七六―一七三四）の系譜と思われる。天台安楽律の玄門智幽との混乱を避けるため、以下、通西としたい。普寂の弟子入りを断った敬首は、浄土律内における普寂の思想的先行者の一人と考えられるので、ここで紹介しておこう。

敬首は、十五歳の時に、増上寺の学僧について出家した。十九歳から二十四歳まで、関西で天台と南都の諸学と戒律を学んだ結果、「甚深にして未曾有の説」を抱き、師から「自秘して他に向て説くことなかれ」と言われる。二十四歳で具足戒を受けて律僧となり、律院住職となった。その後隠遁して、人々への授戒と学問に日を送り、六十六歳で亡くなった。その思想は古代インドの僧侶を理想とするものであり、自誓受戒によって具足戒を受けた時に敬首と改名したが、「天竺の法は只一名なれば敢て字《あざな》を用ひず」として、字を使用しなかった。釈尊を本師として、インドの龍樹と天親の二人のみに依ったという。敬首は、天台・華厳・真言・法相・三論の諸祖師を批判した。あまりに通説と違うために、聴く人は「或いは讃え、或いは嘆ず」というありさまで、敬首の教えを直接に継ぐ弟子はいなかった。(36) 敬首の略伝にあげられる著作は、大乗戒と浄土教に関するものである。

敬首の釈尊復古の志向は普寂と共通するが、浄土宗に対する姿勢は異なっている。普寂は、律宗祖師である南山道宣を尊敬したが、敬首は「律宗の祖南山大師も……浄土家の怨敵なり。予なども南無律宗開顕南山澄照大師と唱へて礼敬は致せども……怨敵と存ずるなり(37)」として、まず浄土僧侶としての意識を持っている。

敬首に弟子入りを断られた普寂は、三十歳（元文元年・一七三六）で、関通と三河の律僧である義灯と共に、通西のもとへ上洛する。通西は普寂に、直接の弟子となることを求めたが、関通が普寂を「異流に入れること」に難色を示して断ったため、まず義灯によって浄土宗入門の儀式である剃度法を受け、その後にさらに通西からも剃度法を受けることになった。その後普寂は、通西のもとに一年半ほど住することがあったが、結局帰ってきている。剃度とは、たとえば「其余剃度弟子、若受菩薩戒及三帰・五・八戒者、不可勝数(38)（その他の剃度の弟子として、菩薩戒や三帰依、五戒、八戒を受けた者は数えきれない）」とされており、入門の儀式をさすと思われる。『行状記』には、この次に、普寂の宗戒両脈について述べていることからも、ここでの剃度法とは浄土宗への入門のことである。

こうして普寂は剃度法を受け、名を慧謙《えけん》、字を徳門と改めた。このとき関通は、後に円成律寺の住持となった可円と計って、大巌寺の適誉良義から、普寂に宗戒両脈をも受けさせ、宣蓮社明誉の号を受けさせた。普寂自身は、このことに対して、何の感慨も述べていない(39)。浄土僧侶となったこの一夏に、湛慧の『梵網経』関連の講義を受け、義灯に随って三河の崇福寺に下り、義灯から二度目の菩薩戒を受ける。戒を受ける前に、青い蓮華が二、三分花開く好相夢（吉兆を示す夢）を見ている。

普寂は、さらに天台安楽律を学ぶために、在家の居士・織田丹下からの天台律への紹介状を懐に、三度目の上洛をする。浄土律僧・性寛のもとに一カ月ほど身を寄せて、安楽律の霊空《れいくう》（一六五二—一七三九）に面会した。入門を許可されたものの、そこまでの三日の旅で雨に濡れて風邪をひいた上に、実際に天台安楽律を目にしてみると思っていたのとは違っており、憂鬱になった。洛西松尾の華厳寺に住していた鳳潭に会いに行った帰り、疲れのあまり歩けなくなった夕刻に、「私は体も弱いし、もう諸師を尋ね歩くのは止めて、山奥で念仏して一生を終えよう」と絶望して、路傍の菓子屋で飴湯をもらって、なんとか性寛の庵に帰り着いた。しかし、翌日、明末清初の仏者、藕益智旭《ぐうやくちぎょく》(一五九九―一六五五)の『霊峰藕益大師宗論』の一文、「志士苦しまずば則ち成ぜず。修道の士、生涯に三、五度、困悩至極にして堪忍すべからざるの地を践まば、則ちその道得るべからず[40]」と、生涯に何回も堪えられないほどの苦しい経験をしなければ、道は得られないという箇所を読み、改めて奮起する。「あに困苦を畏れて退休すべけんや。……千辛万苦も法の為に忍受せん[41]」と、諸国遍歴の修学を再び決意して、旅立った。

浪華に住む華厳の学僧、覚洲[42]のもとに立ち寄り、江戸の増上寺学寮にいた弟の乾雅《けんが》のもとに下る。赤坂に住みながら、数人の僧侶に頼まれて、『倶舎論頌疏』の講義を行った。この時、乾雅から十一面観音像を与えられ、出家以来の聖徳太子と観音の加護に感謝している。

元文二年(一七三七)三十一歳の夏に、敬首が江戸で、義灯のために『天台菩薩戒義疏』の講義を行い、普寂も聴講した。講義の後、義灯と共に普寂も、尾張の新律院である円成律寺に帰った。関通が官寺から転換した尾張の円成律寺は、名目の初代住持を敬首とし、実質的な初代住持として義灯を二代目とした。義灯は、敬首から律院規約を学ぶために江戸に来ている。普寂は、翌年(元文三年・一七三八)三十二歳で沙弥法を受け、正式に比丘僧の前段階である沙弥となった。「発する所の志願、屈せず[43]」と四たび上洛し、京都の浄土律の根拠地であった洛東の照臨庵に身を寄せる。この照臨庵は、浄土律の最初の一人であった霊潭が開いた聖臨庵のことと思われる。ここで庵主の文海《もんかい》から、文海が兼務する近江守山の浄土寺に住することを頼まれ、普寂は近江に下った。

翌年(元文四年・一七三九)三十三歳のとき、近江から、泉州の住吉地蔵院の律僧・快存による『四分律行事鈔』の講義を聴きに行った。泉州から帰って、念仏・誦経・誦呪に励んでいた時に、普寂は、思想的契機となった三大疑問を生ずる。その三大疑問とは何だったか、普寂自身の言葉で見ておこう。

時に衷懐に忽然として三大疑を生ず。一に建立器界の事。二に大小両乗の弁。三に因果報応輪回の趣。予、仏教の大体に於て深信を得るに及んで、遅慮する所無しと雖も、但だこの三関に於てのみ明了を得ず。三箇の疑団、胸中に蘊在し、なおこれ飲まんとするも入らず、これを吐かんとするも出ざるが如し。寂謂く、この疑団、これを他に聞きて遣るべきにも非ず、また典籍を探りて消すべきにも非ず。自心を了悟するに非ざるよりは、いずくんぞよく開覚を得んや。乃ち自ら発憤し、経論の誠説かくの如くかくの如く、己心の霊妙かくの如くかくの如くなれば、迷いを転じて悟りを開くことは、なお掌を翻すが如し。なんすれぞ悠悠として、来生を期せんや。これより参究の志、日に増し月に加う。まさに謂く、禅の叢林に入り明師に参竭せんとす。

（『摘空華』、浄土宗全書一八、二八五頁）

心中忽然と三大疑問を生じた。一には、仏教の宇宙像である須弥山説が事実であるか（須弥山説への疑問）。二には、大乗仏教と小乗仏教についての説明が正しいか（大乗仏説への疑問）。三には、因果応報輪廻の意味について、である。私、普寂は、仏教について深い信を得て、もはやとまどうことはないけれども、この三つの関所は疑問であり、胸中で塊となって、飲もうとしても入らず、吐こうとしても吐けず、滞っている。これらは、他人に聴いても典籍を探っても了解され得ない類の疑問であるから、自らの心を悟るしかない。経論の真実の説と自心の霊妙さを知れば、これらは掌を翻すように迷いから悟りへと転換するだろう。この解決を、来世に先送りするわけにはいかない。これ以後、修行の志が日に月に増すばかりであり、ついに禅を学ぼうと決意した、という。

　近世後期から明治期までの排仏論は、この三大疑問のうち、第一の須弥山説と、第二の大乗仏説の否定を特徴とする。第三の因果輪廻の問題は、近世を通じて排仏論の中心の一つであった。内容については後に論ずるとして、ここでは当時の状況を示しておこう。

　まず第一の疑問であるが、須弥山世界とは仏教の宇宙像であり、お盆のような平たい大地の真中に、想像を絶する高山（須弥山）がそびえ立つとされる。普寂が三大疑問を生じる九年前、享保十五年（一七三〇）に、地球説を説く西洋天文学を紹介した、清の『天経或問《てんけいわくもん》』が刊行された。もしかすると、普寂は『天経或問』を読んでいたかもしれない。懐徳堂の儒者五井蘭洲《ごいらんしゅう》によって、最初の須弥山説批判が書かれるのは、これより約二十年後の宝暦七年（一七五七）だから、普寂の須弥山説への疑問は、自ら抱いたものと思われる。

　第二の大乗仏説への疑問については、村上専精は、敬首が先行するという。[44] 村上は、当時の東京帝国大学に所蔵されていた敬首の『真如秘稿』にもとづいて論じるが、この書は関東大震災で焼失したらしく、現在の東京大学にはない。富永仲基の『出定後語《しゅつじょうごご》』が出版されたのは、これより六年後（延享二年・一七四五）であるから、敬首や普寂が仲基を知らずに、この疑問を抱いたことは確かである。どちらが先であるにせよ、当時の仏教者と世俗的知識人の間で、ほぼ同時にこれらの疑問が生まれつつあったことが重要だろう。

　さて、翌年の元文五年（一七四〇）、三十四歳の春二月下旬に、普寂は、隣寺の大光寺僧侶の紹介によって、近江から加賀の曹洞宗の修行寺、大乗寺へ旅立った。加賀までの十日間の旅路は、病身には疲れ果てるものだったが、三月初めにようやく到着し、当時の堂頭であった慈麟元趾《じりんげんし》（一六八六―一七六〇）に、他宗から遠路はるばる来たことをねぎらわれた。一夏の間ひたすら坐禅を行い、自分の境地が進むことはなかったものの、禅家の厳しい日常を詳しく目の当たりにして、「古仏の遺珍ここに在り[45]」と感心している。ここで菩薩戒会に参加し、三度目の菩薩戒を受けた。

その後、天徳院の禅僧・道孝を紹介され、普寂は「和尚の道風に深く憧れるけれども、体が弱いため、皆の修行についていけない。独りで修行すべきだろうか」という悩みを問いかけた。道孝は、「衆と共に修行することは、修行の妨げになることもあるし、助けになることもある。また縁があったらこの地に来なさい」と応えた。普寂は「深く道愛に感じ[46]」、また必ず帰ってこようと決心した。結局加賀には戻らなかったが、普寂が自伝で尊敬と敬愛の念をはっきり書いているのは、この道孝に対してのみである。普寂にとっては、禅宗の修行が魅力的だったのだろう。

近江に帰って隠退しようとしたが、檀家に許されなかったため、檀家の勧めに従って、弟子の育信と智薫に寺務を任せ、自分は境内の薪置き場にこもった。この物置を可吟庵と名付け、竹を垣として壁には紙を貼り、線香の裏紙で作った本尊を架けた。食事は、二十四軒の民家から一カ月に各一回ずつ、調理された食物をもらうことと、垣を隔てて寺から受け取るわずかな食事でまかなった。普寂はこの一年半を、もっとも修道が進んだ時だったといい、あのまま十年二十年と続けていたら、どんな道でも達成できたことだろうと悔やんでいる。先ほどの三大疑問に答えが出たのは、この時であった。

> 或時は、坐禅と念仏と相半ばに修す。……或いは唯だ称名のみの時、或いは唯だ坐禅のみの時、三五度忽然として思所成慧を発す。これを経論に証しその旨脗合《ふんごう》すれば乃ち筆を操りてこれを片紙に誌す。寂、製する所の香海一諦[47]、大抵はこの時の所発心相を記録せり。
>
> （『摘空華』、浄土宗全書一八、二八六頁）

ある時は念仏を、ある時は坐禅を行っているうちに、突然悟りを得ることが何度かあり、これを経論と照らし合わせ、経論と合っていればそれを記録した。後の著作『香海一渧《こうかいいったい》』は、この記録である、という。『香海一渧』とは、華厳経に説かれる仏国土、光り輝く香水海の一滴であり、さらには、普寂が仏教の真髄を説くという意味が込められる。普寂の得た香水海の一滴は、何だったか。

又昔日発する所の三大疑、遣らんと欲せずして、自ら遣除す。又自省するに、寂少しく思念を凝らすの功にても、この勝慧を発す。況や諸聖の三昧の発する所の妙慧に、何の涯涘有らんや。又省みるに、大・小乗の一切経論並んでこれ聖者の三摩地に現るる所の法義にして、全く凡夫偏計の測る所に非ず。大乗・小乗並んで皆如来法身なり。又、この発する所の思所成慧を得て後、五十歳已後に法を講じ書を製し、教の原旨を弁じ、法の邪正を断ずるは、皆この慧を以てこれを指南と為すなり。

（『摘空華』、浄土宗全書一八、二八六頁）

かつての三大疑問は、自然と解決された。私〔普寂〕如きでも、わずかの瞑想だけでこの悟りを得たのだから、まして昔の聖者の瞑想による智恵は、限りないものであろう。大乗仏教と小乗仏教、すべての仏教経論は、聖者の瞑想に現れた法であって、凡夫が思い測ることなどできるものではない。大乗と小乗は、皆、仏の真理そのものである、と悟った。五十歳以後の講義や著作は、すべてこの時の悟りを指南にしたという。また、この頃には、すべてのものに特別の風致が感じられ、松風もまた常人とは違って聴こえた。しかしそれから人の間に戻るにつれ、境地は後退していき、定住してからは完全になくなった、という。瞑想によって得た神通力が後退することもこれと同じである、と実感して、定住は修道の妨げであると述べている。可吟庵に籠もって一年半が過ぎ、檀家から、修行ではなく単に遊んでいるにすぎないとされて、食事をもらえなくなった。そのため弟子の育信を連れて、再び近江を旅立つ。托鉢のみで旅を続けつつ、西行法師が居たという吉野山の苔清水庵を訪れた後に、京都の通西から頼まれて共に住むことになり、いったん近江に帰って、浄土寺住職を忍照に頼み、再び上洛した。しかし通西とうまくいかずに、一年半で浄土寺の可吟庵に舞い戻る。

今回は、さすがに民家に食物は頼めなかったらしく、米を隣村に乞い自炊しつつ、修行した。しかし「日々の行乞に疲労するに由て、禅・誦安んぜず」（毎日の乞食に疲れ果てて修行できず）、「支那・日域の沙門、熟食を乞うの風無きは、道を妨ぐるの随一なり」[48]と、料理された食物をもらえない風習は修行の妨げである、と述べている。さらに以前の弟子が来て修行が妨げられたために、知りあいのいない他国に隠栖しようと、三たび近江を離れ、奈良に赴いた。

東大寺の放光院の寮に一カ月ほど住んだ後、山中の子院の留守居役は奴隷に等しいと聞き、我執を退治する修行になるだろうと、東大寺子院の一つである上生院留守居になった。しかしわずか一カ月ほどで「不所応の事有り」[49]と気に入らぬことがあって、出てしまう。その後、唐招提寺の一庵である菩提庵に住む許可を得て、修道生活に入った。この時の生活は、櫃には三合の米もなく、五文の銭も持っていないこともたびたびであったという。近江と同じく、毎日の乞食に疲れ果て修行ができないため、調理された食物を得られる所に、何とか移りたいと願っている。この時、普寂は三十八か九歳であり、尾張興正寺の最初の悟りから、およそ十年が経っていた。

延享三年（一七四六）、普寂四十歳、突然に京都の浄土律僧・湛慧《たんえ》（一六七五―一七四七）から、正式な律僧となる具足戒を授けよう、という申し出を受ける。自伝には、普寂と親しい湛慧の弟子が頼んだ経緯が述べられ、さらに南都法隆寺の真言律僧、法澤《ほうたく》からの依頼によるかもしれないとある。

法澤は、禅の印可も持つ諸学に通じた真言律僧であり、関通に私淑して本願念仏を行っている。法澤は関通の一枚起請文の講義を聴いて以来、本願念仏を自行の一つとして、弟子と共に唱えた。法澤は、若年時に鳳潭《ほうたん》と湛慧から華厳を学び、さらに倶舎・唯識・起信論も学んだが、師弟共に「唯冊子上の義理にゆたかにして（学問だけの理解である）」というありさまであり、二十九歳で具足戒を受けたが「心理の蒙昧に至ては、俗流と何ぞ異ならん」。そのために禅を学び「阿字不生《あじふしょう》・諸法実相・一成一切成等の法門、一時に洞解」したが、十五年を経ても「いまだ半箇一人も他を益することを得す」。関通の講義を聴いて、念仏は利他の法であると知ったから、空海の教えにのっとり「出離秘術の法門」である念仏を行うのだ、と述べている。(50) 法澤の生涯は、諸教にわたる近世律僧の修行の過程を示していよう。普寂と同じ南都に住み、関通と縁があった法澤は、普寂の窮状を知って、湛慧に普寂を引き受けてくれるように頼んだのかもしれない。

普寂は、具足戒を受けることに気が進まなかったものの、翌日には湛慧に会って感謝している。その後清水寺に参詣し、その途中で具足戒成就の吉兆を見て、翌日南都に帰った。

普寂の引受人となった湛慧は、敬首と並んで、浄土律における普寂の思想的先行者と思われる。湛慧は十四歳で出家し、十七歳で江戸の檀林に入り、荻生徂徠の塾に学び、雲竹《うんちく》に書を学んだ。二十五歳で京都に帰り、性相学・華厳学を好んで研究した。四十歳前後には、華厳の鳳潭、天台安楽律の霊空《れいくう》と、相次いで論争している。四十九歳で隠遁して、五十一歳で具足戒を自誓受戒した。五十三歳のとき、師の死にあたって託された五百両によって律寺の長時院を復興し、講義と授戒にいそしんだ。晩年に好んだのは華厳学であり、法然が華厳を講義したことを根拠として「華厳の弘通、祖意を愜《きょう》（満足）す(51)」と、華厳五教章などを講義している。

普寂は具足戒を受ける前に、衣を調達しなくてはならなかった。律僧にとって、衣は大きな問題である。普寂は、唐招提寺の一院主から、受具足戒の祝いとして古い袈裟をなんとか譲ってもらい、上洛した。長年の乞食生活により、内衣などの下着があまりに古びていたため軽蔑されたが、憐れんだ僧侶や俗人に衣や臥具（寝具）を施されたという。こうして普寂は、延享三年（一七四六）の秋に、四十歳で長時院の一員となる。ちょうどこの年に、富永仲基が三十二歳で亡くなっている。

同年十二月十七日、湛慧が病の床に就き、病床で普寂らの受具足戒を約束し、もし自身ができないときには、法澤が証明をつとめるべきことを申し渡した。翌年の延享四年（一七四七）二月十五日、死期を悟った湛慧が法澤をよんで、普寂らの受具足戒の証明を頼み、普寂に命じて、自身の好相記（自身の感じた吉兆や夢などの好相についての覚え書き）を取ってこさせ、自ら火に投じた。その四日後に、湛慧は七十三歳で亡くなった。普寂が湛慧のもとにいたのは、わずか数カ月であった。普寂は同年、四十一歳の四月から具足戒の正式な前加行を始め、六月十日に壇上に湛慧の肖像を安置し、法澤と覚深《かくしん》が証明となって自誓受戒で具足戒を受けた。それ以後、普寂は、長時院のとりまとめに当たっている。

一年後の寛延元年（一七四八）四十二歳の夏、長時院で法澤の『四分律行事鈔』の講義を受ける。この時長時院には、普寂ら律僧が五人、具足戒を受ける前の沙弥が五人、八戒を受けた近住が四、五人、十五人ほど住していたが、律僧がこれほどそろうのは珍しいことであった。この時には、奥州の律僧・不能が上洛して、具足戒を自誓受戒で受けた。当時、五人の律僧が集まる一夏の修学は貴重であり、不能にとっては、奥州から京都に上洛する価値があった。

一夏の後、長時院を経済的に支えたと思われる俗人に、正式な住職になることを頼まれたが、普寂は病弱であることと、病気が治れば山林で修行したい旨を述べて断った。寛延二年（一七四九）、四十三歳で嵯峨瑞応院に、ついで東福寺南明院に移った。この冬から一年ほど、インドの僧に金銀銭財を受け取らない者がいたことにならって、一切の金銭を受け取らないことを行ったが、法澤に手紙でいさめられ、さらに弟子が密かに金銭を受け取っていたことを知って断念した。

寛延三年（一七五〇）四十四歳の冬、相国寺の雲興軒に移り、かねてからの願いであった隠栖を実行に移そうとする。大原の古知谷《こちだに》に、浄土宗の念仏行者であった弾誓《だんぜい》上人（一五七三―一六一三）の岩窟があり、院主からそこに住む許可を得た。その晩、いったん京都の照臨庵に帰ったところ、夢で「奇怪の事を見て……神物有りて〔隠栖を〕止むる」よう告げられた。翌日雲興軒に帰ってから、今後の身の振り方について観音に尋ねる三種の籤をつくる。一つめは「山居隠遁」、二つめは「護法度生」、三つ目は「因縁に任せ、時節来るを待ちて護法度人せん〔法を護り人を救う〕」である。これらを観音像の前で引いたところ第三を引き、隠遁は因縁に任せるべきであると理解して、大原への隠栖を止めた。籤に関して言えば、普寂と同時代の浄土宗僧侶では、男根を断却した念仏行者の無能（一六八三―一七一九）が、自らの臨終時に、生きるか死ぬか、死期はいつかということを籤で仏に尋ねている。(52)

翌年の宝暦元年（一七五一）、四十五歳のとき、普寂は外護の頼みに応じて、ついに長時院の住職となった。この年の十一月二十八日、玄光を出家させた。宝暦三年（一七五三）から四年にかけて僧尼数十人を出家させ、数百人に菩薩戒を授けた。このあたりから普寂の名前が、世に知られるようになってきた。

宝暦四年（一七五四）の冬には、洛東の禅林の学僧十余人が、翌春の倶舎論の講義の依頼にやってきた。普寂は、長年学問はしていないからと辞退したが断り切れず、冬から春にかけて予習した。翌宝暦五年（一七五五）、四十九歳の夏から秋にかけて、百人以上の聴衆を相手に、常楽寺で『倶舎論』の講義を行った。これが遍歴修行後の最初の講義である。この年の六月に、普寂の父秀寛が八十余歳で亡くなった。普寂は深く悲しみ、長時院に帰って追福法要を営んでいる。

宝暦六年（一七五六）、五十歳でまた病が悪化し、長時院の後を託すために弟の湖厳《こげん》を呼び寄せ、翌年（宝暦七年・一七五七、五十一歳）には沙弥法を授けて住職とし、自分は静養に努めた。この年には、鳳厳《ほうげん》が具足戒を自誓受戒する証明をつとめ、翌宝暦八年（一七五八）、五十二歳のときには同じく僧尾《そうお》の受具足戒の証明をつとめた。宝暦九年、五十三歳のとき、湖厳が病により長時院住職を退いたために、普寂が再び住職となった。翌年（宝暦十年・一七六〇）、母を尼の見習いである近住尼として、名を智仙とし、洛西の福王子村に住まわせた。宝暦十一年、五十五歳の春から冬まで、『成唯識論述記』を講義し、聴衆は百余人であった。

宝暦十二年、五十六歳のとき、長時院で聴衆八十人相手に、再び『倶舎論』を講義した。秋になって講義終了後、再び病気が悪化して、冬には命が危ぶまれるほどになり、長時院を一時退院して療養した。この年に、江戸の中目黒に長泉律院が創建され、創建幹事の千如《せんにょ》が、普寂に新住職を願う手紙を送ってきた。普寂は病後でもあり、とても新律院の住持には堪えられないと辞退したが、再度依頼の手紙が来たことと、「自らこの請は宿因に係りて免るべからざるの兆、三両事あるを見」[53]て、遂に受けた。翌年、五十七歳で江戸に下ることになる。

（三）講義著作期（五十七歳～七十五歳）

坂本勝成は、江戸時代の目黒が、霊場としての性格を持っていたことを明らかにしている。[54] 湧き出る滝のある目黒は、中世からの聖地であったが、江戸時代には水神の性格を持つ目黒不動を中心として、社寺参詣の客でにぎわった。もともとは、目黒不動の瀧泉寺を持つ天台宗の勢力が強かったが、寛永頃から、天台宗と同じく将軍家を後ろ盾とする浄土宗が、入り込んでくる。寛永三年（一六二六）から寛永十一年（一六三四）にかけて、二代将軍秀忠夫妻の法要のために、浄土宗増上寺に目黒の村々が寄進され、「境内守護不入」などの特権を与えられた。

当時の目黒は霊場として、山伏や念仏行者など、正規の僧侶ではない聖者たちが集まる場所になっており、目黒行人坂《ぎょうにんざか》という地名も、出羽山伏の行者に由来するものと伝える。増上寺は末寺を建立することにより、それらの行者を浄土宗僧侶として吸収していった。[55] 目黒に長泉院が創建されたことは、体制を離脱した捨世僧や律僧が、社会的にはそれらの行者と重なる層であったことを示していよう。最終的には、目黒の増上寺末寺は、官寺の祐天寺、律院の長泉院と播龍寺であったが、三寺の檀家は目黒以外の地域に多かった。[56]

すでに長谷川匡俊が、長泉院創建の経緯を明らかにしているが、[57] ここでは関わった僧侶の紹介も併せて、普寂が新住持となるまでのいきさつを見てみよう。増上寺の第四十五世大僧正の大玄《だいげん》（一六八〇―一七五六）は、その最晩年に、律院創建の願いを抱いた。大玄については、第九章で詳しく論じるが、大玄は浄土宗の大乗円頓戒の復興に努めた学僧である。関通と同じく彼自身は律僧ではないが、大僧正として戒律復興を目指して、反対する檀林勢力と激しい論争を行った。その後、最晩年に「戒光を永輝し、律場を創起せんと欲し[58]」、律院創建の願いを抱いた。

大玄が亡くなった年に、彼に帰依していた俗人の北川保久仙が、大玄の長年の弟子であった千如に、大玄の遺願であった律院の話を持ちかけた。幹事を引き受けた千如は、まず目黒の小庵、播龍寺に、奥羽の律僧不能（一七〇〇―一七六二）を招いた。なおこの播龍寺は小庵を移したものである。後に無住寺となって、長泉院の第四代住職堯雲《ぎょううん》が住職を兼帯していることからも、大きな寺ではない。

不能は、高名な念仏聖であった無能の弟子であり、奥州一帯に念仏勧化を行っている[59]。師の無能は、具足戒を受けない一般の僧侶、凡僧として念仏を唱える決意をしており、律僧ではなかった[60]。弟子の不能は、敬首から具足戒を受けた律僧であり、「律師、宗義を善くせず。宗匠、持律に精しからず[61]」と、当時の状況を嘆いている。不能は、奥州に律院を創設しており、千如はその功績を頼んで、不能を招んだのだろう。不能は普寂の友人でもあった。長泉院に比丘が五人そろった寛延元年（一七四八）に、不能は、奥州から「上都して更に自誓受法に依り、感相得戒を欲す」ことを、普寂に手紙で相談してから、上京し、普寂が受戒の証明の一人となった[62]。

江戸に来た不能は、武蔵国多摩郡成木村にあった曹洞宗の無住寺長泉院を、浄土宗の律院として中目黒に移す引寺願いを寺社奉行に出した。千如は、川越の檀林・蓮馨寺の教意に、免許が下りるように力添えを願っている。これらの一連の申請が寺社奉行によって許可されるまでには、宝暦十一年（一七六一）からほぼ一年がかかり、宝暦十二年七月二十一日の寺社奉行による最後の引寺認許に、不能は病身をおして赴いた。

彼は、その時の寺社奉行であった松平和泉守の懇請に応えて、その場で和泉守に十念（十遍、念仏を唱えること）を授けている。[63]不能はそれからほぼ一月後の八月二十四日に、六十三歳で亡くなった。

普寂が千如から新住職依頼の手紙を受け取ったのは、その約半年後、宝暦十二年の冬である。なぜ普寂が、不能没後の新住職に選ばれたのかは分からない。あるいは不能の遺言があったのかもしれない。長泉院は前述のような複雑な経緯をたどって創建されたため、初代住職は大玄、二代住職は不能とされているが、三代目住職である普寂が実質的な初代住職であった。増上寺大僧正の遺願により、増上寺領の懐深くに創建された長泉院は、いわば増上寺直轄の律院という性格も持っていたと考えられる。その後の普寂が、長年にわたって増上寺で講義を行ったことも、こうした長泉院の性格と関わっているかもしれない。長泉院の創建や、増上寺での普寂の講義は、当時の戒律復興の気運を示すものだろう。近世の戒律復興については、第六章で詳しく紹介する。

さて普寂は、宝暦十三年（一七六三）五十七歳の四月十五日に京都を発ち、途中で信州の善光寺に参詣し、四月末に江戸に到着、五月上旬に長泉院に入った。この秋から増上寺で『華厳五教章』の講義を始め、その内容を『華厳五教章衍秘鈔《けごんごきょうしょうえんぴしょう》』（五巻）としてまとめていった。これは普寂にとって、初めての華厳に関する講義であった。鸞山は普寂の講義について、増上寺大僧正も喜んで助成し、講義のたびに書かれる著作を皆が争って求めたと、その人気ぶりについて述べている。[64]

明和元年（一七六四）、五十八歳のとき、増上寺の新谷雲察寮で『倶舎論』の講義を行い、『倶舎論要解』（十二巻）を著した。翌明和二年（五十九歳）、増上寺の天神谷千如寮で『華厳経探玄記』を講義し、『探玄記発揮鈔』（十巻）を著した。この講義を行ったことで、性悪論が完全に誤りであると理解した。性悪論とは、仏の本性に悪が含まれるとする説である。普寂は、これが「凡夫の悪を断じる必要はなく、修行の必要はない（無断無修）」という主張の根拠になっている、と考えた。彼にとって、実践修行を軽視する可能性を持つ性悪論は許せないものであり、著書の随所で批判している。

明和三年（一七六六）、六十歳。泉州堺の心蓮寺から長泉院の本尊を譲り受けるために、普寂は三年ぶりに上洛し、長時院で『大乗法苑義林章』を講義し、『大乗法苑義林章纂註』（七巻）、『大乗法苑義林章科図』（三巻）を著した。明和四年（六十一歳）には、本尊を伴って江戸に帰り、夏に長泉院の本堂建立を開始し、引き続き庫裡・鐘楼・接待所・浄人寮を建築していった。この年、鸞山に『華厳五教章』講義を頼まれたのをきっかけに、以前の講義録『華厳五教章衍秘鈔』が出版されることになった。鸞山らは増上寺学僧の喜捨を集めて、版木の彫刻を依頼した。

明和五年（一七六八）六十二歳のとき、着工から一年足らずで本堂が落成し、三月に落成供養を行った[65]。この時、奥州の無能寺から律僧鳳巌、京都から律僧僧尾と沙弥大心《だいしん》、南都からは普寂に私淑していた真言宗の沙弥明遍《みょうへん》がやって来た。これを機会に、明遍と大心が具足戒を受け、普寂と鳳巌と僧尾の三律僧が証明をつとめた。この秋には、増上寺で『成唯識論述記』と『大乗法苑義林章』の講義を行った。

明和六年（一七六九）、六十三歳の春に、増上寺で『大乗起信論義記』を講義したところ、増上寺の学僧たち、鸞山や大心らが質問にやって来た。彼らの問いは、仏教の根本に関わる本質的なものだったため、「所懐を開かざれば、所問に耐うること能わず[66]」と、三大疑問を解決した時のメモを書き直して『香海一渧』を著し、弟子たちに与えた。普寂はこのために改めて華厳経を読み、その核心についての短い著作『華厳玄玄章』と『華厳玄玄海篙測《けごんげんげんかいこうじき》』を著している。同年さらに、『四教儀集注』の講義を行った。また、二年前から出版準備が進められていた『華厳五教章衍秘鈔』が冬に出版され、増上寺宝庫に納められた。また『華厳経探玄記』の講義録『華厳経探玄記発揮鈔《けごんぎょうたんげんきほっきしょう》』（十巻）が、弟子の明遍によって清書され、版木の制作が始まった。この年、京都の長時院の住職として、大心を遣わしている。

明和七年（一七七〇）、六十四歳で再び上洛して成等庵に滞在し、冬には出版されたばかりの『華厳五教章衍秘鈔』を講義した。翌年（明和八年）まで京都に滞在し、春には禅宗の大成と仙霊の要請に応えて、法華三大部のうちの二部、『法華玄義』と『摩訶止観』を講義し、『三大部復真鈔』三十巻を著した。この講義には、聴衆が百人以上来たという。七月に突然病に倒れたが、医薬が功を奏して回復し、八月には講義を再開、『摩訶止観』の第五不思議境界に入って止めた。また、京都の弟子たち（僧尾・古岑・大成・仙霊・旭応・賢州、曹洞宗の大賢）に、二年前に書いた『香海一滴』を与えた。知恩院の勢至堂に礫川無量院の本尊を求めると同時に、自らの持念仏として十一面観音像を造らせ、秋に江戸に帰った。この礫川無量院は、すでに宝暦十二年（一七六二）に堯雲が住職として入っており、長泉院と有縁の律院であったと思われる。江戸に帰ってからは、増上寺の北渓寮で、『華厳五教章衍秘鈔』を講義し、さらに法華三大部の残りの一部である『法華文句』の講義を開始した。

安永元年（一七七二）、六十六歳の二月から、前年来の『法華文句』講義を続けた。三月には、目黒行人坂の大火があったが、四月には長泉院で講義を再開した。この年、長泉院創建以来の外護である北川氏によって鐘と鐘楼が建てられ、普寂は銘を書いている。

安永二年（一七七三）、六十七歳で、『般若心経探要抄』二巻を刊行した。四月七日には、奥州の無能寺からやってきた到元と慧雲が、普寂の証明によって具足戒を受けた。さらに『摂大乗論略疏』五巻を著し、増上寺の東渓寮で講義した。

安永三年（一七七四）、六十八歳のとき、五年前から出版に取りかかっていた『華厳経探玄記発揮鈔』が刊行され、増上寺宝庫に納められた。増上寺大僧正四十九世の霊応が、普寂に頼まれてこの序を書いている。この年の八月から、東西本願寺が「浄土真宗」を公称したい旨を上訴して、浄土宗と争う宗号諍論が起こっている。普寂は、この冬に増上寺で『発揮鈔』の講義を開始したが、宗号諍論の騒ぎのため長泉院に移って講義を続け、翌安永四年（一七七五）に無事終了した。

ここまで、自伝中の軽重でいえば、性悪論の解決と『香海一滴』を書くに至った経緯については丁寧な感慨が述べられ、弟子が具足戒を受けたことや、著作や講義についても書かれている。しかし現実の生活面については、仏殿落成と本尊招請だけは素っ気なく記してはいるが、鐘楼の完成、目黒の大火などには一切触れていない。普寂にとって意味があったのは、思想に関わる事柄だけであり、現実の状況にはほとんど興味がなかったのだろう。また普寂は諸宗にわたる著作を著しているが、自伝で言及するのは、その大部分が華厳の法蔵に関わるものである。

安永五年（一七七六）、七十歳の春に、護戒の伽藍神として天満宮社が建立され、『大乗起信論義記要決』と『天文弁惑《てんもんべんわく》』が出版された。自伝の末尾に、普寂の好い夢を記した好相記の一部が付され、彼が見た夢の回数が七十歳から年毎に書かれている。この年には、仏菩薩の夢を見ること、七十回に及んだ。

夢は普寂にとって、重要な意味を持っている。菩薩戒や具足戒を受ける時、あるいは隠栖や江戸に来る決断などの人生の節目に、彼はその承認として好相を求め、夢や籤によって仏菩薩の聖意を尋ねる。たとえば弟子の大心は、三十四歳で具足戒を受ける前に、金翅鳥にまたがって天かける夢や、観音菩薩になった夢などを見て、師の普寂にその意味を尋ねている。普寂は具足戒を自誓受戒する時には皆、好相夢を見るものicであり、自分も菩薩戒を受ける前には釈迦仏から戒を受ける夢を見た、と答えている。釈尊正法の復古を掲げる普寂にとって、釈迦仏からの得戒の夢は、大きな意味があっただろう[67]。

普寂にとって、仏はほのかに夢に見えるものである。ことに最晩年の夢の話は、死が近づくにつれ、普寂がこの世からあの世へと確かに歩を進めていったことをうかがわせる。それは普寂に限ったことではない。当時の浄土僧侶たちの臨終の様子は、志願にもとづいたそれまでの人生を象徴すると同時に、それぞれの形での浄土への移行を示している。

たとえば、高名な念仏聖だった無能は、亡くなる数日前から浄土に参る夢を見る。浄土の大地は金色で軟らかく、「履む時は窪み入ること四寸なり」（踏むと十センチほどへこんだ）と語る。亡くなる前日には、一月前に亡くなった信者と浄土の餅を食べる夢を見て、その味は「霜柱のごとくにて透徹り、口に入ればそのままとけるようにて、風味はなはだ圭し」であり、目覚めてから、その菓子を客に差し上げよ、と弟子に命じた。無能は男根を断ち、生涯命を削って浄土往生を目指し、その甲斐あってわずか三十六歳で亡くなった人である。その最期に、浄土と現世の境界がなくなるほど、限りなく浄土に近づいたことは、彼がいうとおり「いまだ此身を捨ずして、早く浄土の荘厳を見奉ること、生前の大慶何事か、これにしかん[68]」であったろう。

また、獅子ヶ谷の法然院を持戒念仏道場として再興し、高麗版による大蔵経校訂の事業を行った忍澂は、その死にあたって発願文を唱える。曰く、まず「禅定に入るが如く」阿弥陀仏国に上品往生する。「我極楽に生じ」た後は、一年以内にこの世に還り来て、この法然院に関わる僧になる。今生と同じく「円頓菩薩大戒を護持し、精進念仏して三昧を発得し」、人々と共に「広く念仏を修」する。ついには「諸の衆生と共に、同じく極楽に往き、往き已れば即ち還る。還り已れば即ち往きて、利益前の如し。往還、窮まり無し」と、極楽と現世との往還無窮を誓い、「虚空と衆生と尽くるべからざるが故に、我がこの誓願も終に尽くるべからず」と宣言する。それまで師の死を悲しみ、枕頭で泣いていた弟子たちは、この誓いを聞いて泣くのを止めた。(69) 忍澂の往還無窮の誓いは、多くの人々と共に生きた彼の生涯と願いをよく示していよう。

普寂の最期の夢は、亡くなる四日前に「婆摩多《しゃまた》と毘婆沙那《びばしゃな》の境界現ず（瞑想である止観の対象が現れた）(70)」と、弟子に告げたものである。

話が先走りすぎた。安永六年（一七七七）、七十一歳のときは、仏菩薩の夢を九十回見ている。増上寺の弁戒寮で、前年に出版された『大乗起信論義記要決』の講義を行い、秋には同じく南渓慈光寮で『倶舎論』を講義した。それ以前に著していた『梵網経台疏弁要《ぼんもうきょうだいしょべんよう》』三巻の版木制作を開始した。

翌安永七年（一七七八）、七十二歳の年には、九十回の仏菩薩像の夢を見た。十一月十五日の夜には、「道光」という字《あざな》を夢に見て、字を変える是非を問う籤を観音に尋ねた結果、「徳門」から「道光」へと改字し、「法道の光昌昌たり(71)」とうたった。この年に自伝を書き、長泉院に経蔵が完成した。『四教義詮要』が出版され、増上寺弁戒寮で講義を行った。四月八日に、弟子の堯雲と珠光の受具足戒の証明をつとめた。

安永八年（一七七九）、七十三歳のとき、『梵網経台疏弁要』が出版され、長泉院に学寮が完成した。正月から六月中旬までに、仏像を夢見ること二百二十回であり、法についての夢は数知れなかった。六月の初めに、自ら主著とする『顕揚正法復古集《けんようしょうぼうふっこしゅう》』を書き終えて、「昔、期する所の願、粗ぼ満足す。今より操觚を止め、安静に残生を保たん」と、著作を止めようと決意する。すると、三宝の夢がだんだんに減っていき、六月二十四日から二十九日までは、ついに一回も見なかった。二十九日に、布薩（半月に一回行う罪の懺悔）を終えて「昨年から三宝の夢を多く見たのに、最近夢を見ないのは、著作を止めようとしたからだろうか[72]」と考える。

観音と一切三宝に、著作を続けることが聖意であるのかどうかを夢中に示すように祈ったところ、その晩増上寺の鸞山の寮に行く夢を見た。そこでは鸞山自ら、普寂の著作を白い巨大な版木に彫っていた。続けて、著作が刊行される夢を見た。次に金色の不動尊の夢、金の仏像の夢、一尊が大威徳明王である二尊の夢を見た。翌朝の七月一日、目覚めて「大に歓喜を生ず。製述の願意を継ぎて、謂く首楞厳経《しゅりょうごんきょう》を製さんと[73]」と、再び著述を続けて首楞厳経の注釈を書こうと決め、『首楞厳経略疏』を書き始めた。

安永九年（一七八〇）、七十四歳の春に『華厳経探玄記』の講義を開始した。六月初めに『首楞厳経略疏』（四巻）を書き終わって、著作をやめようとすると、前年と同じく夢を見なくなる。六月二十九日に『遺教経論住法記』を読み、著作を続けることを決意した。その晩に「終・頓・円の三教差別を夢みて、その精詳殆ど覚時に過ぎる」と、華厳の上三教の違いをくっきりと夢に見る。さらに長泉院本尊の夢を二回見て目が覚めると、西の障子が五色に輝いていた。これを答えとして著述を再開し、『遺教経論略疏』を書き始める。十二月、立妙《りゅうみょう》が具足戒を受ける証明をつとめた。

天明元年（一七八一）、七十五歳の八月十五日に、前年の春以来の『華厳経探玄記』講義を性起品《しょうきぼん》までで終えた。八月十九日に身心の疲労を覚え、二十日は体調悪く、服薬して回復した。しかし死が近いことを知って、九月十日から自ら飲食を断ち、毎日三回お茶だけを喫するようになった。霊山寺住職となっていた鸞山が見舞ったところ、普寂の応接は通常と変わらず、「食事をせずに安静に臨終を迎えることは、古人の尊ぶところであり、前々からの願いだった。今、自然にこうした状態を得たことは、何よりの幸いである[74]」と、笑みを含んで答えた。これ以後、西壁に掛けた浄土曼荼羅に常に向かい、結跏趺坐して念仏を唱え、疲れると看病の者たちの念仏を聞いて、自分の集中力の助けとした。気力はだんだんに衰えていったが、仏殿での勤行は休まなかった。

九月二十八日に、刊行された『願生浄土義《がんしょうじょうどぎ》』が枕頭に届けられ、普寂は目を通した後に、僧尾と堯雲に託した。二十九日には、これまでの好相記を弟子に託し、これ以後毎日の好相は弟子に口述させた。十月一日から、臨終行儀として七日間の念仏を仏殿で行い始め、毎日三回、錫杖を杖として寝室から廊下を回って、高い所にある仏殿に登り礼誦した。六日に、七日間の念仏を結願し、皆に遺偈《ゆいげ》を告げる。

雑染の三界は、深く厭うべし。清浄の十地は、最もまさに愛楽すべし。
雑染と清浄となお空中の画の如し。空や画や不可得、不可得また不可得。
これを般若波羅蜜と名く。

（『摘空華』、浄土宗全書一八、二九六頁）

不浄なこの世は、深く厭うべきである。清浄な菩薩の位・境地は、もっとも願うべきである。
不浄と清浄は、空中の絵のように、実体はない。虚空も絵も実体として得ることはできない。
これを真の智慧と名付ける。

これ以後、仏殿に登ることはできず、寝室で毎日三回、壁の浄土曼荼羅に向かい、香を捧げ礼拝して、仏殿の礼拝に換えた。十月十日には、「婆摩多と毘婆沙那の境界現ず」と、弟子に告げる。十二日には、三日後に亡くなることを告げ、堯雲らに没後のことを託し、自分の使っていた鉢を賢洲に譲る。十三日には、僧尾と賢洲に次のように述べる。

余、窃かに思うに、今、仏法四海に満つと雖も、殆ど正法の籓籬を出づ。仏祖の命脈、今まさに尽きんとす。その危うきこと、なお一髪にて須弥を繫ぐがごとし。余、不肖と雖も、これを回復し、仏祖の命脈を続けんと欲す。これ吾が素志なり。この故に生涯この一事を事とせり。これ公等の知る所なり。

（『摘空華』、浄土宗全書一八、二九六―二九七頁）

私（普寂）が密かに思うに、今、仏法は天下に広がっているけれども、ほとんど正法ではない。正法の危ういことは、髪の毛一本で全世界を繫いでいるようなものである。不肖私は、正法を回復して、釈尊と祖師の命脈を続けようとした。これが私の志であり、そのことに生涯をかけたのは、あなた方も知っていよう、と。

さらに続けて言う。

窃かに思うに、あに唯だ今世のみならんや。過去に既にこの事に従事せり。これが為に生をこの界に受くるは、幾何ぞ。今の染縁既に尽き、まさに楽土に逝かんとす。余の没後、公等余の志を続け、奉行せば、則ち幸いなり。

（『摘空華』、浄土宗全書一八、二九七頁）

これは今生だけのことではなく、過去何生にもわたって、この事に従事してきたのだろう。今生が尽きて、今まさに楽土に逝こうとしている。私の没後、あなた方がこの正法復興の志を続けてくれれば幸いである、という。

なお管見の限り、普寂は著作では必ず「浄土」の語を使い、「極楽」「楽土」の言葉は使わない。ここで「楽土」と言うのは、著述ではない最期の言葉だからだろう。最期に、弟子たち全員に教誡する。

吾が門下の多くは、義学に執して事行を軽んぜり。これ汝等が罪なり。それ義学は目の如く、事行は足の如し。目足相扶けて、よく到る所有り。縦《たと》え義学有りとも、もし事行欠ければ、いずくんぞ清涼池に到るを得んや。願生浄土義に余の所懐を述ぶ。余の滅後、汝等すべからく依行すべし。無常迅逸（速）、脚下万仞《ばんじん》、必ず失することなかれ。（『摘空華』、浄土宗全書一八、二九七頁）

あなた方の多くは学問ばかりして、実際の修行を軽んじている。これはあなた方の罪である。学問は目であり、実践は足である。目と足とが助け合って初めて目的地に到るのであり、たとえ学問があっても実践しなければ、どうして浄土の清涼池に到ろうか。『願生浄土義』に私の考えを述べたから、私の没後にはこれに依って行いなさい。無常迅速、脚下には万仞の奈落がある、くれぐれも空しく今生を過ごさないように、と。

この後は念仏を唱えるのみになり、天明元年（一七八一）十月十四日夜初更（九時頃）、眠るが如く逝った。生涯最期の言葉が実践への叱咤であったことは、普寂の面目を示していよう。普寂没後、不能と普寂に師事した堯雲が、長泉院の第四代住職となった。

三　普寂の自己認識

他の浄土僧とくらべて、普寂の際だった特徴は浄土宗との距離感である。真宗寺院から捨世した普寂にとって、浄土宗入門はその後の人生を決定する出来事だったはずだが、彼はそのことについて何も述べていない。また、師弟関係であった関通や義灯、湛慧、通西、敬首についても、格別の尊敬や感謝の言は見られない。普寂は七十二歳の時、湛慧の伝記出版にあたって、跋文を寄せたが、その主たる内容は、先師の伝記を出版する弟子たちへの賞賛である。(75) 当時の浄土宗僧侶にとって、大きな問題であった浄土真宗との宗号諍論についても、「増上寺がうるさいから長泉院に講義を移した(76)」というだけである。浄土律における思想的先行者である湛慧と敬首には、自らのアイデンティティを法然に求めるところがあるが、普寂にそれはない。では彼は、日本仏教における各宗の祖師という媒介者を持たずに、古代天竺の釈尊だけに直接つながっていたのだろうか。

普寂が自ら主著とする『顕揚正法復古集』（以下『復古集』）は、その名の通り、正法を復古することを顕揚する書物である。長泉院には、昭和十年（一九三五）に、当時の住職大島泰信によって写された、草稿の写本が残っている。(77) 内容には重複や前後するところも多く、完成された刊本に比較するともどかしいものだが、それだけに普寂が何を言いたかったのか、彼の情熱と信ずるところが直接に伝わってくる。完成本とくらべてすぐに気がつくのは、南山律宗についての記述が倍近くあり、全体の三分の二近くを占めることである。また、出版された『復古集』の最後に言う。

寂、薄行非徳《ひとく》にして、濫《みだ》りに近円に登り、忝《かたじけ》なくも南山の裔と称す。寧ろ公餗《コウソク》を覆すの過無からんや。老に至りて倍々慚懼を懐くのみ。

（『復古集』、新日仏全二九、二〇五頁下）

私普寂は、薄行非徳ながら具足戒を受け、忝なくも南山大師・道宣の末裔と称している。自ら律僧と称しているが、かえって南山道宣の教えを覆すことになってはいないか。年老いるにつれ、その懼れがつのるばかりである、という。

南山律宗は、祖師として中国唐代の南山道宣（五九六―六六七）を仰ぐ。普寂曰く、釈尊以後の仏法は各時代のひずみと堕落に応じて、釈尊正法から小乗仏教へ、さらには大乗仏教へと変容し、もはや原形もとどめなくなった。そこで「南山（道宣）天手を展回し、この顚墜を扶けんと三学均修の正宗を提示し、以て仏を学ぶの洪範を指定す[78]」、南山道宣がこの惨状を救うために正しい教えを示し、仏教の大法を定めたのである、と。普寂にとって、道宣は正法の復活者であり、印度の釈尊と自身をつなぐ歴史的媒介者である。道宣の生きた歴史的状況は、大乗仏教のみが仏法とされて実践行が軽蔑忌避される今の時代、「一髪にて須弥を繋ぐ」江戸の思想状況と重ねられる。

しかし、普寂は南山律宗に親近感と尊敬は抱いていても、現実に道宣流の戒律を厳守するわけではなく、厳密な意味での帰属意識は持っていない。第七章で論じるように、普寂は、たとえば道宣の主張した絹禁止の戒律を完全に否定している。そうではなく道宣と同じ課題を担うこと、頽廃した世にあって釈尊を基準として再び仏法全体を定義しなおすこと、それが普寂の課題であった。著作における常の署名「東都長泉律院苾蒭普寂」は、釈尊正法を実行する僧侶としての主張、正法比丘としての自覚を示していよう。

近世には、儒学の荻生徂徠や国学の本居宣長をはじめとする、さまざまな思想家が、それぞれの古代像に理想を託す形で、独創的な思想を展開した。仏教においては、インドの釈尊に加えて、中国ないし日本の祖師が措定され、仏祖の両者を通して理想が追求される。普寂は中国仏教の道宣を梃子として、インドの釈尊正法の回路を通って、自らの思想を開示する。その独創性とは、どのようなものだったか。次章では、普寂のおかれた江戸中期の思想状況を知るために、富永仲基の仏教観を見ていきたい。

註

（1）大島泰信『浄土宗史』、浄土宗全書二〇、六〇九―六二〇頁。
（2）岩崎敲玄「浄土律の先駆及び首唱者」、『浄土学』一一、一九三七年、二〇―三三頁。
（3）伊藤眞徹「浄土宗捨世派の自立性と社会性」、『仏教大学研究紀要』三五、一九五八年、三四―四八頁。同上「徳川時代における浄土宗信仰革新運動」、『仏教大学研究紀要』四六、一九六四年、四―一三頁。
（4）井川定慶「江戸時代浄土宗の復古と革新運動」、『佐藤博士古稀記念仏教思想論叢』、山喜房佛書林、一九七二年、六四六―六六三頁。
（5）大橋俊雄「江戸時代における浄土律とその展開」、『藤原弘道先生古稀記念史学仏教学論集　乾』、藤原弘道先生古稀記念会、一九七三年、一五三―一五四、一五八―一五九、一六一―一六二頁。
（6）長谷川匡俊「念仏聖の特徴と意義―信仰と修行にみる―」、『近世浄土宗の信仰と教化』、溪水社、一九八八年、二八八―三〇四頁。同上『近世念仏者集団の行動と思想』、評論社、一九八〇年、三五―四三頁など。
（7）大島泰信前掲書『浄土宗史』、六〇九―六二〇頁。長谷川匡俊前掲書『近世念仏者集団の行動と思想』、三五―三六頁。
（8）伊藤眞徹「徳川時代における浄土宗信仰革新運動」、『仏教大学研究紀要』四六、一九六四年、一〇頁。

（9）『摘空華』、浄土宗全書一八、二九九—三〇一頁。
（10）前掲書、二七九頁。
（11）漢文本は、長泉院所蔵版本、寛政三年（一七九一）出版を使用した。仮名本は、「長泉道光普寂大和上行状記」、『願生浄土義』、報恩出版、一九一一年。両者には若干の異同があるが、仮名本は基本的に漢文本の訓読である。
（12）『檀林　本所霊山寺志』、浄土宗全書二〇、二八四頁。
（13）『摘空華』、浄土宗全書一八、二七九頁。
（14）前掲書、二七九頁—二八〇頁。
（15）前掲書、二八〇頁。
（16）前掲書、二八〇頁。
（17）高田良信「勝鬘師子吼経顕宗鈔」解題、『増補改訂日本大蔵経』九七、解題一、六六頁。
（18）『摘空華』、浄土宗全書一八、二八〇頁。
（19）前掲書、二八〇頁。
（20）前掲書、二八二頁。
（21）川口高風『諦忍律師の研究』上巻、法蔵館、一九九五年、三一〇—三三六頁。
（22）『獅谷白蓮社忍澂和尚行業記』、浄土宗全書一八、六—八頁。
（23）『徳本行者伝』、浄土宗全書一八、三八一—三八三頁。
（24）『関通和尚行業記』、浄土宗全書一八、二五八頁。
（25）前掲書、二二五頁。
（26）長谷川匡俊前掲書『近世浄土宗の信仰と教化』、三一六頁。
（27）『関通和尚行業記』、浄土宗全書一八、二三二頁。
（28）大島泰信『浄土宗史』、浄土宗全書二〇、六一八—六一九頁。
（29）関通の言葉は、『摘空華』浄土宗全書一八、二八二頁。檀林と律師については、同二八三頁。
（30）『獅谷白蓮社忍澂和尚行業記』、浄土宗全書一八、二八頁。
（31）『洛東華頂義山和尚行業記並要解』、浄土宗全書一八、一〇二頁。
（32）『仏定和尚行業記』、浄土宗全書一八、三四九頁。

(33)『摘空華』、浄土宗全書一八、二八二頁。
(34)詳しくは、川口高風『諦忍律師の研究』上・下巻、法蔵館、一九九五年。長谷川匡俊前掲書「秘密念仏者諦忍の諸教一致論」、『近世浄土宗の信仰と教化』、三九三—四一九頁。
(35)『摘空華』、浄土宗全書一八、二八二—二八三頁。
(36)『敬首和上略伝』、浄土宗全書一八、四八五頁。
(37)『瓔珞和上説戒随聞記』、浄土宗全書続一二、一四三頁。
(38)『略伝集』、浄土宗全書一八、四八一頁。
(39)『摘空華』、浄土宗全書一八、二八三頁。
(40)前掲書、二八四頁。
(41)前掲書、二八四頁。
(42)鳳潭の弟子であった覚洲については、鎌田茂雄「覚洲鳩の華厳宗史観」、『東洋文化研究所』八六、一九八一年、に詳しい。覚洲が『唯識論述記』の講義もしていたことは、『学信和尚行状記』、浄土宗全書一八、三〇三頁に見える。
(43)『摘空華』、浄土宗全書一八、二八四頁。
(44)村上専精「敬首律師の大乗仏説論」、『大乗仏説論批判』、光融館、一九〇三年、一〇五—一一三頁。
(45)『摘空華』、浄土宗全書一八、二八五頁。
(46)前掲書、二八五頁。
(47)「一諦」では意味が通じないため、これは「香海一渧」の誤りである。詳細は、本書第五章。
(48)『摘空華』、浄土宗全書一八、二八七頁。
(49)前掲書、二八八頁。
(50)『関通和尚行業記』、浄土宗全書一八、二五三—二五六頁。
(51)『長時院律法開祖湛慧和上行状』、浄土宗全書一八、一八七—一九〇頁。
(52)『無能和尚行業記』、浄土宗全書一八、一三二頁。
(53)『摘空華』、浄土宗全書一八、二九三頁。
(54)坂本勝成「江戸の不動信仰」、『近世仏教の諸問題』、雄山閣、一九七九年。
(55)坂本勝成前掲論文、「江戸の不動信仰」、二七四—二七八頁。

（56）東京都立大学学術研究会編『目黒区史』、東京都目黒区発行、一九六一年、一八八―一九三、三八一―三八三、三九一頁など。
（57）長谷川匡俊「晩年の不能と江戸の律院創建」、『近世の念仏聖無能と民衆』、吉川弘文館、二〇〇三年、一八七―一九〇頁。
（58）『三縁山故大僧正大玄大和尚行状』、浄土宗全書一八、二〇六頁。大玄の伝記と、以下の長泉院創建の経緯は、同『行状』、浄土宗全書一八、二〇三―二一三頁。
（59）不能の勧化と無能寺開設などについての詳細は、長谷川前掲書『近世の念仏聖無能と民衆』、吉川弘文館、二〇〇三年、一六九―一九六頁。
（60）『無能和尚行業記』、浄土宗全書一八、一一九―一二〇頁。
（61）『三縁山故大僧正大玄大和尚行状』、浄土宗全書一八、二一一頁。
（62）『摘空華』、浄土宗全書一八、二九〇頁。
（63）前掲書『目黒区史・資料編』四四五頁。不能の没月日は、『三縁山故大僧正大玄大和尚行状』、浄土宗全書一八、二一一頁による。
（64）『長泉普寂大和上行状記』、二六丁右。
（65）前掲書『目黒区史』（三八三頁）には、明和五年の三月二十四日から四月四日まで、十日間の供養法要が盛大に行われたとあるが、自伝と行状記によれば、供養は七日間となっており、鐘楼は明和七年（一七七〇）落成になっている。
（66）『摘空華』、浄土宗全書一八、二九五頁。
（67）「洛西長時院大心律師伝」、『略伝集』、浄土宗全書一八、五二五頁。
（68）『無能和尚行業記』、浄土宗全書一八。浄土に詣る話は一三三頁、浄土の餅菓子を食べる話は一三五―一三六頁。
（69）『獅谷白蓮社忍澂和尚行業記』、浄土宗全書一八、四〇頁。
（70）『摘空華』、浄土宗全書一八、二九六頁。
（71）前掲書、二九五頁。
（72）前掲書、二九九頁。
（73）前掲書、二九九頁。
（74）前掲書、二九五―二九六頁。

(75)『長時院律法開祖湛慧和上行状』、浄土宗全書一八、一九一頁。
(76)「当時、宋号諍論起りて、内外紛冗す。長泉院に於て講を続け、説・聴究竟せり」、『摘空華』、浄土宗全書一八、二九四頁。
(77)現行完成版『顕揚正法復古集』との書誌的比較は、大島泰信「顕揚正法復古集解題」、『国訳一切経和漢撰述六七、諸宗部二四』、二四九―二五一頁。大島泰信は、昭和五年（一九三〇）から長泉院住職となり、昭和二十七年（一九五二）に亡くなった。
(78)『復古集』、新装版大日本仏教全書、通宗部二九、一九八頁下。『顕揚正法復古集』の訓読は、国訳一切経諸宗部二十四所収『顕揚正法復古集』の大島泰信訳を参考にした。

第三章　聖俗の反転——出定如来・富永仲基

一　出定の志

近世中期、大坂に住んだ富永仲基（一七一五―一七四六）は、仏教の歴史的展開を考察し、大乗仏教は釈迦の説にあらずという大乗非仏説を唱え、近代的学問の方法論に通じる加上説を示した独創的な思想家として、日本思想史上に位置づけられてきた。わずか三十二歳で夭折した仲基の思想が発見されたのは、遡れば、本居宣長が著書『玉勝間』の中で「見るにめさむるこゝちす」[1]と称揚したことに始まり、それを契機になされた平田篤胤[2]による仲基の平易化、その一般への流布に端を発している。

その後、現在までの仲基研究は、大正時代に東洋学の内藤湖南[3]が、仲基の歴史的方法論の合理性を独創的大天才とした評価を基礎として、展開してきた。湖南の仲基論は講演や随筆が中心であるが、湖南以前の明治期には、宗教学の姉崎正治が、仲基を仏教の歴史的研究の範としている[4]。姉崎に続いて、前章で見た仏教学の村上専精が、仲基を考証的で科学的な歴史思想家と高く評価し、その大乗非仏説を詳細に検討した[5]。

その後、湖南による仲基の顕彰を経て、昭和に入ってからは石濱純太郎が、独創的な天才とされてきた仲基の思想が、徂徠学の影響を受けて形成されたことを論じた。仲基の仏教論書『出定後語《しゅつじょうごご》』で見られる仲基の方法論は、後の短い仮名書『翁の文』で説かれる倫理、「誠の道」を導き出すためのものであったことを明らかにしている。(6) その他には、湖南の系譜である武内義雄や、神田喜一郎が、湖南の評価を踏襲する形で仲基に言及している。(7) 一九九〇年代には、宮川康子が、反徂徠を特徴とする懐徳堂の思想家の一人として、仲基を捉えた。(8) また日野龍夫は、徂徠学を検討する中で、懐徳堂が反徂徠の一拠点となったことを取り上げている。(9)

こうした中で、仲基を明確に位置づけたのは、戦後仏教学の泰斗であった中村元(10)である。中村はマックス・ウェーバーの宗教観を参考として、仲基を「近代の先駆け」と規定し、その思想を西欧近代のヒューマニズムに対応していると位置づけた。前近代に対する近代という、この枠組みが与えられたことによって、仲基の思想が初めて一般に理解されたといえる。

しかし中村は、仲基の思想の何が近代の先駆けであるのか、近世中期の思想状況においてそれがどういう意味を持っていたのかを、明確には示さなかった。その結果、仲基の思想と、前近代とされた仏教思想との比較がなされないまま、近代の先駆けというイメージだけが先行し定着した。比較的近年の研究である宮川康子は、湖南ら支那学者たちが、仲基に近代性をおしつけることについては批判しているが、「近代性」という言葉を直接に使った中村元の研究については、言及しない。(11) 仲基の近代性とは具体的に何か、それが当時与えた衝撃は何であったかについては、いまだ曖昧なままである。

夭折した仲基の著作は、その仏教論である『出定後語』と、ごく短い『翁の文』しか残っていない。著作の中心であった儒学関連のものは、まとまった形では残らなかった。この事実からだけでも、仏教をめぐる論争が仲基の思想を遺したのであり、歴史的には仏教思想こそが仲基を受け止めたと言える。仲基の思想的意義は、仏教側から見ることによって初めて、はっきりと浮かび上がってくるものと思われる。

仲基と近世仏教との思想的関わりについては、明治期の村上専精が、普寂をはじめ当時の学僧たちに見られる大乗仏説と、仲基の非仏説を比較して考察した。[12] 戦後には、中村元を嚆矢として、[13] 主に柏原祐泉が、近世仏者は旧来の仏教的立場の固守に終始したため、仲基の歴史学的な方法と思想を理解できなかったと断じ、[14] 近今に至るもそれが通説となっている。しかし柏原の諸研究において考察される仏教者は、文雄・潮音などの対他的な護法論であって、普寂・敬首らの内省的な著作は考察されていない。

この通説は、排仏者であった宣長が、当時の浄土宗僧侶、文雄（一七〇〇―一七六三）による仲基への反論を評して言った言葉、「そはたゞおのが道を、たやすくいへることをにくみて、ひたぶるに大声を出して、のゝしりたるのみ」[15] と、同じ範疇にあるものだろう。しかし、近代において村上専精が、僧籍を離脱するまでの切実さをかけて明らかにしたように、江戸の学僧たちは、大乗非仏説の問題を自らに深く問うている。事実、宗派を問わずひとしく大乗仏教を旗印とする日本の仏者たちにとって、大乗非仏説は自らの存在意義のかかった深刻な問題であったことは、想像に難くない。

そうであってみれば、仲基と同時代にあって、自らの問題として大乗非仏説に向かい合った彼らが、仲基の説を理解できず、感情的に反発しただけだという理解は、あまりにも一面的ではないだろうか。むしろ彼らは、仲基の真意を理解したからこそ反発し、自らの価値観に基づいて批判したと考える方が、自然ではないだろうか。また、そうした本質的批判を生んだのでなければ、近代の先駆け、人間理性の発見[16] とされる仲基の思想も遺らなかっただろうし、その思想史的意義もないだろう。仲基の思想は、仏教的視点から見直される必要がある。

仲基の著作題名『出定後語』の「出定」とは、禅定（瞑想）を出た釈迦が、意識のなかった瞑想中に弟子たちの語った諸説に対して、いずれも真意ではないがすべて有益であると述べた、という話から出ている。[17]この出典は、中国唐代の華厳宗の祖師法蔵の『華厳経探玄記』[18]であり、引用文から判断して、仲基が見たのも『探玄記』と思われる。法蔵はこの話を、他説のいずれも自説の参考として意義がある、ということの比喩として用いた。たとえば普寂も、この箇所に対して、「寂曰く、凡そ判教立宗の家、立破抑揚を以てこれを先駆と為さざるなし。独り賢首大師のみは則ち然らず。十家を称歎して、是非を論ぜず。……温厚和平の風、尊尚すべし。余を以てこれを言わば、実は乃ち判教家の麟風なり」[19]と注釈をつけており、法蔵の思想的寛大さの表れと理解している。

従来、この法蔵の原文を元にして、『出定後語』という題名は、歴史的に発展した仏教の諸説はいずれも仏意ではないが有益である、という意味だと解釈されてきた。そこから、排仏に荷担しない仲基の思想的な公平さ、多様性を示す言葉、合理的方法論の比喩として理解されてきた。[20]中村元は、「仏典を批判的に研究することを『出定』となづけている」と言い、また注でも「富永仲基にあっては元来『出定』ということが、仏典を批判的に研究することを意味していた」と述べる。[21]宮川康子も、出定後語という比喩は「それぞれの理の多様性を肯定する立場」「多様性を多様性のままに肯定する姿勢」という。[22]他にも、水田紀久も、同じ趣旨を述べている。[23]しかしこれらの理解では、「出定」すなわち禅定から出ることが、なぜ合理性や批判性をもたらすのか、さらには出定後の語とは何かについて、不明なままである。仲基の思想を、多様性を尊重する公正なものとして捉える限り、「出定」の真の意味を理解することはできない。改めて問う、仲基は、本当に仏教を否定しなかったのか。

仲基は自らを「出定如来」[24]と言い、自著『出定後語』を「出定経典」[25]と言う。『出定後語』の序では、儒教・仏教について自身の結論に至った折りのことを、「ここにおいてか、出定成りぬ」[26]と言っている。また中村元は、文雄の仲基への反論書が『非出定』という題目であったことから、『出定後語』の題名が『出定』という二字だけであった可能性を指摘している。[27]これらのことから、「出定」という語には、単なる方法論を超えた象徴的な意味があると考えられる。自らを「出定如来」とまで称した仲基の真意は、一体何か。「出定」に託された彼の志とは何だったのか。仲基は、どのように、いわゆる近代の合理主義的方法を発見し、なぜ大乗非仏説を示すことができたのか。

結論からいえば、仲基の思想は確かに、伝統的な仏教の価値観を根本から否定し、覆すものだったからこそ、新しい方法論を発見できたものと思われる。だからこそ、当時の仏者は、こぞって仲基を批判したのではないだろうか。これまで、そういった仲基の反宗教性は、「近代的合理性」や「歴史的方法論」というあいまいな概念に隠蔽されて、明確にされてこなかった。それに対して、末木文美士が『出定後語』の史料解説で、仲基の『出定後語』は聖典の聖典性を剝奪し、中世的な信仰のパラダイムから近代的な方法論への転換としてあったことを指摘している。[28]また短いものであるが、菅野覚明も、仲基の方法論の思想史的意義を、相対化に基づく世俗知としている。[29]

それでは、その転換の論理、世俗知とは、具体的にどのようなものであったのか。本章では、仲基が仏教をいかなるものと捉えていたかを明らかにする。その上で、彼のいう「出定」とは何か、それが仏教にとってどういう衝撃であったのか、について考察する。普寂が向かい合った時代の精神とは、どのようなものであったか、仲基に即して明らかにしたい。

二　仲基の仏教観

当時、西欧天文学による地球説の流入によって、仏教の世界像である須弥山説は否定されつつあった。旧来の神話的世界像であった須弥山説に対する各人の意見は、その世界に対する姿勢と価値観をそれぞれ如実に示すものであった。草創期の五井蘭洲から最盛期の山片蟠桃に至るまで、懐徳堂に関わる世俗的知識人たちは、仏教の迷信の象徴として須弥山説を否定し、批判し続けた。(30) その中で、仲基の須弥山説理解は、どのようなものだったか。

須弥楼山の説は、皆古来梵志の伝うる所にして、迦文特に依て以てその道を説く。その実は渾天の説を是と為す。然るに後世の学者、徒にこれを張て他を排する者は、仏意を失せり。何となれば則ち迦文の意、本《もと》とここに在らず。民を救うの急なる、何の暇ありてか、その忽徴を議せんや。これ所謂方便なり。

(『出定後語』上「須弥諸天世界」、一二丁右―左)(31)

須弥山説は古代インドの説であって、実は地球説が正しい。須弥山説のみを絶対として、他説を受け入れない後世の学者は、仏の本意を理解していない。なぜなら釈迦の本意は民の救済にあり、須弥山説は民を導く仮の手だて、方便に過ぎないからである、と仲基はいう。

さらに仏教では、須弥山説以外にも多種多様な世界像が説かれるが、これら矛盾する諸説は一体どのように理解すればいいのか。仲基は、相矛盾する世界説という難問を解くのは我こそ、と高らかに宣言する。


これ実に古今の一大疑城にして、出定経典出て、しかる後に始めて瞭然たり。世界の説凡そ五なり。一に須弥世界、これ梵志の初説、蓋しその本なり。その所謂小千世界、中千世界、三千大世界、又三千世界の外に別に十世界有るは、これ皆以後加上する者なり。……その広大は則ち華厳の世界海に至りて極まる。世界の説、その実は漠然として、以て心理を語るに過ぎず。また何ぞ然否を知らんや。故に曰く、世界は心に随て起こると、これなり。（『出定後語』上「須弥諸天世界」、一五丁右—左）

仏教における多種多様な世界像は、古今の難問であって、私の出定経典によって初めてはっきりと理解しうることである。仏教で説かれる五つの世界は、いずれも須弥山説に順次付け加えられていった説であり、その究極は華厳経に説かれる世界海である。これら世界の実像が漠然としているのは、心理を語っているに過ぎないから、そうなるのである。本来心の表現であるこれらの説に、正非優劣はない。だから仏教では、世界は心に随《したが》って起こるというのだ、と。仲基は、仏教の神話的な世界像を否定した。

仲基が何を否定したのかを知るために、ここで仏教の世界像として、彼が究極とした華厳経の世界海を見ておきたい。世界海とは、宇宙大の巨大な蓮花の花蓋にある香水の海である。(32)

この蓮華蔵世界海の金剛囲山は、蓮華日宝王地に依りて住せり。かしこに一切の香水海あり。……衆香の宝王を以て岸と為し、宝雲の光明は日の照らすが如く、真珠の宝華と妙なる瓔珞とは、離垢清浄にして普く荘厳す。……一一の香水海に、四天下の微塵数の香水河有りて囲遶し、種種の宝華はその上に弥覆せり。彼の諸の香水河は、仏の眉間の白毫相より出で、摩尼宝王は上に汎ぎて流れに随えり。

（『華厳経』大正蔵九、四一二下―四一三頁下）

蓮華にある世界海の大地には、香水の海がある。香水海では宝玉を岸として、宝雲が照らし、真珠の花と瓔珞が空にかかっている。仏の眉間の白毫から流れ出る無数の香水の河は、香水海を取り巻き、宝華が香水海を覆っている。香水の海が満ちあふれ、宝華が咲き乱れる華麗な世界海は、どうして生じるのか。

仏の願力にて、一切の仏刹は起こるなり。猶お工なる幻師のよく種種の業を現ずるが如く、かくの如く衆生の業にて仏刹は不思議となる。……かくの如く仏刹を見るに、心の画師の成す所なり。衆生の心同じからざれば、随て諸の妄想を起こす。かくの如く諸仏の剎も一切皆化の如し。……衆生の煩悩の故に、かくの如きの仏刹を起こす。……衆生の希望より起こり、菩薩の持する所なり。……無量の諸の仏刹は、業海の因縁より起こり、菩薩の化する所なり。

（『華厳経』大正蔵九、四一五頁中）

仏の願力によって、すべての仏国土は起こる。それらは、巧みな幻術師がまるで現実であるかのように様々なものを現すのと同じく、衆生の業と煩悩に応じて、それぞれの心が描き出すものである。これら仏国土の様態は、すべて衆生教化のための仏の手だてとして仮に生じたものであり、菩薩によって維持され、教化される場所である、とされる。華厳経の絢爛たる世界海は、それを願う人の夢であり、願いに応じて仏が現した幻である。そこは金色の光のうちにかすむ国であり、人と仏の夢幻の内に浮遊する世界、仏を追慕する魂が光となり海となった国である。華厳の世界海は、人の憧憬が形となった場所であり、神話的、魔術的な美しさを持って人を彼岸に誘う。

このように経典において、世界海は人の夢であり仏の幻とされている訳だが、だからといって、その意義が否定される訳では決してない。むしろ、この俗世の現実よりもはるかに重い真実性を持つ宇宙として、仏の聖なる世界として描き出される。仏者の普寂は、自身の華厳思想の奥義書に「香水海の一滴」（『香海一渧』）と名付けることで、その書の真実性を保証する。彼においては、俗界に対する聖界の優越性は揺るぎなく、香水海の意義は確信されている。

一方、世俗的知識人である仲基は、世界海は心理にすぎないと言い切り、その実在性をはっきりと否定する。その根拠となった彼の仏教観は、どのようなものだったか。

> 今、試みにこれ〔儒仏道の三教〕を蔽するに、儒の淫する所の者は文、仏の淫する所の者は幻にして、道の天を以て宗と為し、或いは海外に神仙の居有りと謂うは、また幻を以て進む者、乃ち竺土外道の類なり。……尊ぶ所、幻にあればなり。……国に俗有り。道、これが為に異なる。……何に況や、仏の教え西方の西方に在るをや。故に仏の淫する所は幻に在り。儒の淫する所は文に在り。これを捨てて則ち道に幾《ちか》し。
>
> （『出定後語』下「三教」二五左―二六丁左）

今試みに、儒教・仏教・道教の三教を定義してみよう。儒教の淫するものは文であり、仏の淫するものは幻である。道教が天や神仙のことを説くのは、仏教の幻を進めたものであって、天竺の外道と同じたぐいである。それぞれの国に固有の風俗があり、仏の教えは幻を尊ぶ西方のものであるから、仏が淫するのは幻である。儒教の文と仏教の幻を捨ててこそ真の道に近づく、と仲基はいう。なぜ仏は幻に淫するか。

竺人の俗、幻を好むを甚だしと為す。……凡そ教を設け、道を説く者は皆必ずこれに由て進む。いやしくもこれに由るに非ざれば、民信ぜざるなり。……当時の諸外道もまた皆幻を以て進む。迦文闢《ひら》いてこれに上するもまたこれを仮ずして以て進むこと能わず。……外道これを幻と謂い、仏これを神通と謂う。その実一なり。

（『出定後語』上「神通」、二三左―二四丁右）

なぜならインド・天竺の人は、幻を好むこと甚だしいからである。インドで教えを説こうとする者は、幻を教化方法として用いなければ、民がその教えを信じない。釈迦当時の外道も幻によって教化しており、釈迦は新しい教えを説く為に、外道の幻をさらに一段と進めて説いた。外道は幻といい、釈迦は神通というが、その実体は同じものである、とする。仲基はさらに続けて、幻が教化方法としてどのように使われているかを示す。

諸蔵の所説、十分の九、皆これのみ。……又諸弟子、言を迦文に託して以てその言を立て、互いに相加上して併呑する者の如きも、これまた幻なり。三十二天、六道生滅の説もこれまた幻なり。……又因果報応、天堂地獄の説の如き、本と外道の立つる所にして、竺人の性好む所なれば、迦文、因て以て利導せり。……然るに、その実は則ち方便なり。
（『出定後語』上「神通」、二四右―二五丁左）

仏教の十分の九は幻にすぎず、釈迦没後の弟子たちが、釈迦に託して加え重ねて説いていったものである。生物が六道を生まれ変わり死に変わるという説も、因果応報、極楽地獄の説も、本来は外道の説であって、インド人の好むものであるから、釈迦は教化の方便として用いたにすぎない、という。ここで仲基が幻とするものは、仏教のほとんどすべてであるが、幻とは、そもそも何であるか。

或人、神通の法を得るを問う。答うるに、これ本《もと》と観想に始まる。大論にこれを言うこと尽くせり。〈……菩薩五欲を離れ、諸禅を得て慈悲有るが故に、衆生の為に神通を取り、諸の希有奇特の事を現し、衆生をして心清浄ならしむ。何を以ての故に。もし希有の事無くんば、多くの衆生をして得度せしむること能わず。菩薩……常に軽空の相を修すれば、この時すなわちよく飛ぶ。……またよく諸物を変化し……金を瓦礫と作し、瓦礫を金と作さしむ〉
（〈　〉内は大智度論の引用。『出定後語』上「神通」、二五左―二六丁右）

仲基は人から、仏教における神通力の根拠を尋ねられ、それは仏教の修行方法である観想に始まる、と答えた。大智度論にそのことが十全に説明されているとして、菩薩が禅定に入り、神通によって空を飛び、物を変化させることを述べる箇所を引用する。曰く、禅定を得た菩薩が、衆生のために神通力をふるって不思議なことを現し、彼らを導く。神秘的な奇跡を見せなければ、多くの人を導くことができないからである。菩薩は、自身が空《くう》のように重さが無く軽いという様相を念ずれば、空を飛ぶことができる。念によって物を変化させて、金を瓦礫にし、瓦礫を金にする、といわれる(33)。

仲基にとって仏の教えのほぼ全ては、修行者が禅定中に見る幻影のことであり、さらには人に白昼夢を見せる魔力によって生み出された幻にすぎない。行者は、瞑想中に自分だけが幻影を見ることから、他人にも幻影を見せる神通へと進んでいくとされる(34)。インドでは、禅定によるこれらの幻影が現実に効力を持つのだが、インドより東の地、中国ではどうなるか。

然るにこれ東人に在りては則ち難し。何ぞや。風気異なればなり。王充の論衡(35)にこれを言うこと尽くせり。後世の禅人の搬水等を以て神通を解くが如きは、已むを得ざるの説なり。

（『出定後語』上「神通」、二六丁左）

中国では、幻が現実の効力を持つことはない。それは風土が違うからであって、中国の禅宗で日常の作務《さむ》を重視して、神通力を認めなくなったのは、風土に応じた教えなのである、という。仲基は、神通を説明する章で、ある道士が蘇東坡に虎に咬まれる夢を見せた故事を紹介する。夢を見た翌朝、蘇東坡は「お前の夜の術を知らないとでも思うのか(36)」と罵り、勿体ぶった道士を退散させた。仲基はこの故事について、次のようにいう。

意《おも》うに、これまた幻なり。凡そ古今夢を以て人を感ずるは、多く皆この術なり。……漢の明帝の金人を夢み、唐の玄宗の空中楚金の字を夢み、粛宗の僧の宝勝如来を誦するを夢み、……神宗の神僧の馬を空中に馳するを夢みるが如き、蓋し皆これのみ。

（『出定後語』上「神通」、二七丁右—左）

蘇東坡の夢の故事も、例の幻である。古今、夢によって人を動かすことは、多くはこの類である。中国に仏教が伝来した時に、その予告として漢の明帝が金色の人の夢を見た、というような仏教布教のための神秘的な話はすべて幻である、と。

中国以東にあっては、人が夜に見る夢は仏の現す幻、行者の禅定中の幻影と同じカテゴリーにある。仲基にとっては、人の夢と仏の幻は単なる幻想の戯れとして、恣意的な主観性の中にのみある事柄であり、この現実に比してはるかに信用のおけない希薄な存在に過ぎない。夜の夢の話をまともに受け止める者がいるだろうか。迷信や神話や夢を拒絶する姿勢は、懐徳堂の特徴の一つであった(37)。仏教から幻を取り去った後に、残るものは何か。

余、故に嘗て曰く、凡そ天下の僧伽、もし仏の幻を仮るを知り、天下の儒史、もし儒の文に由るを知らば、則ちその道に於けるや、ただ一咫《いっし》一尺のみならんと。

（『出定後語』上「神通」、二四左—二五丁右）

世間の僧侶たちが仏の教えは大半が幻であると知り、儒者たちが儒学の大半が文によっていると知れば、その教えはほんのわずかなもの、「一咫一尺」（咫《し》は親指と中指を開いた長さ。咫尺《しせき》は非常に短い・簡単なこと）になるだろう、と仲基は言う。「一咫一尺」にすぎない仏の教えの真意とは何か。

「諸の悪を作《な》すこと莫かれ、衆善を奉行せよ、自らその意を浄む、これ諸仏の教えなり」、これ真の迦文の教え。

（『出定後語』下「空有」、一二丁右）

これが彼の主張であり、序においても「曰く、儒仏の道もまたかくの如し。皆善を樹つるにあるのみ[38]」と述べられる。仲基は『出定後語』の最後を次のように締めくくる。

諸法相万すと雖も、その要は善を為すに帰す。まことによくその法を守りて各の善を為すに篤くんば、則ち何ぞ彼此を択ばんや。仏もまた可なり、儒もまた可なり。まことに善をつくるを為す者は、乃ち一家なり。……文もまた可なり、幻もまた可なり。その志誠、善を為すに在れば則ち何ぞ不可ならんや。徒に幻と文とに淫して、善を為すに在らざる者もまた、吾これを知らず。

（『出定後語』下「雑第二五」、四〇丁左）

諸法の教えはさまざまであっても、要は善をなす事に帰結する。善を為すならば、仏教でも儒教でもよい。善を実行することを教える者が、すなわち依るべき者なのである。儒の文であれ仏の幻であれ、その核心は善をなすことにある。文や幻を用いること自体は悪くない。しかしそれに淫するあまり善をなす事を忘れる者は、私には無縁である、と。

仲基にとって、仏の幻や儒の文は、その時その場の人々の嗜好に応じて、便宜的に採られた方法にすぎない。それらを取り去った後に現れるものは、善きことをなせという世俗倫理であり、それこそが釈迦と孔子の真意であると喝破する。仲基の眼前には、もはや神秘的な世界海、理解不能な幻は存在しない。仏の幻、すなわち恣意的で表層的な手段が取り去られた後には、この世の秩序の中に生きざるをえない人間の、理性への信頼と現実の肯定が現れる。合理性を求める私たちの理性の外部にあって同化を拒んでいた仏の幻は、単なる幻影という認識を与えられ、人間理性の内に同化し、単なる知識となった。

仲基は、仏教の多種多様な神秘的な教えは、瞑想中の幻影を元とする民衆教化の方法にすぎず、釈迦の真意は世俗倫理にあるとして、仏教を非宗教化した。それが仲基の行ったことである。

三　「出定後語」の真意

仲基のいう「出定」とは何だったのか。まず序にいう。

基、幼にして閑暇あり。獲《え》て儒の籍を読む。以て少しく長ずるに及んで、又閑暇あり。獲て仏の籍を読みて、以て休しぬ。曰く、儒仏の道、またなおこれなり、皆善を樹つるに在るのみと。然るにその道の義を細席に於いて因縁するに至りては、則ちあに説無きを得んや、則ち属籍無きこと能わざるなり。ここにおいてか、出定成ぬ。

（『出定後語』上「序」、一丁右）

私（仲基）は幼い時に閑があり、儒学の本を読んだ。また長じてからは仏教の本を読んだ。儒・仏の目的はただ善を勧めることのみにあると知った。それらの道の細部についてはいろいろと説があり、由来がある。ここにおいて出定できたのである、と。ここでは、諸教の真の目的は世俗倫理である、と知ったことが「出定」したこととされる。仲基の自称である「出定如来」という言葉は、次のようにいわれる。

然るに後世の学者、皆これを知らずして、徒に法華を宗として、以て世尊真実の説にして、経中の最第一と為すは誤りなり。年数前後の説、実に法華に昉《はじ》まる。併呑権実の説もまた実に法華に昉《はじ》まる。広大の方便力、古今の人士を熒惑《けいわく》するは何ぞ限らんや。嗚呼、孰《だ》れかこれを蔽《へい》する者ぞ、出定如来に非ざればあたわざるなり。

（『出定後語』上「教起前後」、四丁右―左）

釈迦以後の学者が、法華経が仏教のごく一部であることを知らずに、これこそ仏教の中心にして釈迦の真意であり、最高の経典である、とするのは誤っている。釈迦の説法に前後を設けて諸説を整理したり、諸説に上下優劣があるとするのは、法華経から始まったことである。こうした教化のための方法が、古今の人士の目を眩ませ惑わしてきた。一体誰が、この朦朧とした混乱を解決できようか。私仲基、出定如来でなければ不可能である、と。ここは、諸経典は釈迦の生涯にわたる説法であるとする、仏教の伝統的な考え（教相判釈）を否定した箇所である。釈迦以来の誤謬から目覚めた人、聖なる仏と完全に対等な俗なる人として、彼は真理に目覚めた者「如来」と自称する。「出定如来」とは、純粋に世俗的な人間として目覚めたという宣言なのである。「出定」の実義を示す箇所を見てみよう。

仏、内外中間の言を説き、遂に即ち入定す。時に五百の羅漢有り。各この言を釈す。仏、出定の後、同じく世尊に問う、「誰か仏意に当たるや」と。仏言う、「並びに我が意に非ず」と。又仏に曰して言う、「既に仏意に当たらず、また罪を得ること無からんや」。仏言う、「我が意に非ずと雖も、各の正理に順う、正教と為すに堪えたり、福有て罪無し」と。……各各理有り。皆これ実にして経説の如し。五百の比丘、各各二辺及び中道の義を説く、仏言う「皆理有り」と。……出定の義、実はここに出づ。

（『出定後語』下「空有」、一二左―一三丁右）

仏は「内外中間」の言葉を説いて、禅定に入った。五百人の羅漢たちが、それぞれにこの言葉を解釈して、仏が禅定から出た後に誰が正しいかを尋ねた。仏が言うには、皆我が意を得ていないが、皆正しい道理に適っているから正しい教えである、と答えた。仏は、五百人の空・有・中道の諸説を、皆正しいとした。私（仲基）の「出定」という意味は、実はここにある、と。

仲基によれば、仏教の大半は定中の幻にすぎず、それに伴う諸説もまた幻と同じ程度のほとんど無意味な教えにすぎない。五百の羅漢が各説を乱立した、何百年とも知れぬ仏の定中とは、諸教が人を宗教的に呪縛してきたこれまでの長い歴史のことである。仲基が、仏の神秘的な教えは禅定中の幻に基づくものであり、その目的は世俗倫理にあると気がついた時が、すなわち仏が目覚めた出定の時にあたる。仲基の「出定」とは、禅定が仏教の神秘性の源であり、魔力の源泉であることを暴くことにより、その宗教的呪縛から、歴史的、思想的に脱出したことである。ここにおいて私たちは、彼の「出定」という語を、禅定・夢幻から目覚めたという宣言、覚めざるを得なかった人間理性の自覚、いわゆる近代を告げる声として聞くべきだろう。

仲基の認識が、以上のように聖なるものの否定であってみれば、出定した後に語られる事柄、出定後語は必然的に世俗の倫理のみである。仲基の最晩年に出版された『翁の文』は世俗倫理・誠の道を説くものであり、人は移り変わる世俗にしか生きられないという、彼の結論のすべてを示している。『出定後語』に見られる歴史的な加上説は、その結論である「誠の道」、世俗倫理を導く方法であるという石濱純太郎の見方[39]は妥当と思われる。最後に、『翁の文』に説かれる誠の道を見ておこう。

誠の道の、今の世の日本に行はるべき道はいかにとならば、唯物ごとそのあたりまへをつとめ、今日の業を本とし、……今のならはしに従ひ、今の掟を守、今の人に交り、もろ〳〵のあしきことをなさず、もろ〳〵のよき事を行ふを、誠の道ともいひ、又今の世の日本に行はるべき道ともいふなり。

（『日本古典文学大系九七　近世思想家文集　翁の文』、五五一―五五三頁）

今この日本で実行されるべき誠の道は、当たり前をつとめることである。つまり、人倫秩序を守り、穏やかにむさぼらず分をわきまえて、今の習俗を生きる中で悪を慎み善を進んで行うことである、という。仲基がことさらに今を強調するのは、徂徠をはじめとする当時の復古主義を意識しつつ[40]、彼のいう誠の道は人にのみ依るものである以上、人が共有しうるのは、今の習俗と価値観のみしかないからである。そのことが次に述べられる。

只今日の人の上にて、かくすれば、人もこれを悦び、己もこゝろよく、始終さはる所なふ……人のあたりまへより出来たる事にて、これを又人のわざとたばかりて、かりにつくり出たることにもあらず。されば今の世にうまれ出て、人と生るゝものは、たとひ三教を学ぶ人たりとも、此誠の道をすてゝ、一日もたゝん事かたかるべし。

（『日本古典文学大系九七　近世思想家文集　翁の文』、五五三頁）

誠の道とは、今日の人の間で互いに快く過ごせる、当たり前の行為である。無理矢理に造り出したものではない。だから、今の世で人として生きる者は皆、仏教・儒教・神道いずれを学んでいようとも、この誠の道を行わなくては一日も過ごせないのである、と。仲基によれば、いかなる教えに依ろうとも今を生きる人にとって、現実に共有できるものは、今の心情に依る世俗倫理と社会秩序でしかありえない。倫理は、超越性による保証を失い、普遍性を喪失して、純粋に人間的なものになった。それが仲基の出定、彼がもたらした目覚めと喪失であり、仲基が近代の先駆けとされる理由であるだろう。

そして仲基以後、近代を経て今日に至るまで、その覚醒と喪失は、より深くより広く進行し続けている。私たちは代々伝えられてきた迷妄と桎梏から解放されたことと引き替えに、精神の普遍的基盤とそれによる保護を失った。仲基の発見した純粋に人間的な倫理は、彼の自信を裏切って、移り変わる時代と人の中で相対性によって必然的に希薄化せざるを得ず、人間的な怠惰と虚偽の中に溶解しつつある。仲基の末裔である私たちは、華厳の光り輝く世界海から完全に追放され、光あふれる香水海は、近代の悲哀の中で憧憬する夢になった。

四　仏教への衝撃

仲基が、近世仏教に与えた衝撃とは何だったか。

仏教経典でいわれる夢幻は、一般に人の生死の儚《はかな》さのたとえである。夢幻は、移り行くこの世の森羅万象、世俗事象の存在度の低さのアレゴリーである。たとえば金剛経では「一切有為の法は夢幻泡影の如し[41]」（すべての現実事象は夢幻泡影のようである）と言う。華厳経でも、幻と夢という言葉は次のように用いられる。


一切の諸法は、但だこれ虚妄にして、真実有ることなく、須臾《しゅゆ》も住せざれば、堅固有ることなし。猶お幻化の如く、愚夫を欺誑す。一切法は夢の如く、電の如しと悟る。かくの如く解する者は能く生死を達して、菩提を究竟《くきょう》す。（『華厳経』大正蔵九巻、四六七頁中）

すべての現世の事象は虚妄であり、真に存在するものはなく、一瞬たりとも定まらず、不安定そのものである。しかし事象は、まるで真に実在するものであるかのように、幻や化物のように、愚者を誑かし偽る。すべての事象は、夢のように稲妻のように、儚く希薄な存在であると理解した者は、儚い生死を脱して、悟りを求めるのである、という。

ここで夢幻とされるのは、仲基と逆に、私たちが生きているこの現実である。日々移ろいゆく儚い事象が、幻のように人を欺いて、実在のものと錯覚させている。人は現実事象の虚構性に目覚めて、真の実在である仏の悟りを目指さねばならない。仏教的価値観では、人が目覚めるべきは現実の虚構性からであり、仏の悟り、仲基のいう仏の幻こそが、より存在度の高い真実とされてきた。この目覚めは、たとえば日本中世の学僧である良遍《りょうへん》の書、『観心覚夢鈔』の次の言葉がよく示している。

三界心と云い、妄分別と云う、皆有漏心に帰する義なるが故なり。これ即ち凡夫自ら自心を観じ、速やかに覚位に至るの要術なり。……人夢中に処して自らこれ夢と知らばその夢必ず悟《さ》めん。我等今生死の夢中に処して数《しばしば》唯心如夢の道理を観ずれば、覚悟の朝に至らんこと、定めて近きに在らんか。

（『観心覚夢鈔』日本大蔵経六四巻、一二四頁下）

すべての世界と事象は心にあり、誤った認識にあるというのは、それもこれも凡夫の心に帰するためである。そう知ることこそが、凡夫が自身の心を観察し、覚りに至る道である。人は夢の中で、これが夢であると自ら分かれば、必ず夢から覚めるものである。我らは今、生死の夢中にある。すべての事象は唯だ心にあって夢と同じであるという真理を観察すれば、覚悟の朝に至るのは遠くはない、と。

中世の学僧にとっては、人が儚い生死の夢から覚めて仏の朝に至ることが、その覚夢だった。しかし近世における仲基の出定は、仏の夢幻から人の世の現実に目覚めることにある。仲基は、仏教における聖俗の存在論を反転させた。

仲基の思想と方法は、人間理性の枠外にある超越的なものを否定し、捨象して成り立つものである。彼にとって、日常の常識で理解できない経典の言葉は、禅定中の幻を表現したものにすぎず、この世の現実においては夢の戯言にすぎない。仲基は、自らいうように定から出た者、正しく「出定如来」であり、仏教の意義を明確に否定した者なのである。近世仏者は、その「出定」の真相、超越の否定を正確に理解したからこそ、反発し批判した。仲基の出定以後、近世から現代に至るまで、日本の仏教者たちは伝統的な仏への覚夢と仲基の出定を統合止揚すべく、全力を挙げることになる。

同時代を生きた仏教者は、仲基の出定をいかに迎え、どう対応したか。大乗仏説と須弥山説への疑問を、時代的に共有した普寂は、どのように応えたか。普寂は仲基と同じく、仏教経典は聖者の瞑想中の影像である、という認識に至っている。それと同時に、仲基をはじめとする世俗的知識人たちの仏教理解を、「外学者、仏経を読まず。読むと雖も耳を以て食らうがごとし(42)」と厳しく批判する。仏教思想における近代の目覚めとは、どのような形をとったのか。次章では、まず普寂の須弥山論から見ていきたい。

註

(1)「出定後語といふふみ」、『本居宣長全集』第一巻、筑摩書房、一九六八年、二四四頁。
(2)「出定笑語」、「出定笑語附録」、鷲尾順敬編『日本思想闘諍史料』第八巻、名著刊行会、一九六九年。
(3)内藤湖南「富永仲基」、「涙玉唾珠」中の「槫陰散語」所収、『内藤湖南全集』第一巻、筑摩書房、一九七〇年、三八〇—三八七頁。この最後に仏教側の論者として、普寂が言及されている。同上「大坂の一偉人」、『内藤湖南全集』第四巻、講演、四〇八—四一一頁。同上「大坂の町人学者富永仲基」、「先哲の学問」所収、『内藤湖南全集』第九巻、講演、三七〇—三九三頁。同じく講演をまとめたもので、全集に入っていないが、内藤湖南「富永仲基の仏教研究法」(『龍谷大学論叢』二五六、一九二四年、講演)が比較的まとまっており、分かりやすい。
(4)姉崎正治『仏教聖典史論』「序論」、経世書院、一八九九年、一五—一九頁。
(5)村上専精『大乗仏説論批判』、光融館、一九〇三年、五三—五四頁。
(6)石濱純太郎『富永仲基』創元社、一九四〇年。仲基と徂徠学の関係は一五三—一六七頁、『出定後語』を『翁の文』

に至る方法論と見る評価は一四〇―一四二頁。
（7）武内義雄『支那学研究法』、岩波書店、一九四九年、五一―六四頁。神田喜一郎「『出定後語』と『夢の代』」、『墨林閒話』、岩波書店、一九七七年、九二―九八頁。
（8）宮川康子『富永仲基と懐徳堂』ぺりかん社、一九九八年。
（9）日野龍夫『江戸人とユートピア』、岩波現代文庫、二〇〇四年、一四一―一四四、二二六―二二三頁。
（10）『中村元選集［決定版］別巻七　近世日本の批判的精神　日本の思想Ⅲ』、春秋社、一九九八年、二一七―三一七頁。初出は『近世日本の批判的精神の一考察』、三省堂、一九四九年。
（11）宮川康子前掲書『富永仲基と懐徳堂』、一一一、二〇―二二、一三七頁など。
（12）村上専精前掲書『大乗仏説論批判』、八四―一二〇頁。
（13）本書第一章第二節。中村元前掲書『近世日本の批判的精神』、二五八頁。
（14）柏原祐泉「明治における近代仏教の歴史的形成」、『印度学仏教学研究』一五―二、一九六七年、五四九頁。同上『日本近世近代仏教史の研究』、平楽寺書店、一九六九年、三六五―三六七頁。同上「第二章　仏教思想の展開」、圭室諦成監修『日本仏教史　近世近代篇』、法蔵館、一九六七年、一一三頁など。
（15）本居宣長前掲書『本居宣長全集』第一巻、二四四頁。
（16）中村元前掲書『近世日本の批判的精神』、二四四頁。
（17）版本『出定後語』下、一二丁左―一三右。『日本思想大系　富永仲基・山片蟠桃』、岩波書店、一九七三年、七四頁。
（18）大正蔵三五巻、一一一頁中―下。法蔵は『成実論』を原典とするが、『成実論』本文に直接の該当箇所はないことが、中村元と水田紀久によって指摘されている。中村元前掲書『近世日本の批判的精神』、二九五―二九六頁。水田紀久『日本思想大系　富永仲基・山片蟠桃』、岩波書店、一九七三年、補注六二三―六二四頁。
（19）普寂『華厳経探元記発揮鈔』巻一、新装版大日本仏教全書、経疏部六、一五四頁中。
（20）梅谷文夫・水田紀久『富永仲基研究』、和泉書院、一九八四年、七二―七四、一〇一、一九二頁。水田紀久前掲書『日本思想大系　富永仲基・山片蟠桃』、補注六六七―六六八頁などに同趣旨が述べられる。
（21）中村元前掲書『近世日本の批判的精神』、二九三、三一一頁注三。
（22）宮川康子前掲書『富永仲基と懐徳堂』、一九四―一九五、一四六―一四八頁にも同趣旨が述べられる。
（23）水田紀久『富永仲基研究』、和泉書院、一九八四年、七二―七四、一〇一、一九二頁。水田紀久前掲書『日本思想大

系　富永仲基・山片蟠桃』、補注六六七―六六八頁など。
(24)『出定後語』上「教起前後」、四丁右―左。『日本思想大系　富永仲基・山片蟠桃』、一六頁。水田紀久によって「……仲基自ら如来になぞらえかく自称した」という注がつけられる。中村元も「自分のことを戯れに『出定如来』と号している」(中村元前掲書『近世日本の批判的精神』、二九三頁)とする。中村によって、近世当時の文雄、平田篤胤もそのように読んでいることが示されている(中村元前掲書『近世日本の批判的精神』、二九五頁、注二三)。
(25)『出定後語』上「須弥諸天世界」、一五丁右。『日本思想大系　富永仲基・山片蟠桃』、二八頁。水田紀久によって「出定後語を経典に擬えた」という注がつけられる。中村元も「自分の著書『出定後語』を『出定経典』と称し」(中村前掲書『近世日本の批判的精神』、二九三頁)とする。
(26)『出定後語』上「序」、一丁右。『日本思想大系　富永仲基・山片蟠桃』、一二頁。
(27)中村元前掲書『近世日本の批判的精神』、三一〇―三一一頁。
(28)末木文美士「出定後語」、『日本仏教の文献ガイド』、法蔵館、二〇〇一年、一三三―一三六頁。
(29)菅野覚明「排仏論」、大久保良峻、佐藤弘夫、末木文美士、林淳、松尾剛次編著『日本仏教34の鍵』、春秋社、二〇〇三年、二二八―二三五頁。
(30)本書第四章。
(31)東北大学附属図書館狩野文庫所蔵の文化二年(一八〇五)補刻本。『出定後語』についての書誌的詳細は、前掲書『日本思想大系　富永仲基・山片蟠桃』、六八五―六九二頁。文化二年補刻本は再版第一種である。
(32)インドにおける大乗仏教の世界像と、華厳の世界観については、たとえば定方晟『インド宇宙誌』、春秋社、一九八五年、三四―六八頁。
(33)『大智度論初品中欲住六神通釈論第四十三巻二十八』大正蔵二五巻、二六四頁中。
(34)『出定後語』上「神通」、二六丁左。大智度論引用箇所は、大正蔵二五巻、二六四頁中―下。
(35)仲基は、南の地では魔術が力を持つことの論証として、王充の論衡をあげる。「南群極熱の地は、その人、樹を祝すれば樹枯れ、鳥を唾すれば鳥墜つ」(王充『論衡』第二三巻、第六六言毒篇)、山崎勝美『新釈漢文大系九四　論衡下』、明治書院、一九八四年、一四三九頁。
(36)『出定後語』上「神通」、二七丁右。蘇東坡の言葉は「汝、吾れ汝の子夜の術を知らずと謂うや。」。
(37)テツオ・ナジタは、山片蟠桃の『夢の代』に即して、迷信や神話や夢を否定することは懐徳堂の知的伝統であったと述べる。テツオ・ナジタ、子安宣邦訳『懐徳堂』、岩波書店、一九九二年、「6　夢の代わりに」、三六三―四五七頁。

(38)『出定後語』上「序」、一丁右。

(39) 石濱純太郎前掲書『富永仲基』、一四〇―一四二頁。

(40) 仲基による徂徠の古文辞学、復古主義への批判は、宮川前掲書『富永仲基と懐徳堂』に詳しい。徂徠に対する仲基の今の強調については、たとえば六二頁。

(41)「一切有為法は、夢幻泡影の如し、露の如く、また電の如し。まさにかくの如き観を作すべし。」大正蔵八巻、七五二頁中。

(42) 普寂の須弥山説護法論の『天文弁惑』、八丁左。普寂の遺著『願生浄土義』「第八　仏教超情章」、報恩出版、一九一一年、五九頁。

第四章　現世の解体

——須弥山説論争と普寂

一　須弥山説論争

十八世紀は、西欧文化の受容が始まった時期であり[1]、この頃の思潮は、徂徠学派の古文辞学をはじめとして、本居宣長に見られるような学問的な実証性が、その特徴の一つとされている。この時期の仏教思想においては、つとに辻善之助によって、寺檀制度の確立を背景に諸宗の学問研究が盛んになったことが、述べられている[2]。しかし、これまで見てきたように思想そのものについての研究は遅れており、ことに仏教者の内面に踏み込んだ研究は数少ない。本章では、普寂の須弥山《しゅみせん》説護法論を通して、近世の仏教思想家がどのように世間世俗の価値観に向かい合ったかを論じたい。

まず、本章で問題とする須弥山世界について、改めて紹介しておこう。須弥山とは、古代インドの宇宙像に端を発する、仏教世界像の一つである。平らな大地の上に、想像を絶する高山である須弥山がそびえ立ち、その周りの四つの大陸に生物が住む。それらすべてを、九つの山脈と八つの海が取り囲んでいる。近世においては、須弥山世界の平らな大地が、西欧天文学を根拠とする地球説に矛盾することが、まず問題となった。須弥山説論争についての研究は、戦前の昭和九年（一九三四）に、日本史家の伊東多三郎が、「近世に於ける科学的宇宙観の発達に対する反動に就いて――特に僧侶の運動に就いて」という論文で、近世から明治までの論争を概観したことに始まる。[3] 伊東は、論争最初期の二人として、本章で見る普寂と文雄にすでに注目している。

戦後の一九六〇年代から七〇年代にかけては、柏原祐泉が、近世後期の仏教思想の特徴の一つとして須弥山説論争を位置づけた。柏原は、辻史観を踏襲する立場に立って、近世から近代の浄土教系護法論について研究を行った。[4] 昭和四十八年（一九七三）に、柏原は自らが編者の一人となった『日本思想大系　近世仏教の思想』の解説で、排仏思想と護法思想の両者を論じている。近世以後の展開については、科学史の吉田忠によって、明治初期までの須弥山説論争の詳細とその内容が明らかにされている。[5] また岡田正彦は、須弥山説護法論を近代仏教の起源の一つとして考え、以下で述べる円通の須弥山論を仏教天文学として論じている。[6]

これら諸先学によって明らかにされた、須弥山説論争の概観を紹介しておく。享保十五年（一七三〇）にアリストテレスをはじめとする西洋天文学の影響を受けた清の『天経或問』が刊行されたのを契機として、[7] 主に大坂の懐徳堂の儒者たちが、彼らの排仏論の中で須弥山説を批判し始める。これに仏教側が応じて、いわゆる須弥山説論争が始まった。仏教側で最初に護法論を唱えたのは、浄土宗僧侶である文雄（一七〇〇―一七六三）である。この論争において、普寂は文雄に続く二人目の護法論家であった。普寂が文雄に言及することはないが、同じ浄土宗僧侶でもあり、文雄のことを知っていたかも知れない。

それ以後、十八世紀末には天台宗の円通（一七五四―一八三四）が、須弥山の存在を実証するために須弥山儀を作った。円通は、須弥山説が暦法に合致することを主張して、梵暦社を結成し、梵暦運動を展開した。円通以後、その門下を中心として、科学的で実証的な須弥山説護法論が盛んになり、天保年間（一八三〇―一八四三）には、東西両本願寺の学寮・学林で、梵暦と須弥山についての講義が行われるに至った。近代の明治に入ってからは、佐田介石（一八一八―一八八二）が、東京上野の第一回内国勧業博覧会（明治十年・一八七七）に、須弥山をもととする現実等象儀を出品している。[8]佐田の活動を最後に、須弥山説論争は終わったとされる。

これまでの研究は、主として近代化の過程を明らかにすることを目的として、須弥山実在を主張する仏教者が、西洋科学をどの程度理解し、受容することができたか、という基準によって論じられてきた。その結果、須弥山説護法論は西洋科学を理解しえない者たちの陳腐な所産であり、思想的に見るべきものはないとされてきた。[9]この論争における仏教者は、明らかな妄説に固執した者たちとして、頑迷固陋な旧勢力として捉えられてきたといってよい。そこでの普寂の評価は、科学への理解を拒み、科学への対応を示すには至っていないとされ、[10]円通ら実証的な近世護法家のさきがけとしてのみ、理解されている。

しかし岡田正彦が指摘するように、そもそも須弥山説論争における仏教者の主張を、近代科学の基準によってのみ捉えようとすることに無理がある。なかんずく普寂は、文雄や円通のように、須弥山の実在を主張したわけではない。本章では仏教思想に即して、普寂の須弥山説護法論の全体を示し、彼の精神と意図を明らかにする。

第二章で見たように、須弥山説への疑問は、普寂が「時に衷懐に忽然として三大疑を生ず。一に建立器界の事」という、彼が抱いた三大疑問の第一である。当時の仏教者にとって、いわゆる近代的な合理性は、従来考えられてきたように、まったくの外的な敵対者としてのみ現れたわけではない。彼の三大疑問は、近世後期の儒学・国学などから唱えられる排仏論と軌を一にしており、これらは時代の価値観によって問われた問題であると同時に、彼自身の主体的な問題としてあった。そして普寂は、生涯をかけた修行と学問によって、自らの問いに答えた。その答えとはいかなるものだったのか。

以下、この時期の一般的な須弥山説論争を確認するために、科学的批判の嚆矢とされる大坂懐徳堂の儒学者である五井蘭洲《ごいらんしゅう》（一六九七―一七六二）をはじめ、世俗的知識人の批判から見ていく。次に、文雄による最初の須弥山説護法論を述べる。その上で、彼らと対比する形で、普寂の護法論を考察していきたい。

二　懐徳堂知識人と文雄

懐徳堂は、大坂の大商人たちがつくった学問所である。八代将軍吉宗の文教政策を背景として、享保十一年（一七二六）に懐徳堂の設立が官許され、それ以後明治時代まで約百五十年間続いた。懐徳堂の学風は、商都大坂という地を反映して、商人が主体となった自由で合理的な実学とされる。[11]その学風を如実に反映して、懐徳堂における歴代の儒学系知識人たちは、仏教の神話的宇宙像である須弥山説を厳しく批判し続けた。

まず最初に批判の口火を切ったのは、懐徳堂初期の助教を二十余年つとめた儒者、五井蘭洲である。懐徳堂における実学の基礎を築いた蘭洲は、宝暦七年（一七五七）に、仮名書の排仏論『承聖篇《しょうせいへん》』を著した。[12]『承聖篇』は、上下二冊であり、全百十箇条ほどの節からなっている。

蘭洲は「中国先王の道の惟一なるに、又仏法をましへて二つ三つにするは、よからぬこと[13]」と、先王の道である儒教の正当性を固く信じて、仏教を排除しようとした。その排仏論の主旨は、儒教の人倫重視の立場から僧侶の出家を批判することと、西洋天文学の知識を援用しつつ、地獄極楽説などを否定することにある。これらの批判は、西洋天文学の利用を除いては、近世を通じて儒学からの仏教批判に共通するものである。
この中で蘭洲は、『天経或問』によって西洋天文学の合理性を認め、須弥山説を否定した。仏教が地球説を知らないことが以下のように指摘される。

一団丸の地は、上下四方より気をもてはりつめて、中にかゝり居るなり。気は即天なり。地の外は皆天なり。……をろかなるものは、上に蒼々と見ゆるのみを、天とをもへり。仏書もさをもへりと見へたり。……大地は、胡桃核の如く、高き所は国土、ひきゝ所は海水也。地の外に海なく、海の外に地なし。仏家四州をたてたれと、空にかゝり居るといふことはりをしら子《ね》はや。（『承聖篇』第一巻、四九丁左）

蘭洲は、儒学の地球説である渾天説《こんてんせつ》をもとにして、大地が平たい盆のようであるとする須弥山説を唱える仏教者を愚かで無知なものとする。また仏教では、日月食は鬼神である阿修羅のせいであると説明されるが、蘭洲は、仏教者の明らかな無知蒙昧のあらわれとして、日月食の説明を例に出す。

又いつれの経にか、羅睺《らご》阿修羅、帝釈と戦ふとき、日月を手にとり、其光をかくす。此時食するなりといへりとそ。……日食は月に障られ、月食は、地影にへだてらるると云ことを知らずして、みだりに童の如くなる説をいひて、愚人をまどはす笑ふへし。……されと、僧は仏説なりと思へは、信ずるにてぞあるらん。

（『承聖篇』第一巻、六左―七丁右）

仏教では、羅睺という阿修羅が太陽と月を手でかくすから日月食が起こるという。彼らは日食は月が太陽をかくし、月食は地球が月をかくす現象であることを知らないのである。だからこんな子供だましのようなことをいって愚人を惑わすのであるが、僧侶は仏のいったことだから真実であると思って、このような愚かな説も信じるのだ、と蘭洲はいう。

確かにこの阿修羅による日月食の説明は、いきいきとした生気に満ちていると同時に、なにか魔術的なもの、気味の悪いものを感じさせる。それは今では完全に忘れ去られたために、まったく見慣れない思考様式から生まれており、なにか不気味な気配を感じさせる。当時の蘭洲にとって、須弥山説に端的に現れるこのような神秘的な不透明さは、唾棄すべき無知蒙昧の証明であり、さらには何か墓場のような雰囲気を持って人を誘い込む、得体の知れない俗悪さに見えたのであろう。蘭洲は、そのような迷妄に対して、果敢に論を進めていく。

もろこしの諸儒、天文を委しく論すれと、月食の説は、あやまりにて、天経〔『天経或問』〕の説的当なり。この説、もと西儒・琍馬竇《りまとう》〔マテオリッチ〕に出たり。いつこの人にても、理にあたれることは、たれ人か信せさらん。たゝ此倶舎〔須弥山説を載せる仏教論書『阿毘達磨倶舎論』〕の説は、信すへからす。

（『承聖篇』第一巻、五一丁右）

ここで蘭洲は、唐の儒者は天文学を詳しく論じているが、月食の説では誤っていて、西洋の天文学が正しいという。この説は、もともとはマテオリッチのいったことであるが、どこの人がいうにせよ、理に叶ったことを、誰が信ぜずにいられようか。とにかく仏教で説く天文学は信じてはならない、と。

蘭洲は、儒学で説かれる天の秩序としての理に立ち、矛盾のない合理性を基準として、西洋天文学によって須弥山説を否定する。中国を経由して入ってきた西欧科学の知識は、幾重もの障壁を経てゆがめられ、断片的なものとなってはいても、その合理性によって当時の世俗的知識人に、旧来の説を捨て去る正当な根拠と確信を与え得た。蘭洲は、仏教に対して、「世の中にそら言はおほけれと、地コク・天堂《コクラク》如きより、甚きはなし。これを信ずる心になりたれは、其他は何事か信せさらん」[14]と苛立つ。そうした蘭洲にとって、須弥山説は僧侶の無知蒙昧を実証する好例であって、「仏法は人を愚にする術」[15]であることを、誰にも分かる形ではっきり証明してくれるものなのである。

次に、懐徳堂の最盛期を生きた山片蟠桃（一七四八―一八二一）による、須弥山説批判を見てみよう。蟠桃は、大坂で大名に金銀を貸し付ける大名貸を営んでいた升屋山片家の番頭であった。蟠桃は、疲弊を極めていた仙台藩の財政を、米を強制的に買い上げて利益の独占を計る買米仕法によって立て直し、また全国数十藩との関係を開拓して、主家である山片家を大坂屈指の豪商に押し上げた。蟠桃は升屋大番頭として、幕府の米価引き上げ策にも率先して協力し、幕府から二回も表彰されている。

蟠桃の思想は、鬼神を完全に否定する科学的・儒教的な合理主義であり、西欧天文学を参考にした独自の宇宙説を考えだした。大藩仙台を二十年で復活させた蟠桃は、須弥山説をどう見たか。

釈氏、没して二千七百年。天眼通を以て天地を洞視し、神通力をもつて知らざることなしとす。その通力を以て須弥山をつくる。……三十三天及九山八海、東西南北の四州を造り、これを一世界とす。……元来天文のひらけざるまへは、盤古王死後、日月・山川となるがごとし。……その国々にて、我国あることをしりて、外国あることをしらざれば、みなかくもあるべし。しかるに唯その憎むべきは、天眼通・神通力にあり。……みな出次第の方便なれば、真顔を以て弁ずるに足ざれども、又この仏に陥る人をさとさんが為の一助なきにあらざれば、こゝにしるしてその妄説をあらはす。

(『夢の代』、『日本思想大系　富永仲基・山片蟠桃[16]』、一九六—一九七頁)

釈迦が没して以後、二千七百年の間、仏教者たちは、釈迦は神通力によって天地世界を見通したから、釈迦に分からないことはない、と主張してきた。釈迦の神通力を根拠として、須弥山世界を考え出した。天文地理学が開けない国々では自国の存在しか知らず、他国があることを知らないので、須弥山世界のような説を考え出すことは、別段に不思議なことではない。しかし問題は、仏者が須弥山世界の根拠に、釈迦の神通力・魔力を持ち出すことであって、このことを私は憎むのである。この説自体はでたらめで、相手とするにも足りないが、あえて須弥山説が妄説であることをいうのは、仏教に陥る人の目を覚ますためなのである、と。

蟠桃は「無鬼の論に至りては、余が発明なきにしもあらず[17]」と自負して、鬼神が存在しないことを固く信じた人である。その彼にとっては、仏教は社会的には「国家の為にならざる[18]」教えであり、思想的には「唯吾身の後生安楽を願ふことにして、未来永劫快楽を受べき為なれば[19]」、「我一人を利するにありて、天下国家のことにあら[20]」ざる教えとして受け止められた。

第一章で見たように、彼は禅僧に対して「釈迦の本意をさとりたらば、善をすゝめ悪をこらすの為に、極楽・地獄の説をはじめしをさとり得たれば、今まで辛苦して勤しことの無用なりしを知りて、髪を貯へ、故郷に帰り産業をつとむべし[21]」、釈迦の真意は世俗倫理の勧めであると悟ったら、禅僧は速やかに還俗して、産業に従事すべきだという。彼にとっては、僧侶は人的資源の無駄であり、地獄と極楽は、僧侶が愚民を惑わして富貴を貪るための言説でしかありえなかった。

蟠桃自身の価値観は、「少しなりとも天下国家の補益になることをして、己が子孫もはん栄して、父祖の名もあらはす[22]」こと、天下国家に有益な事業を営んで、家を繁栄させていくこと、現実の社会と生活を支えて維持し、繁栄させていくことにある。辣腕の商人として実社会を生き抜き、生涯に幕府から二度も表彰された蟠桃は、世俗倫理を体現した実業の人なのである。蟠桃が須弥山説を批判する理由は、プラグマティックで現実的なものである。

釈氏天眼通を以て三千世界を洞視し、……又須弥山を営造し……後世地球を引合せみれば、これらの説〔須弥山説と三世因果説〕は皆破るゝことなれども……然ども亦もやこゝに出して説破するものは、かの仏説に陥りて覚らざる人々の目をさまさせて、無益の仏を信ぜしことを悔て、今日の世業にかへらしめんが為なり。

（『夢の代』、『日本思想大系　富永仲基・山片蟠桃』、四五三―四五四頁）

地球説を基準とすれば、釈迦の神通力に依る須弥山世界や輪廻の説は、すべて論破されるに決まっている。

ここで改めて、私が須弥山世界を論破する理由は、かの仏説に陥って目を覚まさない人たちの目を覚まし、無益の仏を信じていたことを反省させ、現実の生業に帰らせるためである、と。蟠桃は、彼に入信を勧めた檀那寺の僧侶に対する手紙の中でも、須弥山説批判を前面に押し出して、自らの「無鬼論」を正面から述べている。[23] 彼にとっての須弥山説否定は、仏教者の知的虚偽と怠慢をもっとも有効に示す方法であった。

富永仲基においては、すでに見たとおり、須弥山説はもはやいかなる意味も持っていない。それは単なる空想の産物にすぎず、夜に見る夢と同じく無意味である。仲基は須弥山を脱神話化し、その根拠にある禅定から生まれた神秘性を剝奪した。懐徳堂の知識人たちにとって、古代的世界像である須弥山説は、仏教を排斥するための格好の道具であり、仏教の聖性を剝奪するのに最適の題材だったといえよう。

このような潮流に対して、仏教者はどのように答えただろうか。蘭洲に先立つこと三年、宝暦四年（一七五四）に、京都の浄土宗僧侶であった文雄は、須弥山説擁護の最初の著とされる仮名書『九山八海解嘲論』[24]を著した。文雄はもともと音韻学の専門家である。文雄はその後、『天経或問』に反駁の注釈をつける『非天経或問』をも出版しているから、懐徳堂の排仏論に対してではなく、直接西洋天文学に反論したものと考えられる。

この『九山八海解嘲論』では、須弥山説を動かし難い聖説とする一方で、日常の経験知によって須弥山説を実証しようとする。この聖説と実証の併用は、これ以後、明治に至るまで須弥山説護法論に一貫して見られるレトリックであるため、ここでは一般的な護法論を確認するためにも、見ておきたい。まず須弥山説を聖説とする立場は、次のようなものである。

三界九山八海とは、釈迦大聖尊三世了達し、十方洞視して、演説し玉ふ所の世界にして、人天真実の境界なり。世間凡愚の臆度を以て計る類と、同日の所論にあらす。然るに我等凡数にして、須弥及ひ四大洲を眼見すること能はす。日月の周旋に於て倒見を生すること、寔《まこと》に蟪蛄《けいこ》の春秋を知らさるに似たり。

(『九山八海解嘲論』、八丁右)

ここで文雄は、須弥山世界は、釈迦が時間と空間を超えて洞察した真理であって、世間世俗の説とは全く異なった類いのものであるとする。さらに、我々人間には、須弥山世界を現実に見ることは不可能であり、人間が天文において誤ることは、夏ゼミが春と秋を知ることができないようなものである、という。ここに示されているのは「宇宙世界の実像は釈迦が示す検証不可能な真理であって、人間知を超えた事柄である」という信仰者の立場である。次に文雄は、日常の経験知によって須弥山を実証しようとする。

予曾て東国に在る日、北総の銚子・常陸の鹿島に遊ひて、東海を極望せしに、嚮《むか》ふ所渺漫として、辺際あることなく、又山島あることなし。頗る数万里なるへし。目力極り尽きて、末は摺めるか如く、更に低れたる勢ひなし。若し地球の理ならは、高山頂上より山下を臨むか如くなるへきに、万万此理あることなし。地球豈非ならすや。

(『九山八海解嘲論』、一二左―一三丁右)

文雄がいうことには、かつて東国で東海を眺めたところ、目の届く限りはるか彼方まで海は水平であった。大地が丸いという地球説が事実であれば、山頂から下を望んだときのように、彼方の海は傾斜しているはずであるから、地球説が事実であるはずはない、という。この意見は、観察によって世界を確認し実証できることを前提としている。

これは先ほどの、世界は検証し得ないとする信仰者の立場と論理的に相反せざるを得ないものであり、それどころかこのような前提は、彼本来の意図を破壊してしまうだろう。文雄は、いわゆる信仰者の立場を基調として、律儀に自然科学的思考を受け入れ対応しようとしたのだが、それは新旧二つの立場に引き裂かれる結果をもたらした。彼のこの無意識の分裂は、その後の須弥山説護法論の特徴であり、合理性を志向する時代の抗いがたい勢いを逆説的な形で示しているといえよう。それでは普寂は、時代の精神であるこのような合理性と、どのように向かい合ったのだろうか。

三　無我の護法論

『天文弁惑』[25]は、安永五年（一七七六）、普寂七十歳の折りに、須弥山説否定論に答えるため、初学者に向けて書かれた護法書であり、七十五歳でなくなった彼の最晩年の思想を示す著作の一つである。この約四十年後、文政三年（一八二〇）に、蟠桃の『夢の代』が出ることになる。普寂の『天文弁惑』は、世俗と真理の体系を重ねていく論理で緊密に構成されており、須弥山説否定の排仏論に正面から相対する緊張感が伝わってくる。

これが書かれるに至った経緯は、序によれば、次のようなものである。千隣《せんりん》という禅僧が天文学による仏教批判を信じて、仏教から退こうとしたとき、普寂の注釈書『倶舎論要解』の中で、須弥山説に関する部分を読んで大いに驚き、仏教は世間の智慧で分かるものではないと、深く信じるに至った。千隣は、この箇所をまとめて写し『天学或問』と名付け、箱にしまっておいた。安永の初めに千隣が亡くなった後、これが遺品から発見され、千隣と親しかった僧侶から、普寂に初学者のために世に広めてほしいとの再三の願いがあった。その願いに応えて、普寂は改めて書きなおし、出版するに至ったという[26]。

まず普寂は、天文学からの仏教批判をどのように捉えたかを見てみよう。ある人の問いとして冒頭に提出されている部分である。

或ひとが問う。仏家の器世間を説くことと、天学者流の言う所と碩に異なり、彼の説よく蝕等の現事に応じて、信用すべきに足れり。彼の説もし是ならば、則ち我が説それ非ならんか。

（『天文弁惑』、一丁右）

ある人が、天文学者の説は、自然界のたとえば日蝕などの現実の事象をよく説明しうるもので信用できるが、現実の事象を説明できない仏教は誤りではないかと問う。これに対して、普寂は、天文学はインド古来の学問であると述べてから、仏教における知識の秩序を示し、その中に天文学という学問を位置づけていく。その秩序とは、次のようなものである。

初に四真実に就くとは、一に世間所知真実、二に学所知真実〈また道理極成真実と名く〉、三に煩悩障浄智所行真実、四に所知障浄智所行真実。初は乃ち塵・大等にして、一切無始串習力の共所知の境なり。

第二は乃ち四章・五明等にして、世の聡慧の者の学習尋思所知の境なり。上の如きの二句はこれ世間所行にしてこれ虚偽の事相なりと雖も、邪思虚構の取る所に非ず。故に名けて真実と為す。第三は乃ち四諦、人無我の道にして声聞法教正しく此の理を詮ず。第四は乃ち法無我、一実諦にして大乗法教正しく此の理を顕す。

（『天文弁惑』、一左—二丁右）

ここで普寂は、仏教における知識の秩序は、階層的な四段階からなることを示す。第一は現実の事象であり、すべての生き物がこれまでの生の集積によって捉える世界である。第二は、医学や論理学など世間の聡明な者が行う学問によって明らかにされる知識。これらは世俗の者が行うことであり、仏教から見れば虚偽の事象であるが、邪悪な誤りではないから、真実と名付けている。第三は人無我の道であり、いわゆる小乗の教え。第四が法無我であり、大乗の教えである、という。

ここでの最上位は、現実の事象には真の実体がないことを説く大乗仏教であり、無常転変する現実事象は最下位におかれる。普寂は、この四真実の体系によって、俗から聖へ至る具体的な知識の階層を示し、仏教の世界把握がこれ以外の価値基準によるものではないことを宣言している。なお、これは『瑜伽師地論』の四真実に基づくものであり[27]、『天文弁惑』の最後には四頁にわたって、普寂が本論で用いた論理が出典名と共に図示されている。その内容をあげておくと、（一）五位七十五法図、（二）五位百法、（三）二諦各四図〈法苑義林章二末、瑜伽六十四、依瑜伽釈論及唯識論意出〉、（四）四真実〈地持論第二、瑜伽論三十六、顕揚論第六、大乗義章第二、所出可尋〉である。

では普寂は、この四真実の規定の中で、今ここで問題としている天文学をどのように理解し、どこに位置づけていたか。

彼の天学の如きはこの四の中に於いて第二の所摂なり。彼の学、胡梵韋陀《こぼんいだ》の伎を根拠として、支那渾天の説を会糅し、性理に架け以てこれを肸飾し加旃す。測器を籍て以て天度を窺い、探索に懸けて以て盈《えい》虚《きょ》を察す。智識の精、技倆の巧、宜しく珍賞すべし。（『天文弁惑』、二丁右）

天文学は、インドのヴェーダ学に中国の天文学を加えて工夫したものであり、仏教における第二の範疇である世俗の学問である。天文学は機器によって天をはかり、日月の満ち欠けを予測し、その精巧な技術と知識はすばらしい、という。ここで普寂が認めるのは、天文学の知識とその技術であり、天文学は単なる経験知を超えた精密な学問として、四真実中の第二真実に位置づけられる。普寂は、古代インドの論理学である因明《いんみょう》も、外道の学問として第二真実としている[28]。天文学は、伝統的な論理学である因明と同じく、外道の学問の範疇に入れられた。そして、次に天文学の欠陥が述べられる。

然りと雖も彼の学、但だ世智を以て世間麁浅の事相を推究するのみ。世間深細の法性に於いては全く没交渉なり。又その事境の中に於いて只だ人世界の中を頃畝《けいぼ》して、天世界・阿素〔修〕羅世界・龍世界・鬼世界に一質異見・異質異見有ることを知ることあたわず。又彼、世間の実相を見ることあたわざるが故に、彼の道を以て世間を出過することを得ず。譬えば人の深厠坑中に堕して、只だ坑中の濶狭を籌量し出でんと欲するに意無ければ、その濶狭は則ち量り知ることを得べけれども其の坑を出ることは則ち

終に得べからざるが如きなり。（『天文弁惑』、二丁右―左）

しかし天文学は、世間智によって表層的な事象を研究するだけであって、事象の奥底にある真実とは全く没交渉である。また天文学は、ただ人のみの認識の範囲内に限られるもので、天人や阿修羅などの他の生き物には、たとえばその対象についてのみ言ってもまた違った見方があり、違ったものがあることさえ知り得ない。したがってこの学は、世界の真相を見ることができないから、この学問に依って世間から出ることはできない。それはまるで、便所に堕ちた者が坑を量るばかりで出ることは考えないために、坑の広さは測れてもそこから出ることはできないようなものである、という。

ここで普寂は、天文学の欠陥は現実事象の表層のみを対象としていることにある、と言っているのであるが、なぜそれが欠点なのか。普寂のいう理由の一つは、天文学は無前提に人間の理解可能な範疇のみを対象としていることで、人間以外の他者の存在を除外し、自己の認識のみを絶対とする弊に陥る、というものである。つねに人間の尺度にあわせて思考する結果、人間の認識範疇のみにおのずからとどまらざるを得ないことになる。さらには、天文学は世界の事象について事こまかに明らかにはするが、その事象に人がどのように対処すべきかということについては、何も明らかにしないことである。

こうして天文学の長所と短所を述べた後に、普寂は決然と「吾が教」について述べる。仏教は、何のために現実世界を説くのか。

夫れ吾が教は、但だこれ有情衆生をして、二種生死の深圄を出離せしめんが為の一大善巧のみ。なんぞ僕僕爾として、世間虚偽の事相に向かいて、籌量計度することを為んや。……其の分段を出離するの道を声聞法と名け、二死倶に離るるの道を摩訶衍《まかえん》と名く。

（『天文弁惑』、二丁左）

仏教の目的は、小乗教も大乗教も、人間をして生死という便所を脱却させるためのものであり、世間智・人間智をもって世間の事象を量り、それを考えることではない、という。さらに、仏教では現実世界はその大目的に沿ってこそ説かれていることを述べる。

当に知るべし、吾が教中、三界を建立するは、乃ちこれ生死有漏の果報はこれ無常・苦・空・無我・癰《よう》の如く・瘡《そう》の如く・毒の如く・刺の如く厭棄すべきの観境を顕さんが為のみ。

（『天文弁惑』、三丁右）

仏教では人をして生死から脱却せしめるという目的から、世間の事象は厭い棄てるもの・実体のないものとして説かれる、ということである。仏教においては、世間の事象に対する人間の態度は、そこからの出離としてのみ定式化されている、ということになろう。

続けて、現実世界の本質が述べられる。仏教の知る世界の真実とは何か。

所謂る三界の体は唯だ五蘊《ごうん》のみ。中に於て、色法は四塵・四大等、心法は則ち受・想・行・識なり。五蘊を細分すれば則ち七十二法なり。三無為を加うれば、則ち七十五を成ず。蘊等の三科は乃ち法門の基礎なり。これに由て、四諦の楼観を建立し、無我の甘露を受用し、無為城に蘇息す。この教にてよく事畢んぬ。これを除きての外、我・人及び以て天地・山海・日月・歳時・方所等は、唯だこれ随情現業幻の所作、その所有無きこと、猶お虚空華の如し。

（『天文弁惑』、三丁右―左）

曰く、現実事象と私たち自身の心と体は、いわば原子の集合体であって、そこに永遠不変のものはない。世界と自身を解体するこの見方によってこそ、人はあらゆる執着から脱却し、この世から脱出しうる。この教えこそ、現実事象を説明し尽くすものである。世界についてのこれ以外の見方は、人々がその場その時の体験によってたまたま思いついたものにすぎず、幻と同じく本質的に存在しない、と。

普寂の世界観は、世界をいわば原子の集合離散とみるものであり、現世を解体する仏教の正統的な立場である。普寂は、仏教が天文学と関係のないことを何度も繰り返すが、普寂にとっては、確かに天文学は「吾が輩の関係する所に非ず(29)」であったろう。しかし、この書は初学者のための護法書であったから、彼はこの基本的認識を述べた後に、続けて須弥山説を懇切に説明している。

然るに声聞二〔ママ〕摩地の中、蘊曼荼羅有りて印現す。その色に二有り。……外は則ち五輪・九山・八海・地居・空居・六道の器界なり。これはこれ聖者三摩地智内の影像にして、これ偏計妄情所取の天地山海等に於いて安立するに非ざるなり。蓋し聖者、所證曼荼羅に依止して、器界を建立し、以て三界の苦果厭うべく棄つべきを示す。譬えば人の稚児の深圂の中に堕在するを見て、種種善巧して為に出離の方を示して、敢て圂中の広狭等を籌量する意無きが如し。

（『天文弁惑』、三左―四丁右）

須弥山世界は、小乗の聖者の瞑想中に、現実世界についての悟りが映像として顕現したものである。これは聖なる瞑想中の影像であって、凡人の考えた天地世界ではない。聖者はこれを示すことによって、現実世界は棄てるべきものであることを示したのである。須弥山説は、いわば深厠に堕ちた子供を助けようとする手段であって、厠の広い狭いを量る意図はない、とする。

この須弥山世界を「瞑想中の影像である」とする普寂の主張は、彼の悟りに依っている。第二章で見たように、普寂が三十代半ばに瞑想によって三大疑問を解決した時に、「大乗・小乗の一切の経論は、すべて聖人の瞑想に顕れたことであって、凡夫の窺い知るところではない(30)」と知ったという。管見の限り、この認識が須弥山説において論じられるのは、『天文弁惑』に先立つこと六年、普寂六十四歳の時（安永元年・一七七二）に書いた華厳の奥義書、仮名書の『香海一渧』である。曰く、「仏教の中、或は九山八海と説き、或は蓮華蔵世界海と説く、これ瑜伽者、大小三摩地の影相のみ、これ偏計情謂の境界とは、旨趣碩に異る……軍林瓶衣、我法時方数量等、これ世俗諦中の第一世間世俗、これ偏計妄識、愚夫所行の境界にして、仏教の関係する所にあらざるなり(31)」という。これは『天文弁惑』の論旨とまったく同じであり、伝記で「五十歳已後に法を講じ書を製し、教の原旨を弁じ、法の邪正を断ずるは、皆この慧を以て指南と為す(32)」というのは、事実である。

さらに大乗仏教においては、須弥山世界が唯一の世界ではなく、華厳の蓮華蔵世界海をはじめとして、多くの世界像が説かれる。普寂は、無数の世界をどのように説明するか。

声聞法教、世と超異すること、斯くの如し。況んや摩訶衍に於いてをや。舎那の海印三摩地の中、三種世間重重炳現す。その器世界、仏の自証に在ては則ち国土海と名け、摂化の境に在ては則ち世界海と名く。世界海の中に三類刹有り。具さには、華厳章疏の中に明すが如し。奇なるかな、婆沙所説の器世間相は即ちこれ分段生死、業幻の影相なり。大乗所説の三類の刹海、初は乃ち分段業幻の影相、後の二はこれ変易位中業幻の差別なり。麁・細知るべし。かくの如く聖者三摩地の中、法界縁起曼荼羅有りて印現す。この境、あに世智の籌度する所と匹ぶべけんや。所以に聖教所載の異説紛拏の義、一準ならず。これ乃ち各の証する所の三昧に依止して、随順施設す。

（『天文弁惑』、四丁右―左）

小乗教が世間世俗と異なることは、以上のようである。まして大乗仏教においてはいうまでもない。華厳経で仏が教えを説く瞑想の中に、三種類の世界が現れる。小乗教の須弥山説は凡夫が見た影像であるのに対して、大乗仏教の三種類の世界は、最初の一つが凡夫の影像であり、後の二つが仏と菩薩のものである。凡夫から仏に至るまで、さまざまなレベルの聖者の瞑想に、それぞれの聖なる世界が顕現する。経論の諸世界像が相矛盾するのは、各々の悟りに依って説かれているからである、という。普寂は、須弥山世界は小乗教の聖者が見た影像であり、大乗仏教の世界像は仏・菩薩が現したものとした。彼の主張である「仏の瞑想中に世界海が現れる」ということは、華厳経に書かれていることでもある。普寂は、自らの体験と聖教を根拠として、華厳の光り輝く世界海は仏と人の瞑想のうちに現れるものとした。

彼の信じる仏教的価値観の中では、現実世界の事象の説明が、我々の捉える現実に適合するか否か、ということは問題ではない。それでは、我々の捉える俗なる世界は、どのような意味があるのか。普寂は、法相宗の四重二諦（諦は真理の意味）の理論によって、聖と俗という二つの階層を示す。

二諦に各々四種有り。所謂る四種世俗は、一に世間世俗諦〈軍林瓶衣我有情及び天地山河方時等〉、また有名無実諦と名く。二に道理世俗諦〈蘊処界等〉。三に証得世俗諦〈四諦等〉。四に勝義世俗諦〈二無我〉。所謂る四種勝義は、一に世間勝義諦〈蘊処界等〉。二に道理勝義諦〈四諦因果等〉。三に証得勝義諦〈二空真如〉。四に勝義勝義諦〈非安立一真法界〉。初の三勝義、後の三世俗と法体これ一なり。但だ聖智所証の辺に約して名けて勝義と為し、施設法門の辺に約して名けて世俗と為す。仏教門、恒沙に過ぐると雖も、四勝義と及び後の三世俗に依て、施設建立せざる有ることなし。

（『天文弁惑』、五左―六丁右）

この理論では、人の生活を支えている社会の秩序や、われわれの認識に形を与える空間や時間や数量や言葉は、第一世俗諦として最底辺におかれている。そして、その第一世俗諦は第二世俗諦とつながり、第二世俗諦は第一勝義諦と対応し、第三世俗諦は第二勝義諦と対応する、といった世俗と真理の二重らせんの階段を登って、頂点である言葉を超えた真実の第四勝義諦へと至る。それは、われわれの日常生活から、はるかな超越に至る概念のらせん階段であり、世俗と真理とを二重にうつす知のあり方でもある。

普寂は、仏教のあらゆる教えは後半七種の教えである、といい、第一番目の段階である現実の世界と空間についての説明（第一世俗諦）を、完全に仏教から除外する。仏教は、世界をいわば原子の集合離散と見る見方から始まる。それ以前の世界についての説明は――須弥山説であれ、天文学の地球説であれ――すべて階段の最下辺であり、最初に棄てられるべきものである。この結果、現実の事象は次のように意味づけられる。

此れを除きての外、軍・林・瓶・衣・我・有情・天地山海・歳時・方所等は悉くこれ虚偽誑心の法なり。猶お旋火輪嬰児を誑るが如し。此れはこれ第一世俗、有名無実の法にして、此れ吾が教所説の性相に非ざるなり。然るに吾が教中、我・有情・天地山海・日月歳時・方維等を説くは、或いはこれ随他意世界悉檀随情の法門なり。（『天文弁惑』六丁右）

我や天地山海、日月や時間や方位といった現実の事象は、すべて虚偽であり子供だましの存在にすぎない。第一世俗の最初の階段に過ぎず、有名無実の世俗の事柄であって、衆生を導くための手だてにすぎない、という。そして、現実の事象のみを対象とする天文学は、次のように結論される。

夫の天学の如きは極て精巧なりと雖も、諦に於いてこれを摂せば、全くこれ第一世俗・有名無実諦なり。恰も虚空華に向てその形色を争うが如きなり。豈に我と共に議するべけんや。（『天文弁惑』六左―七丁右）

天文学は極めて精巧な技術学問であるけれども、仏教の真理においては、本質的に存在しない有名無実の知識である。仏者が、現実世界について天文学と論争することは、虚空の花の形や色について言い争うようなもので、全く無意味である、と。

普寂の護法論は、世界と自身をいわば原子の集合離散とみる世界観、現世を解体する無我の立場に立っている。その上で、須弥山世界や華厳の世界海は、人と仏の瞑想中に顕現するものと説明する。この見方に基づいた普寂の主張は、その遺著『願生浄土義』(33)の次の言葉によくあらわされていよう。

世間学所知の教は、たゞ人間世道を治むるを旨とし、仏教は二障浄智所行の道、世間を出るを義とす、ゆへに仏教は学人一廻妄識灰滅し、玄樞瞥転して、初て相応の分あるべし、豈生得の世智、この道に入ることを得んや、世智はたゞ出世の道に交渉なきのみならず、また正智を障て生ぜざらしむ、世智弁聡を八難の随一とするはこれに由てなり、幸くは異道の賢哲、世の聡慧を以て、仏教を擬度することなからんことを、

(『願生浄土義』(34)、六〇頁)

世俗の学問や教えは、人間世間を治めるだけのものであり、仏教は、社会を出て悟ることを目的とするものである。したがって、世間の知識がいったん滅してから、はじめて智恵が生まれるのであって、その時世俗の智恵は障害そのものである。どうか異なる道を歩む賢者たちは、世俗の知恵で仏教を考えないでほしい、という。普寂の護法論は、時間と空間という世俗の次元のカテゴリーを、そのまま内面の精神性を説くものにあてはめて非難しても無効であるという警告であり、いわば宗教と科学の峻別を主張するものであった。

普寂は『天文弁惑』の最後に、自らの歩みを回顧して次のようにいう。

予、昔此こに於いて疑氷あり。聞・思にて熏蒸し、数年を経由して漸漸に消釈し、老いに至りて渙然た

り。却て謂う、吾が仏、もし作意して天地・歳時・暦術等を説くは、甚だ応ぜざる所、それ猶お王の宝庫の中に農・商の具有らんが如きか。

（『天文弁惑』七丁右）

私普寂は、昔、この須弥山世界に対して疑問の氷を抱いた。この氷は学問と実践によって温められ、数年の間にゆっくりと消えていき、老年にいたって完全に溶け散った。思うに、天文学や暦法などの諸説は、全く仏にふさわしいものではなく、それはまるで王の宝庫に農・商の道具が紛れ込んでいるようなものである、という。

普寂の護法論は、科学による仏教批判に内在している危険を正確に感知し、それに対して仏教の立場を表明したものといえよう。普寂の抱いた危惧は、『天文弁惑』の最後につぶやくように付け加えられている。

予を以てこれを思うに、天学はこれ澆季靡薄の運に乗じて起こるものか。かの学ますます蕃《しげ》れるときは則ち荏苒《じんぜん》として醇朴の道を澆散す。その卒《おわ》りの者は遂にその小才薄伎を恃みて天地日月を侮弄し、千古の賢聖を慢蔑するに至らんか。もしそれ然らば則ちかの学術、その智を生ずるの利は則ち微少にして、その天を慢るの愆《あやまち》は則ち莫大ならんか。

（『天文弁惑』、十一丁右）

天文学は末世になって起こってきた学問であって、この学問が盛んになればなるほど醇朴さはなくなっていく。この学問の行き着く果ては、自己の小才に凝り固まる知識であり、超越の法外な豊かさに門戸を閉ざして、その小才薄技を恃んで天地日月を侮りもてあそび、千古の賢人をあなどり軽蔑することになろう。もしそうなれば、このような学術によって得る智は精神性にとってはとてもわずかなものであり、これによって天をあなどるあやまちは莫大となろう、という。世俗的な合理性の行き着く果ては、自己の小才に凝り固まる知識であり、超越の法外な豊かさに門戸を閉ざし、対象をつねに自分の尺度にあわせて思考する思考、すべてを無前提に自己と同一化する志向に堕すだろう。この独言は、近代を経た今、天地日月をもてあそんで恥じない私たちを、あらためて撃つ。

四　須弥山説の意味

十八世紀には、社会のさまざまな側面で近代への萌芽が生まれつつあり、知識人の思想においても同様であった。懐徳堂の儒学系知識人たちにとっては、須弥山説は単なる古ぼけた世界像というだけではなく、仏教の反時代性・反社会性の好例として受け止められ、須弥山説批判は、排仏のためには大変有効な方法であった。仲基と蟠桃は、それぞれ理論家と実践家として、懐徳堂知識人の本質を示していよう。同時代を生きる僧侶たちにとって、蟠桃や仲基のような世間の価値観は、世俗倫理と合理性という形をとって、深く日常生活に浸透し、痛切な仕方で問いをなげかけてきたものと思われる。それに対して彼らは、精神が世俗から自立してあることの可能性を探らざるを得なかった。その一人である文雄の分裂は、時代の中での彼らの誠実さといたましさを象徴的に示している。

これに対して普寂は、天文学を精密で有用な学問と位置づけた上で、我々の捉える現実世界は本質的に存在しない、という仏教の基本的認識を提示する。その上で、仏教の諸世界像は聖者瞑想中に現れた影像であるとして、世俗の認識として獲得された天文学と、現実世界について論争することは仏者にとって全く無意味である、と結論した。

普寂の須弥山説護法論は、現実世界を解体する無我論であって、須弥山の実在を争うものではない。護法論と排仏論の双方を等しく近世中期の時代思潮として見た時、普寂と仲基は、須弥山世界を実在のものとは捉えない点で、同じ位相にある。彼らは、須弥山説を瞑想中の幻・影像と理解することで、須弥山説の精神化を果たし、時代から抜きん出た。近世中期、普寂と仲基という聖界と俗界の知識人において、仏教の内なる近代化は誕生しつつあったといえよう。

本章の最後に、普寂の須弥山説護法論がその後どうなったか、わかり得る範囲で示しておきたい。管見の限りでは、排仏論側の著作に、普寂に対する直接の反論を見つけることはできない。同じく仲基の心理説への共鳴も見えないから、恐らく彼らの須弥山論は理解されないまま、忘れ去られたのではないだろうか。仏教内部では「須弥山や天文学は世俗の事柄であって、仏教の正道には関わりない」という意見が折に触れて示されていたことは、つとに指摘されている[35]。これは、確かに仏教内部における沈黙の主流であったと思われるが、普寂の須弥山論の継承として示されるものでは全くない。

近世後期から明治にかけて生きた福田行誡（一八〇九—一八八八）は、普寂と同じく浄土律僧であり、「仏法の枢柱」と謳われた学行兼備の高僧である。廃仏毀釈の時には、諸宗の連合組織を立ち上げて反対し、八十歳で没するまで近代仏教の確立に尽力した。

行誡の須弥山説を見ておこう。行誡は、明治政府の教部省が僧侶に須弥山を説くことを禁止したことに正面から抗議した。行誡は「須弥は説かさるへからす、諦観因果を拡充すれはなり[36]」と、世俗倫理の因果応報が実現する場所として、須弥山の必要性を説く。

十悪の因あるものは必す三途の果を得、十善の因あるものは必す天宮の果を報す。……今や十悪を説て三途をとかす、十善を説て須弥天宮を説かすんは、果して魚を説て水を略し、鳥を説て林を省か如し。因果を闕損するの謂にあらすや。

（『須弥山略説』、『明治仏教思想資料集成』第六巻、一〇四頁）

世俗の悪業を犯した者は、苦しみの場である地獄などに生まれる。善業を行った者は、楽しみの場である天に生まれる。善を行い悪を誡める世俗倫理を説く一方で、その結果の場である須弥山世界を説かないのは、因を説いて果を説かないことになると言い、教説として無責任であることを説く。

さらに、この書の最後には、「我浄土の如きは、一須弥山をもて厭離の捨観境とすと云はさることをえす」と、浄土の教えにおいては、須弥山は穢土として厭離すべき場所である、とする。[37]行誡においては、須弥山はこの世の倫理が完結する場として、浄土に対する穢土として考えられている。行誡は穢土としての須弥山世界が実在することを説いており、普寂の影響は見られない。行誡にさえ普寂の影響がないとすると、普寂の須弥山説護法論は忘れ去られたのではないか、と推測している。

それでは、三大疑問の第二であった大乗非仏説に対しては、普寂はどのようにこたえたか。そこにおいては、釈尊復古を掲げる実践家であり、大乗華厳の学僧であった普寂の面目が現れる。出定如来が生まれる時代、須弥山世界は聖者瞑想中の影像であると悟った僧侶普寂は、何をもって大乗非仏説に応えたか。次章では、普寂の大乗論が、近代の村上専精にどのような影響を及ぼしたか、ということから見ていきたい。

註

（1）源了圓「江戸後期の比較文化論的考察」、源了圓編『江戸後期の比較文化研究』、ぺりかん社、一九九〇年、六―九頁。
（2）辻善之助「江戸時代中期に於ける仏教の復興　其二諸宗の復古　其三高僧の輩出　其四寺院の造営」、『日本仏教史第九巻　近世篇三』、岩波書店、一九五五年、四一七―六四四頁。
（3）伊東多三郎「近世に於ける科学的宇宙観の発達に対する反動について―特に僧侶の運動に就いて―」、『宗教研究』新一―二、一九三四年。
（4）柏原祐泉「近世の排仏思想」「護法思想と庶民教化」、『日本思想大系　近世仏教の思想』、岩波書店、一九七三年。近代については、同上「近代仏教の歴史的形成―須弥山説・大乗非仏説を中心に―」、『日本近世近代仏教史の研究』、平楽寺書店、一九六九年、三六五―三七六頁。
（5）吉田忠「近世における仏教と西洋自然観との出会い」、安丸良夫編『近代化と伝統―近世仏教の変質と転換―』、春秋社、一九八六年。同上「明治の須弥山説論争」、『東洋文化』七五、一九九五年。
（6）岡田正彦「「起源／本質」の探究と普遍主義のディスクール―普門円通『仏国暦象編』を読む―」、『天理大学学報』二〇四、二〇〇三年、五六頁など。
（7）吉田忠「『天経或問』の受容」、『科学史研究』一五六、一九八五年、二二一―二二二頁。
（8）現実等象儀については、吉田忠「明治の須弥山説論争」、『東洋文化』七五、一九九五年、八五―九三頁。佐田介石の思想については、谷川穣「〈奇人〉佐田介石の近代」、『人文学報』八七、二〇〇二年、九四―九五頁。同上「周旋・建白・転宗―佐田介石の政治行動と「近代仏教」―」、『明治維新史研究八　明治維新と文化』、吉川弘文館、二〇〇五年、七三―七四頁。
（9）柏原祐泉前掲論文「護法思想と庶民教化」、『日本思想大系　近世仏教の思想』、五四四頁。
（10）前掲書、五四一―五四二頁。
（11）末中哲夫「懐徳堂学派の人々―大坂実学の主張―」、相良亨・松本三之介・源了圓編『江戸の思想家たち』（下）、研究社出版、一九七九年、九五頁。有坂隆道「山片蟠桃と『夢の代』」、『日本思想大系　富永仲基・山片蟠桃』、岩波書店、一九七三年、六九三―六九四頁。

(12)『承聖篇』のテキストは、国立国会図書館所蔵の宝暦七年（一七五七）版本を用いた。
(13)『承聖篇』第二巻、六三丁左。
(14)前掲書、一六丁左。
(15)前掲書、一六丁左。
(16)『夢の代』、『日本思想大系　富永仲基・山片蟠桃』岩波書店、一九七三年。
(17)前掲書、一四七頁。
(18)前掲書、四五〇頁。
(19)前掲書、四五〇頁。
(20)前掲書、四五一頁。
(21)前掲書、四六二頁。
(22)前掲書、五五七頁。
(23)「夢の代補注」、前掲書『日本思想大系　富永仲基・山片蟠桃』、六四〇頁―六四二頁。
(24)『九山八海解嘲論』のテキストは、東北大学附属図書館狩野文庫所蔵の宝暦四年（一七五四）版本を使用した。
(25)『天文弁惑』のテキストは、東北大学附属図書館狩野文庫所蔵の安永六年（一七七七）版本を使用した。
(26)『天文弁惑』序、一右―三丁右。
(27)『瑜伽師地論』、大正蔵三〇巻、四八六頁中―下。
(28)普寂『成唯識論略疏』大正蔵六八巻、三頁下―四頁上。
(29)『天文弁惑』末尾、十一丁左。
(30)『摘空華』、浄土宗全書一八、二八六頁。本書第二章。
(31)『香海一渧』「第七　無明識章」、『願生浄土義』報恩出版、一九一一年、四三―四四頁、龍谷大学所蔵。
(32)『摘空華』、浄土宗全書一八、二八六頁。
(33)『願生浄土義』、六〇頁。
(34)前掲書、六〇頁。
(35)吉田忠前掲論文「近世における仏教と西洋自然観との出会い」、安丸良夫編『近代化と伝統―近世仏教の変質と転換―』、一二六―一三〇頁。

（36）福田行誡『須弥山略説』（明治十一年、一八七八）、明治仏教思想資料集成編集委員会編『明治仏教思想資料集成』第六巻、一九八二年、一〇七頁。

（37）前掲書『須弥山略説』、『明治仏教思想資料集成』第六巻、一〇七頁。

第五章　教判を生きる
――普寂の大乗仏説論

一　大乗非仏説と華厳思想

大乗非仏説論とは、「大乗仏教は釈迦の説ではない」というものである。日本の仏教は、その当初からいわゆる大乗仏教として輸入され、仏教者たちは大乗教徒であることを誇りとしてきた。その歴史と風土の中で唱えられた大乗非仏説論は、近世においては日本仏教の正統性を否定するのみならず、仏者の存在意義をも否定する意味合いを持ち、仏者の精神的基盤を脅かす大問題となった。

近世から近代にかけての大乗非仏説論争の展開については、先に述べた明治期の村上専精（一八五一―一九二九）が、『大乗仏説論批判』（一九〇三年）によって、詳細に明らかにしている。この書が出版される二年前、明治三十四年（一九〇一年）に村上は、その主張する大乗非仏説論を理由の一つとして、浄土真宗大谷派（東本願寺）から僧籍を離脱させられた。当時の仏教界において、大乗非仏説の問題がいかに大きかったか、その一端が知られよう。そうした状況下にあった村上にとって、この書は、近世仏教の精華を受け継ぐものであると同時に、近代仏教学を拓こうとする彼自身の学問を世に問うものでもあった。

この『大乗仏説論批判』は、今に至るも、普寂の大乗仏説論について正面から論じたほぼ唯一のものであるから、ここで丁寧に紹介しておきたい。まず、大乗非仏説は歴史問題であるとして、村上自らの大乗非仏説の立場が表明される。次に、インドにおける小乗仏教と大乗仏教の歴史的な展開と論争が論じられ、大乗仏説論には歴史学的な根拠がないことが論証される。そして、中国においては大乗非仏説論が問題にならなかったことを論じた後に、近世日本に移る。

その中では、まず最初に、大乗非仏説を主張する非仏教者たち四名の議論を示し、富永仲基の加上説が、考証的な科学的歴史思想として高く評価される。仲基に続くその後の平田篤胤ら三名は、皆、仲基を踏襲した説と位置づけられている。次に仏教者として、普寂をはじめとする六名があげられる。村上がもっとも優れていると評価した普寂説だけを、見ておこう。村上によれば、その大乗仏説論は、独自の「顕密二教」の形を取っている。具体的には、「釈迦は日常的に小乗教を説き（顕教）、優れた者にのみ秘密に大乗教を説いた（密教）」という仏説論である。さらに、釈迦以後、時世が移り変わるにつれて、秘密にされていた大乗教がだんだんと明らかにされていったという普寂説が、仲基の加上説と比較しつつ、詳しく紹介される。

村上は、普寂をはじめとする仏教者三人を、仏教者でありながら大乗非仏説を唱えた人々と位置づける。その理由は、彼らが「大乗仏教は、釈迦が口を開き声を発して、説示したものではなく、釈迦滅後数百年を経て明らかになったものである」としているからである。それと同時に村上は、彼らの考えを「或る点に於て大乗は仏説と云ふべきも、或る点に於ては仏説と云ふべからず(1)」と述べて、彼らを完全な非仏説論者とはしていない。近世の大乗非仏説をめぐる論争において、普寂は「非仏説論者にして而も又仏説論者なり(2)」とし、すべての審判役、相撲の行司になぞらえられる。しかし、普寂がどのような点で非仏説論者であり、また仏説論者であるのかについては述べていない。

この著の最後には「之〔大乗非仏説〕を歴史問題となして、而も教理の意味を包含して解釈せし者は、実に普寂律師その人なりと謂はずんはあるべからず。余も大体に於て寂公〔普寂〕の考へに同意する者なり[3]」として、普寂の主著『顕揚正法復古集』の一節を引用して終わる。村上は、大乗は教理問題としては仏説であるが、歴史的には非仏説である、と述べた。この「教理問題」とは、大乗仏教は歴史的事実を超えた思想であるという村上の信念であって、彼は、その信念がどのような根拠を持つかについては、述べないままである。村上の大乗非仏説論における価値観の二重性については、末木文美士が論じており[4]、大南龍昇も指摘している[5]。

歴史的に見れば、この村上の結論が近世からの論争に一応の終止符を打ち、日本の近代における大乗仏教観の基礎となった。芹川博通は、村上が普寂に共感していたことを述べているが[6]、普寂の大乗論は村上の大乗観において羅針盤の役を果たし、近代日本の大乗観に大きな影響を与えたといえよう。しかし村上は、普寂を自らの水先案内人としたが、その思想自体については特に考察しなかった。それ以後は、第二次大戦後に、先述のように中村元が、普寂らの大乗論に言及した。中村は、普寂の大乗仏説論の側面に着目することにより、近代の先駆けである仲基に対する前近代の論者として、普寂を捉えている。

では、村上専精を導き、中村元が富永仲基に対置した普寂の思想の全体像とは、一体どのようなものだったのか。本章では、普寂の華厳思想から、その大乗論を考察し、その思想全体を明らかにする。近世において、大乗非仏説論が持った宗教的意義を明らかにしたい。

まず伝統的な華厳学では、普寂はどのように評価されてきたかを見ておこう。すでに見たように、華厳学において、普寂は異端者として位置づけられる。この評価は、普寂没後、近世後期の華厳学から提出されて、近代仏教学に引き継がれたものと思われる。たとえば、大正時代の亀谷聖馨が、普寂を異端とすることは、近世後期の三業惑乱《さんごうわくらん》（浄土真宗本願寺派の教理をめぐる紛争。一七六三年から一八〇六年まで続き、騒動は学僧トップから門徒大衆まで広がった）にも関わった浄土真宗の僧侶、南紀の芳英らの普寂批評を拠り所としている。(7)なお石井公成は、亀谷聖馨が井上哲治郎の知友であり、天照大神を華厳経と同一視する近代保守派の思想家であったことを明らかにしている。(8)亀谷の国家主義的な華厳思想は、昭和十年代以後に軍国主義化を進めた仏教界の、理論的な基盤となったという。

ここでは近代以後の主な研究について見ておきたい。大正四年（一九一五）に、湯次了榮の『華厳大系』によって、普寂の華厳思想の特色が明らかにされた。(9)如来蔵心を基本とする普寂は、完全な華厳の教え（華厳円教）は、高位の菩薩（八地以上）のみに可能な教えであり、凡夫にはまず、華厳同教である小乗・三乗という卑近な教えを勧める。

異端とされる普寂の同教説とは、独立した華厳同教という教えは存在せず、その実体は小乗教をはじめとする前四教（小乗教・大乗始教・大乗終教・頓教）であることにある。(10)湯次は、普寂が実践を重んじるあまりに、低位から高位へと順々に修行を進めていくこと（行布門）のみを主張して、低い修行位においても究極の悟りが完成されている真理（円融門）を理解できなかった、と批判する。(11)さらに普寂が、華厳学で考えるすべての教え（五教）を、修行の段階（菩薩の十地）に順番にあてはめることや、(12)凡夫が仏を見ることは不可能とする普寂の仏身論(13)などが、明らかになった。

結論として湯次は、律僧である普寂は実践行を重んじるあまりに、華厳円教を凡夫には手の届かない教えにした、とする。これが、現在まで普寂の華厳思想についての基本理解となっている。昭和十七年（一九四二）、高峯了州が湯次の見解を踏襲する形で、普寂の同教理解と、五教を修行の階位にあてはめることについて述べた。(14)

戦後になってからは、普寂の華厳思想そのものについて論じた研究は、数少ない。鎌田茂雄が、湯次の見解を踏襲して、普寂が菩薩の行位に配して各教を分けたことを論じている。(15) これら諸先学の研究によって、普寂の華厳思想は、如来蔵を重視する実践家のものであり、宗学の枠組みから外れることが明らかになった。それでは、普寂自身にとって、華厳の思想は、どういう意味を持っていたのだろうか。

普寂は二十八歳で捨世後、最初に得た悟りの直後に、華厳経を得て自らの思想とした。三十五歳頃、三大疑問の解決時には、仏教の真髄についての覚え書きを書いた。ほぼ三十年後、六十三歳の春に弟子の請いに応じて、その覚え書きをまとめた『香海一渧』の一書を著している。

この題名は、意味深長である。「香海」は、華厳経に説かれる香水海として間違いはないだろう。次の「一渧」であるが、普寂は他の著作で『香海一渧』に言及する際に、必ず「一渧」とすることからも、これは恐らく、華厳経の以下の部分を基にしている。菩薩の十段階の修行道を説く章（十地品）の冒頭、金剛蔵という名前の菩薩が、菩薩の最初の段階を説き始めようとする。まさにその時、金剛蔵菩薩は、周りの大衆に次のように告げる。

仏神力無量にして、今皆我が身に在り。我が説く所は、大海の一渧の如し。

（六十巻『華厳経』、大正蔵九、五四四頁下）[16]

仏の無量の神力が、今すべて私の体に宿っている。これから私の説くことは、大海の一滴である、という。この「大海一渧」が、『香海一渧』の典拠と思われる。『香海一渧』という題名には、華厳の香水海の一滴という直喩のみならず、金剛蔵菩薩のように華厳の奥義を説くという暗喩が込められており、普寂の自負を示していよう。

『香海一渧』の序には、「この悟りの心相は、教を離れて起こったものであるにも関わらず、顕密諸教の内容と一致している。但しこれは思惟によって生まれた智慧にすぎず、修行による智慧や仏の智慧に比べれば、大海の一渧である。このようなわずかな悟りに執着して、止まっていられようか[17]」とある。普寂の自信と意気込みがあらわれる。

普寂がその生涯において、著作の執筆を始めたのは江戸に来たほぼ五十七歳以後からであるが、気力、体力ともにもっとも充実していたと思われる最初の時期に、華厳の講義と著作に取り組んでいる。まずは『華厳五教章』の講義を行い、『華厳五教章衍秘鈔』五巻（以下『衍秘鈔』）をまとめた。次に『倶舎論』の講義と著作をはさんで、五十九歳には『華厳経探玄記』を講義し、『探玄記発揮鈔』十巻（含分科一巻、以下『発揮鈔』）を著した。自伝では、この二つの華厳著作のみが、刻木開始年・出版年が加えられた上で、増上寺宝庫へ納入されたことが書かれており、彼にとって重要な著作であったことが知られる。

六十三歳の明和六年（一七六九）には、先述の『香海一渧』に加え、短い二書『華厳玄玄章』と、『華厳玄玄海篙測』（以下『篙測』）を著した。没年の七十五歳に行った最後の講義では、『華厳経探玄記』の性起品までを終えている。華厳思想は、彼の生涯を通じて、確かにその学問の中核であった。

一方の実践面では、普寂は、いわゆる原始仏教僧団の生活を理想とした思想家であり、釈尊復古を掲げて、戒律をはじめとする小乗行を実行した。一般に、華厳思想は高踏的な大乗思想とされており、小乗仏教とはおよそほど遠い思想であると考えられていよう。釈尊正法の復古を掲げて、生涯にわたって小乗行を実践した普寂が、なぜ高踏的とされる華厳大乗を必要としたのか。近代仏教学の羅針盤となった彼の大乗仏説論と、その華厳思想はどのように関わっているのだろうか。

以下、普寂の抱いた大乗仏説への疑問を確認し、彼の考える釈迦仏による大乗密伝の様相を明らかにする。次に、普寂の華厳思想から小乗教実践を支える理論を明らかにし、近世において大乗非仏説論が持った宗教的意義を考察したい。なお普寂は、「小乗」という語は蔑称であるから用いてはならないとして、「声聞乗《しょうもんじょう》」の語を使うが、本書では歴史的な大乗非仏説論を論じる立場から、煩を避けて「小乗」という語を用いた。

二　大乗密伝の様相

三十代前半で、普寂が抱いた三大疑問の第二番目が「大小両乗の弁[18]」、大乗仏説論への疑問であった。具体的には、どのような疑問であったのか。『香海一渧』に書かれたその内容を見てみよう。

寂昔時、三大疑を懐く。その一に謂く、仏在世及び滅後結集過五百歳、弘化たゞ三蔵のみ。未だ顕了に大乗法を説くを見ず。大衆部の中、密かに大乗を伝ふるに似たりと雖も、事蹟明かならず。馬鳴・龍樹等の大士に至つて、盛に大乗を弘め、方等経典、是に於て公然たり。小乗の師あり、或は信ぜず、即ち言ふ、「大乗は仏説に非らす」と。荘厳論等に出るが如し。大乗もし究竟の極説ならば、則ち仏在正法の間、何んぞ公然として弘めざらんや。

（『香海一渧』、『願生浄土義』、三二頁）

私普寂は、昔、三大疑問を抱いた。その一つは、次のようなことである。釈迦仏在世の間、さらに仏滅直後に仏説をまとめた会議以後の五百年の間に、弘められた教えは、ただ小乗教だけである。釈迦滅後の一派である大衆部には、大乗仏教が密かに伝えられたかのようであるが、実際の痕跡は明らかではない。仏滅五百年後の馬鳴・龍樹等の大士に至って、盛んに大乗仏教が弘められて、大乗経典が知れ渡ったのである。その時の小乗師には大乗仏教を信じない者がいて、「大乗仏教は釈迦仏の説ではない」と『荘厳経論』に書いてある。それでは、もし大乗教が最高の教えであるならば、釈迦仏は生きている間になぜ公然と弘めなかったのか。

普寂はこの疑問を、直接的には数年後の瞑想によって解決したが、学問的な回答を提出するには、須弥山説の解決と同じく、それ以後ほぼ生涯のすべてを必要とした。七十三歳の折りの著作『顕揚正法復古集』（以下『復古集』）に、普寂の大乗仏説論がまとまった形で示されている。彼は、これを最後の著作にしようとしていたことからも、『復古集』は名実共にその独自の思想を示す主著といえよう。

まず冒頭に、正しい教え、正法教とは何か、という定義が述べられる。

凡そ如来所説の八万法蘊は、悉くこれ真如所流の法曼荼羅にして称性の智印なり。よく三法印・一実相印に符契するものをこれ正法教と名く。三法印とは、謂く諸行無常印・諸法無我印・涅槃寂静印なり。阿含等の三蔵はこの三印を以て邪正を験知す。……一実相印は乃ち第一義諦、方等大乗はこれを以て印と為す。

（『復古集』、新日仏全二九、一七五頁上―中）

如来の説いた八万の教えすべてが、真理にかなう智慧である。小乗教の基準と、大乗教の基準にかなう教えすべてが正法教なのである、という。ここで普寂は、大小乗教すべてが正しい教えである、と宣言する。次に、正法教とは何か、という問いが出される。

謂う所の正法教とはこれ何の修多羅にして、仏云何が宣説し、諸祖云何が伝持せるや。

（『復古集』、新日仏全二九、一七五頁中）

その正法教とは、どのような経典に説かれたものであり、仏がどのように説き、諸祖師がどのように伝えてきたのか。これに対する答えとして、『復古集』全篇が構成されている訳だが、まず最初に仏について説明される。仏とは、釈迦仏だけではない。

謂く、諸仏如来に三種身有り。何等をか三と為すや。謂く、法身・報身・応化身なり。……〔法身と報身の自受用身については〕かくの如き身土も亦、唯だ仏と仏とのみ乃ちよくこれを知る。……他受用身とは、或いは三界の頂に在り。或いは界外の浄土に居し、或いは蓮華蔵世界に在りて、已に大地に入る菩薩の為に、一乗円満法輪を転ず。

（『復古集』、新日仏全二九、一七五頁中—下）

仏には、大きく分けると三種の仏身がある。まず空間や身体という形式を超えている仏とその国土については、諸仏のみが理解しうる領域である。次の段階の仏、大菩薩だけが見ることのできる仏は、この世界の頂点に、あるいは世界の外にある浄土に、あるいは蓮華蔵世界に居て、大菩薩たちに一乗円教を説いている、という。

これらの仏たちは、仏のみ、あるいは大菩薩にしか分からない領域にいる。では、私たちに関わりうる仏とは、何者か。

応化身には大約して二有り。或いは清浄刹に現じ、或いは雑染土に現ず。その浄刹に現るる所の仏は、則ち顕かには摩訶衍三乗を説き、密かには一乗法輪を転ず。その染界に現るる所の仏は、則ち顕かには声聞縁覚乗を説き、密かには摩訶衍三乗及び一乗秘密法輪を転ず。

（『復古集』、新日仏全二九、一七五頁下）

さらにその次には、清浄な国土に現れる仏と、穢れた国に現れる仏がいる。清浄な国の仏は、表立っては大乗三乗教を説き、密かに大乗一乗を説く。穢れた国の仏は、顕らかに小乗教である声聞乗を説き、密かに大乗教を説く、という。この最低の穢れた国、我々の世界に現れた仏が、釈迦仏である。

我が釈迦文仏……閻浮提の伽維衛に降生し……摩竭陀国菩提樹下に於て等正覚を成ず。或いは顕に或いは密に、正法輪を転じて群生を導利す。謂う所の顕示法輪とは、蘊・処・界に依りて、四諦因果・無我人道を顕示す。……これ乃ち閻浮重障の衆生、凡を革め聖を成ずる初の甘露なり。

（『復古集』、新日仏全二九、一七五頁下）

我が釈迦仏は、この世界に生まれ来たって、悟りを開き仏となった。その後、或いは顕らかに或いは密かに、正しい教えを説いて生き物を導いた。明らかな教えとは、四諦無我を説く小乗の教えである。これが、この世界の重い煩悩を背負う衆生を、凡から聖へと導く最初の教え、人々にとっての甘露である、という。

一方、釈迦仏が密かに説いた大乗教は、次のように説明される。

謂う所の秘密法輪とは、如来、最寂静大涅槃界に安住し、海印定中に称性の法曼荼羅を炳現す。……遍く一乗の教義を敷く。……これを大方広仏華厳経と名く。これを根本法輪と為す。〔以下、般若・法華などについて述べる〕……当に知るべし、四諦法輪を顕了転と為し、摩訶衍教を秘密転と為す。……上の如き化儀は乃ち雑染世界摂化の恒範にして、三世如来の仏仏道を同じうす。

（『復古集』、新日仏全二九、一七五下―一七六頁上）

秘密の教えとは、如来の瞑想である海印三昧中に現れたものである。これによって、あまねく一乗の教えを説いたのが華厳経であり、根本の教えである。四諦の小乗教が顕了説であり、大乗教が秘密説であると知らねばならない。この顕了説と秘密説という方法は、穢れた世界の衆生を導く軌範であって、過去・現在・未来の仏に共通するものである、とする。そして、この世の釈迦仏が大乗教を公然と説かなかった理由は、次のように述べられる。

> 問う。何に由てか雑染世界に於いて、唯だ四諦法輪のみを宣説し、顕了に大乗法教を説かざるや。答えて曰く。閻浮提の衆生、根鈍にして障重し。蘊相を執取して、深く五欲に著し邪見の稠林に入る。大乗深経を稟くるに堪えず。……縦い正解正見を得ること有りといえども、学ぶ所階を踰《こ》ゆるを以て、多くは乃ち似て非なる者を傚得す。……所以に如来……恒に四諦人空法輪を転じ……五陰の心垢を浄治し已りて後に甚深三摩地に入り、密かに大乗大空如来蔵の秘密法輪を転ず。……これ閻浮の一化、漸入秘蔵の妙術なり。
>
> （『復古集』、新日仏全二九、一七六頁上—中）

なぜ穢れた世界では、四諦法輪（小乗教）のみが説かれて、公然と大乗教が説かれなかったのか。答えて言うには、なぜならば、鈍い素質を持つこの世の衆生は、重い煩悩を背負って、物事の外見に執着し、深い欲望を生じ、誤った見方に囚われている。彼らは、大乗の深い教えを説く経には堪えられないからである。もし正しい教えを持つことがあったとしても、学習の正しい段階を飛び越えてしまうから、正しい教えとは似て非なるものになってしまう。だからこそ釈迦如来は、常に四諦人空の小乗教を説いて、欲望を清浄にぬぐい去って後に初めて深い瞑想に入り、密かに大乗如来蔵の教えを説いた。これこそがこの世界での釈迦仏一代の教化であり、大乗秘蔵の教えに段階的に入っていく素晴らしい方法である、という。

ここまでで、普寂の基本的な考えは明らかにされている。まず時間と空間という形式を越えた領域、仏たちにしか理解できない真理がある。その次に、大菩薩だけが理解しうる領域があり、その場所はこの世の外の浄土であったり、光り輝く世界海である。そこで説かれるのは大乗一乗教――普寂は、華厳経の真の教え（華厳円教）は、別教一乗のみとする[19]――である。次に、ようやく我々にも感得できる仏があらわれて、清浄な国で大乗三乗教を説き、大菩薩の為の教え（大乗一乗）は秘密にされる。さらにその下、不浄な国である私たちの世界では、大乗教はいかなる形でも明らかにはされない。ここでは執着と欲望を取り除くことが、まず何よりも必要とされるから、そのための方法である小乗教が説かれるのである。

この考えは、華厳の教相判釈を基にしているが、そのことは次節で論じる。ここでは、先行研究が照準を合わせてきた、大乗非仏説に関する直接的な箇所、「釈迦以後、大乗仏教がどのように説かれ、伝えられてきたか」という問題について、普寂の説を明らかにする。

普寂は、以上の諸仏と諸教の段階を述べた後に、最下の仏であるこの世の釈迦仏に焦点を絞って、その在世時から説明していく。曰く、釈迦仏在世の折には、大乗を秘密に説くと同時に、顕らかには、戒律・瞑想・智慧という三学が行われた。まず戒律によって瞑想が生じ、瞑想によって智慧が生じ、智慧によって清浄な心が顕現する。「則ち浄心顕現す。無量の三昧・神通は是の処より起こり、摩訶衍の秘蔵は是の処より現れ、四十二賢聖は是の処より立つ[20]」として、その清浄心から、限りない神通力と瞑想、大乗教が現れ、菩薩の修行道が現れたという。釈迦在世時の記述において、普寂が強調するのは、三学こそが重要であるということである。

普寂のいう大乗密伝とは、具体的にはどういうことか。『復古集』で最後に論じられる南山律宗には、次のような記述がある。

顧うに、それ如来の在世には、三法蔵を以て三学処を詮ず。断断乎として多岐無し。但だ不思議解脱に住する大菩薩と及び広慧の大阿羅漢、天龍八部等、三摩地に住して、大乗秘密を預り聴くもの有るのみ。凡愚の測知する所に非ず。

（『復古集』、新日仏全二九、二〇三頁中）

考えるに、釈迦如来の在世には、小乗三蔵による三学のみが説かれ、それ以外のことは全くなかった。ただ不可思議な悟りを得た大菩薩、大阿羅漢、天龍八部などは、瞑想の中で大乗の秘密をあずかり聴いただけである。これは凡夫愚人の推測しうるところではない、という。大乗教は、瞑想の中で大菩薩らのみに秘密に伝えられたとする普寂の考えは、三大疑問解決時の瞑想体験に依っていよう。

そして釈迦仏が滅して七日の後に、大弟子が仏説を伝えるために、会議を招集する。仏典結集である。

如来の滅後七日、尊者大迦葉、千大阿羅漢を集会して、摩竭陀国の七葉巌に於いて三蔵を結集す。……これを上座部と名く。その時、界外に数万の大衆有り。凡・聖、聚会して五法蔵を結集す。謂く、三蔵及び雑蔵と禁呪蔵なり。これを大衆部と名く。窟内と窟外に二部を分かつと雖も、法乳一味にして復た異諍無し。これを前番二部と名く。

（『復古集』、新日仏全二九、一七六頁中）

釈迦仏が亡くなってから七日後に、尊者・大迦葉が大弟子たちを集めて、インドのマガダ国の洞窟内で、小乗教である三蔵をまとめた。この一派を上座部と名付ける。この時同時に、洞窟の外、界外には凡夫と聖者数万人が集まり、三蔵とそれ以外の教えをまとめた。この一派を大衆部と名付ける。洞窟の内と外の二派があったとはいえ、互いに争うことはなかった、という。ここで普寂が、大衆部の集会の場所を「界外」というのは、単に洞窟外というだけではなく、この世界の外、「三界の外」という意味を重ねている。

次に普寂は、これら上座部と大衆部の両方に、大乗教が密かに伝えられたという。しかし、大乗密伝の文証があるとされる大衆部でさえ、その文証は「後の大衆部」（後番大衆部）についてのものであって、釈迦滅直後の「前の大衆部」（前番大衆部）に関わるものではない。普寂はここで、大乗教を伝える大衆部を釈迦滅直後に遡らせて、「界外」に前番大衆部をつくっている。現在の通説としては、仏滅百余年後、原始教団が根本分裂によって、大衆部と上座部に分かれたとされており、釈迦滅直後の大衆部、普寂のいう「前番大衆部」は、ありえない[21]。普寂のいう「後番大衆部」が、通説における根本分裂以後の大衆部にあたる。

寂、窃かに謂らく。前番二部全く異無きに非ず。上坐部は乃ち迦文の嫡嗣なり。五師相承して専ら三蔵を弘め、余蔵を伝えず。大乗方等、緊く秘して伝えず。大衆部これ傍派にして而も五蔵を伝持し、雑蔵の中に菩薩法を出す。……真諦三蔵云く、『後番大衆部中に、華厳・般若・金光明・維摩・勝鬘・涅槃等の大乗経を伝うる者有り。衆中にこの経を信ずる者有り、この経を信ぜざる者有り』と云々。……この説に由てこれを推するに、乃ち知ぬ、前番大衆部に、已に密かに大乗を伝うるも、これ密伝に由ることを。後人、乃ち信ずる者と信ぜざる者有り。

（『復古集』新日仏全二九、一七六頁下）

私普寂が密かに思うに、釈迦仏の直系である上座部は、五師が相承し、ただ三蔵小乗だけを弘め、大乗教は固く秘して伝えなかったが、傍派である大衆部が伝えた教えの中に、菩薩法があったのだ、と。というのも、真諦三蔵が「後の大衆部に、華厳などの大乗経を伝える者がいた。大衆部の中には、大乗経を信じる者も居たし、信じない者もいた」という。この説から推測するに、前の大衆部にも、すでに密かに大乗教が伝えられていたのだということが、自ずから分かる。だから、後の人で大乗教を信じる者と信じない者がいたのである、という。華厳学者である普寂は、玄奘訳ではなく真諦訳に依る。ここであげられる真諦三蔵の典拠は、普寂の注釈書『成唯識論略疏』における大乗仏説論の七因の第二因（大小乗本倶行）の箇所において、明確にされており、真諦三蔵の『部執疏』である。[22]

しかし傍系である大衆部への大乗密伝があったとしても、釈迦仏直系である上座部に、大乗教が伝えられていなければ、大乗は仏説とは言い難いだろう。それが、次の問いである。

問う。前番上座の五聖伝持は、只だ三法蔵のみにして、断乎として他無し。何に由てか彼〔上座部〕にも亦た秘蘊有りと知るや。（『復古集』、新日仏全二九、一七六頁下）

上座部最初の五人が伝える教えは、ただ小乗三蔵のみであった。決して他のものはない。なぜ上座部にも、密伝された大乗教があると知られるのか、という。

『復古集』の答えには、上座部の五師において、教えがどのように伝えられたかを述べる文章が示される。具体的には、第四師の商那和修《しょうなわしゅ》が、第五師の優婆毱多《うばきくた》に対して、教えを相承することについて語る部分である。同じ箇所が『香海一渧』では、上座部への大乗密伝の文証として、より普寂の意図に即してまとめられているので、『香海一渧』から引いておく。結局のところ、教えはどのように伝えられるのか、あるいは伝えられないのか。

付法蔵経に説く、「商那和修、龍奮迅定に入る。優婆掬多、その定相を知らず。更に五百の三昧、その名字を問ふに、都て了知せず。商那和修、一々為めに説く、乃至掬多当さに知るべし、如来の三昧は、諸の辟支仏、その名を知らず。縁覚の三昧は、一切の声聞、能く解了することなし。大目犍連・舎利弗所入の三昧は、その余の羅漢、測度すること能わず。吾が師阿難の三昧定相は、我れ悉く知らず。今我が三昧は、汝また知らず。かくの如きの三昧は、我れ涅槃の後、みな我れに随って滅す。七万七千の本生諸経満足し、一万の阿毘曇、八万数の清浄毘尼あり。かくの如きの法、また我れに随って滅す」、云々。

（『香海一渧』、『願生浄土義』、三三頁）

『付法蔵経』には、次のように説かれている。「釈迦以後の第四師（商那和修）が、龍奮迅定という瞑想に入り、第五師（優婆毱多）にその瞑想の名前をたずねたが、第五師は名前を知らなかった。第四師はさらに五百の瞑想を示して、第五師にそれぞれの名前を尋ねたが、第五師はすべて知らなかった。第四師が、その一々を説明して言うことには、『毱多よ、次のことを知らねばならない。師を持たずに悟る聖者は、仏の瞑想の名前も知らない。その聖者の瞑想は、仏の弟子たちには理解できない。さらに仏の大弟子の瞑想は、それ以外の弟子達には推測することもできない。私自身、我が師の瞑想をすべては知らない。今、私の瞑想を、あなたは知らない。私が亡くなった後には、これらの瞑想は皆、私と共に滅する。七万七千の経も、一万の論も、八万の律も、皆私と共に滅する』」という。

この話は、優婆毱多の師である商那和修が、優婆毱多の五百人の弟子たちの驕慢を諌めるために、彼らの師である優婆毱多も、その師・商那和修の全ての教えは知らないことを示した、というものである。[23]先の世代が得た悟りの中で、次世代に伝えられるものは、ごくごくわずかに過ぎない。むしろ、その世代と共に失われたものの方が、はるかに大きい。我々の経験の本質がそうであるように。

これを以て之を証するに、諸聖の内証に無量の三昧智慧、無量の秘密法蔵有り。凡の測る所に非ざるなり。然らば則ち、当今の人間に受持の三蔵及び大乗は、乃ち諸の大羅漢、付法蔵の諸聖の心中に証する所の法蘊の百千万分の一のみ。秘蘊察すべし。（『復古集』、新日仏全二九、一七七頁上）

この文章によって、大乗密伝のことを証明すれば、諸聖人の悟りには限りない瞑想の智慧と教えがあったのである。それらは、凡人の測りうる領域ではない。現在の人間に伝えられてきた小乗教と大乗教は、釈迦仏の直弟子と、釈迦仏以後の諸師が悟ったことの百千万分の一にすぎない。このことから大乗が密伝されたことを察せよ、という。これは、大乗教が伝えられなかった証拠はないということであり、上座部密伝は凡人の推測を超える、ということになろう。

ここまでのところで、普寂のいう大乗仏教の伝授の様相を確認しておく。まず釈迦仏は、大乗教を大菩薩たちのみに瞑想の中で秘密に伝えた。釈迦仏の滅後には、傍系の大衆部に大乗教の一部が伝えられている。

この大衆部とは、普寂の創造した前番大衆部であり、界外に集会した者たちである。釈迦仏直系の上座部では、「かくの如きの法、また我れに随って滅す」と、伝えられなかったことの方がはるかに大きいことから、だからこそ一層、大乗が密伝されなかった証拠はないという。

これは、実際には大乗非仏説の証明ではないだろうか。釈迦仏の密伝は、私たちの理解を超える瞑想の領域でなされ、前番大衆部のつくられた存在のありようは、聞く者の不安をかき立てる。上座部の伝承に至っては、もはや教説の伝え難さを証明するものであり、むしろ伝えられなかった暗喩のようにさえ思われる。大乗は、我々に見える場所、聞こえる声では、一度も説かれていない。それにもかかわらず、なぜ普寂は、大乗は仏説であると主張するのだろう。大乗は、なぜ彼にとって仏説たりうるか。次に、彼の華厳思想を見ていこう。

三　教判を生きる

まず普寂は、華厳経をどのようなものと考えているのか。『発揮鈔』の冒頭には、現在流布している華厳経を説明して、次のように言う。

然らば如来在世には、大菩薩と及び応生大人有りて、三昧総持力にて、よくこの経を受持す。滅後の四五百年、付法蔵諸聖並んで皆三摩地中にて心々に密付して、未だ曾てこれを言詮に落とさず。人間に未だ伝えざるは、蓋しそれ、これに由るのみ。後に龍樹大士有りて、竜宮に神遊して、親しく三本の華厳を覧じ、下本を将して、出でて閻浮に弘伝す。

（『発揮鈔』巻一、新日仏全六、一三七頁上）

如来在世時には、大菩薩らが瞑想によって華厳経を受け保った。釈迦仏滅後の四、五百年の間、仏教を相承した聖人は皆、瞑想の中で心から心へとこの経を密かに伝え、言葉には表さなかった。彼らは心によって華厳経を伝えたから、人の間に弘まらなかったのである。後に龍樹大士が竜宮に行き、下本の華厳経を持ち帰ってこの世界に弘め伝えた、という。『衍秘鈔』にも同趣旨のことが述べられる。(24)

華厳経は、仏在世時と、仏滅後五百年の正法の間は、言葉で表現されたものではなかったとされる。本来、瞑想中で密伝される経とは、どういう性質の教えなのか。

謂う所の別教一乗は、乃ち舎那秘蔵の無尽法界にして帝網修多羅なれば、曠きこと虚空のごとし。唯だ不思議乗に乗る普賢眼の大菩薩のみ正に被る所にして、一切衆生の手を入れず。何を以ての故に。一切衆生、惑障自ら隔たり、直ちにこの教を受くることあたわず。

（『発揮鈔』巻一、新日仏全六、一四二頁中）

華厳別教一乗は、盧舎那仏の限りない高妙な教えであって、虚空のように広大である。この教えに与ることのできる者は、普賢菩薩のような大菩薩だけであって、どんな生物も与り得ない。なぜならば、彼らの煩悩が自ずと作用して、この教えを直接受けることを阻むからである、という。最初に見たように、華厳の真の教え（別教一乗）は、界外の浄土や蓮華蔵世界にいる仏によって、大菩薩のためだけに説かれるものとされる。その教えは、この世の私たちからどれほど遠いものなのか。

娑婆世界の具縛の凡夫は、これ見聞位の分斉なれば、十身説法を信得するのみにして、なんぞ十身盧舎那を見ることを得んや。円の信満位已去、普賢境界に証入し、十身仏を見る。この位、即ち通相の八地上に当たる。豈にこれ容易ならんや。

（『衍秘鈔』巻一、大正蔵七三、六三二頁上）

この世の凡夫は、教えを見て聞くだけの分際に止まるのであって、真の仏を見ることはできず、ただ信じることしかできない。はるか高位の菩薩（八地）に至って、初めて真の仏の姿を見ることができるのである、とする。普寂は、信満成仏を円教の八地以上とする。あるいは、最終的な成仏時を信満位とする場合もあり、いずれにせよ、成仏は凡夫から遠いものである。それでは、凡人がその段階に至るまでには、どれほどの修行と時間が必要なのか。

それ菩薩道の発心已去、十信所修の善法集成位に、初住道起る。初住已去、三賢位中に一大阿僧祇劫の善法を積聚す。その功、満ずる位に、初地道起る。更に初地より七地に至るまで一大阿僧祇劫の善法を積聚す。その功、満ずる位に、第八地無功用道起る。

（『篙測』、新日仏全三六、三九〇頁下）

菩薩地前に、縁修六度の難行をよく行じ、一大阿僧祇劫を歴て、地に入り如を証す。無漏の妙慧に依止し、真修六度、更に一大阿僧祇劫を経已ぬ。二大阿僧祇劫を経歴して……まさによく任運無功用の地を証得して、この地に至る。

（『発揮鈔』巻八、新日仏全六、二七〇頁上）

菩薩は発心してから、努力して六種の難行を実践し、善い行為を蓄積するのに、一大阿僧祇劫というほぼ永遠の時間がかかる。それによって菩薩の初地に入り、清浄な悟りを得てから、自ずと六種の難行ができるようになり、さらに一大阿僧祇劫をかけて善法を蓄積する。その二大阿僧祇劫をへて、ようやくその段階に至ることができるのだ、という。

これは、華厳の真の教えには、凡夫は永遠に行き着けないというに等しい。普寂によれば、蓮華蔵世界で説かれている真の教えに至るまでには、永遠の時間と無限の修行が必要である。光り輝く世界海は、凡人には固く閉ざされており、想像もできないほどの彼方の高みにあって、実際に行き着くことは不可能である。それは、普賢菩薩らのみに許される世界なのである。

それでは、普寂の考えでは、凡人がはるかな華厳の教えに与る道はありえないのだろうか。その道、つまり華厳の教えを下位にまで伝える方法が、彼のいう同教一乗である。

且つ一切小乗・三乗等、即ち華厳同教にして、これ乃ち凡夫・二乗と及び七地已前の菩薩をして、漸次に成熟して、華厳法界に趣入せしむるの妙法甘露なり。まさに知るべし、小乗・三乗等は機感に就きて判ずれば、則ちこれ小・始・終・頓にして、普賢所知に約すれば、則ちこれ同教一乗なり。この故に、同教一乗に義有て教無し。何を以ての故に。小・始・終・頓の外に、別の同教一乗の教無きが故に。

（『衍秘鈔』巻一、大正蔵七三、六二六頁下）

小乗などのすべての教えは、華厳の同教であって、凡夫らをだんだんと華厳法界に導くすばらしい方法である。これらの教えは、各人にとっては、それぞれ別個の教えに見えるが、普賢菩薩から見れば、同じく華厳の同教一乗である。だから「同教一乗」には、各人を華厳法界に導くという意義のみがあって、固有の教えというものはない。なぜならば、小乗・始教などのそれぞれの教え以外に、独立した同教一乗はないからである、という。小乗教をはじめとする各教は、その実行者を華厳法界へと導く教え、華厳同教とされる。

謂う所の方便乗とは、乃ち七地已還の菩薩、及び一切有情の受くる所にして、この中に一乗・二乗・三乗・五乗、乃至無量乗有り。教に約せば、則ち名けて小・始・終・頓と為す。かくの如き乗・教並びに皆一乗の流るる所、目する所にして、方便に摂す。故に智回向すれば則ち悉くこれ一乗なり。故に同教一乗と名く。（『篙測』、新日仏全三六、三八九頁上）

真実に導くための手だてとは、七地以前の菩薩をはじめとして、すべての生物が受け得るものであり、そこにはあらゆる教えが含まれる。これらは華厳一乗から生まれたものであり、最終的な智慧から見れば、皆一乗である。だから、これらをすべて同教一乗と名付ける、とする。

普寂に従えば、すべての教えは華厳同教として、華厳の教えであり、華厳の実践行となる。彼のいう同教とは、最下位の小乗教を修する凡夫の世界から、普賢菩薩のみに許される蓮華蔵世界海までの道を、まっすぐに開く理論である。

七地已還の菩薩乃至二乗・凡夫をして漸次に華厳法界に趣入せしむる同教一乗は、これ乃ち遮那・普賢の大願力・大悲力より流出の甘露なるが故に、一法として華厳一乗に非ざるもの有ること無し。亦た一法として普賢大智願海に帰入せざるもの有ること無し。（『発揮鈔』巻九、新日仏全六、二八二頁下）

すべての者を華厳法界に導く同教一乗は、仏菩薩の大慈悲から流出した甘露である。だから、すべては華厳一乗の教えであり、すべての教えは普賢菩薩の大願の海に帰っていくのである、と。

ここまでに見た、普寂の考える、華厳の真の教えとその伝達方法（別教一乗と同教一乗）について、整理しておこう。まず、華厳経は本来、凡夫の言葉では説かれ得ない教えである。その真の内容である別教一乗は、蓮華蔵世界海で大菩薩のために説かれており、凡夫には永遠に行き着けない領域にある。しかしその別教一乗を、下位の衆生までに伝えるために、それぞれの段階に応じて説かれた様々な教えがあり、それらが世俗倫理や小乗教から始まる諸教なのである。それらすべての教えは、華厳の同教一乗と位置づけられる。

光り輝く世界海から流出した教えは、無数の段階を経て最下位の凡夫まで、すみずみまでを潤しつつ、最末端まで浸透していく。それは「譬えば、大海の地中に潜入すれば、乃ち井池江河と成る」ように。そして、最末端の水溜りで孤立しているように見える水も、「終の流れも大海に帰して同一の塩味なる」ように、いずれ大海に帰っていく。「法もまた是くの如し(25)」。光の流出と還帰の壮大な流れと運動が、いわゆる華厳大海なのだろう。

しかし、すべての教えが華厳の大海であるならば、その中で人はどのような針路に従い、航路を取ればよいのだろうか。まず何を実行し、修行すればよいのだろう。普寂によれば、その海図こそが華厳の教相判釈、祖師が説いた五つに序列化された教え、華厳の五教判である。

寂曰く。妙なるかな、三祖の教眼。……同別一乗・五教を建立して、如来秘蔵を宣演す。秘蔵は乃ち如来蔵心なり。……初め人空智明を開きて煩悩を破し分段の殻を脱せしむ。これを小乗と名く。法空智明、二障麁分を照破して、菩薩三賢道を成就せしむるをこれを始教と名く。二空智満つれば、則ち二障の麁分頓に尽きて、如来蔵心出現す。これを十地と名く。然らば初地より七地に至るまで、なお煩悩習気及び智障の細分有るがごとし。地光未だ明了無礙あたわざれば、この分斉に於いて終教を建立す。第七地の無相行の究竟に八地に入らんとして、煩悩心行永に現前せざる位に、大白法界に入る。……言語道断、この分斉に由て、頓教を建立す。これを過ぎて已後、心性円現し、仏境界に入りて、円融無礙、色心自在、この分斉に拠て円教を建立す。（『衍秘鈔』巻三、大正蔵七三、六六〇頁中）

華厳の三祖師の教えは素晴らしい。同教一乗と別教一乗、五教という方法によって、如来の秘蔵の教えを説き弘めるからである。如来秘蔵の教えとは、清浄な本性、如来蔵心のことである。まず人無我によって、生死輪廻から解放されるのを、小乗教と名付ける。次に法無我によって、粗い煩悩を破るのを、始教とする。この二つの智慧を修して、一大阿僧祇劫をへるうちに、ついに清浄心（如来蔵心）が出現し、菩薩の十地に入る。初地より第七地までは、細かい煩悩が残っているから、終教とする。さらに一大阿僧祇劫を歴て第八地に入る時に、煩悩心が現れなくなる状態を頓教とする。これより後は、仏の境界に入るから円教とする、という。

普寂のいう如来秘蔵の教え、大乗教とは、生物の清浄な本性・如来蔵心のことである。彼は、如来蔵心を珠《たま》に譬える。「譬えば、一顆の明珠を三重に封裹《ふうか》するに(26)」、珠はまず絹に包まれ、木箱に入れられ、鉄函に収められる。自己の深奥に封印された清浄な本性、包み隠された魂の封印を徐々に解いていく順序と方法、鉄函から木箱、木箱から絹と開いて珠を現す方法が、華厳の五教判である。

寂曰く。教法の権実、これ無くんばあるべからず。然らば経旨は地前・地上に於いて、以て権・実を判ず。始権・終実は、即ち地前・地上の道なり。実の中に於いて、終・頓・円を分かつ。これも亦た地中の浅深なり。横に五教の学人有ること無きに非ずと雖も、竪に五教を歴て以て五濁を治し、実相法界に進入する者、これ迦文一化の顕了門なり。（『衍秘鈔』二、大正蔵七三、六四四頁上）

さまざまな教えの価値付けは、絶対に必要である。華厳経では、始教を菩薩の初地前の仮の教え、終教を初地以後の真実の教えとする。それ以後も、浅い境地から深い境地に対応して、終教・頓教・円教と分けている。五教を学ぶ人々が横に同時にいるにしても、五教を下から上へと経て、法界へと竪（縦）に進んでいく者が、釈迦仏一代の明らかな教えに沿っているのである、という。普寂のいう、教の竪・横の意味を、確認しておこう。

今且《まさ》に教の横・竪を弁ぜん。教に於ける竪とは、謂く、如来、閻浮重障の衆生をして、人無我を証し……四真諦を説き、三学処を制す、これを三蔵教と名く。人空智の極めて清浄となれば則ち自ら法空智に入る。……然らば則ち、四教は即ち如来蔵心、出障顕現の階漸なり。

（『復古集』、新日仏全二九、一八六頁上）

教における竪と横について、説明しよう。如来がこの世の煩悩を背負った衆生に、人無我を悟らせる為に、小乗教を説いた。小乗教によって、清浄な人空智を得れば、自然と次の段階である法空智の境地に入る。つまり四教は、煩悩の汚れから如来蔵心が顕れて行く段階なのである、という。ここは天台の箇所であるため、天台の蔵・通・別・円の四教であるが、縦（竪）に実践していく順序であることに変わりはない。

普寂にとっての教判は、自らの実践によって、如来蔵心の珠を現していく修行の道程を表すもの、各段階で限りない時間をかけながら、一段一段登っていくべき階段を意味するものである。それは、現世から光り輝く世界海に帰る道であり、そこからさらに一大阿僧祇劫をへて、ついに成仏するまでの道である。これは、永遠の時間をかけて無限の修行を行う航海であり、企図するだけでも気が遠くなるような気宇壮大な旅である。華厳の五教判は、はるかな旅路の果てに、神的故郷に帰り着く魂の上昇と救済の過程であって、生を超えて歩むべき修行の道程、大海を航海していく海図を彼に与えるものであった。だから正しい道程を歩むのであれば、まずはこの世にふさわしい最初の段階、小乗教を行わねばならない。

然ば本格なれば、まづ人空を証し、次に法空を悟りてのち、如来、蔵教にいるべきなり。然るに末世は、人機怯堕にて、進みがたきゆへに、二空所顕の真理なる登地已上の境界なる終・頓・円などを弘めて、衆生の機を引きたつるなり。他方の浄土などには、直に終・頓・円の機あるなり。閻浮提は、五濁増時なるゆへに、本格なれば人空からいるべき也。それゆへ仏在世正法五百歳にいたるまでは、四阿含の教、四諦無我の理のみ、をしえ玉へるとみえたり。……大乗を表てに出さず。大乗は、聖聖密伝し玉へるとみえたり。

（『諸教要義略弁』、新日仏全二九、二〇九頁中―下）

本格的に修行するのであれば、まず人空を悟り、次に法空を悟ってから、如来蔵教に入るべきである。しかし末世の人々は、臆病で怠惰なために、それが実行できないから、本来は人空・法空を悟った者の高度な教え（終教・頓教・円教）を弘めて、人々を励ますのである。他方浄土などには、それら高度な教えを最初から実行できる者もいるが、この世界の衆生は重い煩悩を背負っているから、もっとも下の段階から修さなくてはならない。だからこそ、釈尊在世時から正法が説かれた五百年間は、人空の教えが説かれていたのである。如来蔵教である大乗教は、表立っては説かれず、密伝されていたのだ、という。

この世の我々は肉体も精神も劣り、深い迷いと執着の中に生きている。そうした人々には、まず我執を除くこと、人無我を目指す小乗教の修行が必要なのである。さればこそ釈迦仏の説いた教えは、小乗教であった。

だから普寂は、生涯にわたって釈尊正法の復古を説き続け、戒律と瞑想に始まる小乗教を実践した。それは、大乗教を否定したのでは無論なく、次の生で確実に大乗教を実行するために、必要不可欠の段階だからである。

三蔵教法を以て三学を詮し、乃ち学人をして、戒・定・慧を修せしめ、聖道現前して、無為界に入り、無累解脱心中に於て、漸く甚深の上上法に転進す。これを三蔵実義と為す。所以に仏在世正法の初、出家の弟子、同じく律検に依り……四念処を観じ、悟を以て則と為す。悟心現前すれば、則ち百千三昧の無量法門、悉くこの処より出づ。仏を学ぶこと、よく畢れり。（『復古集』、新日仏全二九、一七七頁下）

小乗教によって、戒律・瞑想・智慧を実行して悟りを重ねることで、より深くより高い教えに、段々と転じ進んで行くこと、これこそが小乗教の真の意図である。だから釈迦仏在世時と滅後すぐの間は、律と瞑想を行い、悟りを規則とした。悟った心から限りない教えが現れ、これで仏道を学ぶことは終わるのである、と。小乗教は、より精神的な、より深い領域へと進入していくための基礎である。

中国で発達した教相判釈は、相矛盾するさまざまな教えを、釈迦仏の教えとして統合する理論であり、小乗教と大乗教を融合する理論であった。日本近世の普寂にとって、教相判釈は概念的な理論ではない。それは、現在からはるかな未来にわたって、自らが生きて実行するべき修行の道程、魂が何生もかけて上昇していく階梯である。小乗教と大乗教は、仏説か非仏説かという基準によって分裂する概念ではなく、生を越えて自ら歩むべき道として、この一身に融合される。今生で小乗教を実行することこそが、後生で大乗教を実行することを確実に保証する。教判を生きること、現実には小乗教を実行することによって、この穢土で凡夫には説かれなかった大乗教は、他方浄土で明らかな仏説となる。それが、普寂の大乗非仏説への答えである。

普寂は、その仏教史の記述において、慎重に言葉を選び細心の注意を払って、大乗教がこの世の凡夫にとって非仏説であること——釈迦仏が直接に述べた説ではないこと——を論じている。それは、近世に誕生していた合理的精神の現れであり、仲基と共通する近代の先駆けとしての心性といえよう。明治期の村上専精が、普寂を自らの先達としたのは、その点で無理からぬことと思われる。

しかし普寂にとって、大乗非仏説の本質的意義は、それが大乗仏説を自らに証明する契機となったことにある。若年時に抱いた大乗仏説への疑問は、華厳思想とその実践によって応えられた。普寂は、華厳の同別一乗と五教判の教理を理論的基盤として、教判を実践することにより、自らの内部においては、大乗非仏説を大乗仏説へと転換させた。彼の生涯にわたる釈尊復古の実践行は、単に古代インドの原始仏教に回帰するというだけではなく、中国において発展した大乗教の完成を、生を超えて目指すものでもある。

思想史的にいえば、仲基に代表される合理的思惟方法は、教判を生きる普寂の宗教性を生むことになった。近世仏教における両者のダイナミックな連関は、思想史深部の水脈として近代仏教へと流れ込み、仏教が近代的変容を遂げるにあたって、仏教者たちを支える精神的基盤の一つになった。

四　普寂の宗教性

その一人が、冒頭に見た村上専精である。普寂から約百五十年後の村上専精は、彼自身が言うように、その大乗論の根幹を普寂に依っている。たとえば「大乗その者は、要するに常識已上のものなり。常識已上の者は即ち結集〔仏典結集〕已上のものなり。人類の間だに口以て之を結集し、文以て之を記録すべき性質のものにあらさるや必せり[27]」と、大乗仏教は仏典結集という歴史的事実を超えたものであり、人間が言葉によって説いたり、書き記せるものではないとする。あるいは、仏身論を用いて「大乗は法身・報身の説であり、応身の説ではない[28]」と、大乗は真理である仏の説であり、歴史的釈迦の説ではない、と普寂説の一部を用いている。

しかし村上は、「なぜ大乗が歴史を超えた真理でありうるのか」という理由については、「教理問題」というだけで、その教理が何であるかについては述べなかった。普寂においては、それは教判の理論とその実践であったわけだが、村上は意識的にせよ無意識にせよ、『大乗仏説論批判』では、教相判釈について全く言及しない。その理由については、近代仏教固有の問題として、また別の研究が必要だろう。ここでは、日本近代以後の大乗仏教観が、教相判釈を思想的基盤の一つとしていることを示しておきたい。

ともあれ、近世中期の普寂においては、教相判釈は、生を超えて彼の修行を支える壮大な理論となった。その理論を基盤として、普寂が行った実践行とは、現実にはどのようなものだったか。普寂は、近世戒律における中心の一人であった。次章では、近世における戒律運動を見ていきたい。まずは近世から近代にかけて、律僧たちの間で大きな問題となった絹衣論争を考察して、律僧としての普寂の特徴と姿勢を明らかにする。

註

（1）村上専精『大乗仏説論批判』、光融館、一九〇三年、一四六頁。
（2）同上『大乗仏説論批判』、一四六頁。

（3）同上『大乗仏説論批判』、二四六頁。
（4）末木文美士『明治思想家論　近代日本の思想・再考Ⅰ』、トランスビュー、二〇〇四年、九九、一〇五—一〇九頁。
（5）大南龍昇「大乗仏説論の根拠」、大正大学「仏教近代化の諸相」研究会編『仏教近代化の諸相』、大正大学学術研究助成委員会、一九九九年、二七三—二七五頁。
（6）芹川博通『近代化の仏教思想』、大東出版社、一九八九年、二九—三〇頁。
（7）龜谷聖馨・河野法雲『華厳発達史』、名教学会、一九一三年、四五五—四六八頁。
（8）石井公成「大東亜共栄圏に至る華厳哲学—龜谷聖馨の『華厳経』宣揚—」、『思想』九四三、岩波書店、二〇〇二年、一三六—一四五頁以下。
（9）湯次了榮『華厳大系』国書刊行会、初版一九一五、復刻一九七五年。
（10）前掲書、三四六—三四八頁。
（11）前掲書、五三三—五三七頁。
（12）前掲書、三八五—三八七頁。
（13）前掲書、六〇八—六〇九頁。
（14）高峯了州『華厳思想史』、百華苑、初版一九四二年、復刻版一九七六年、四六四—四七一頁。
（15）鎌田茂雄「日本華厳における信満成仏の解釈」、『松ヶ岡文庫研究年報』四、一九九〇年、五二—五三頁。
（16）六十華厳、巻二十三「十地品第二十二之一」。
（17）「予窃かに謂く、此の所発の心相は是れ教を離れて起るも能く顕・密の教と符順す。蓋し是れ思所成慧のみ。これを修証智に望めば、則ち恰も大海の一滴の如し。豈に此の蕞爾慧、なんぞ保執するに足らんや」。『願生浄土義』、報恩出版、一九一一年、二頁。
（18）『摘空華』、浄土宗全書一八、二八五頁。
（19）「教は即ち五教なり。……その円教の如きは、至相・賢首ならんで円通自在・主判無尽等を以てこれを判釈す。唯だ別教一乗のみを称して円教と為す」。『衍秘鈔』巻一、大正蔵七三、六二四頁下。
（20）『復古集』、新日仏全二九、一七六頁中。
（21）平川彰『インド仏教史』上巻、春秋社、一九七四年、一一一—一一三頁。
（22）『成唯識論略疏』本文は、「真諦三蔵の部執疏言く、『大衆部、央掘多羅国に住し、王舎城の地に在り。この部、華厳・涅槃・勝鬘・維摩・金光明経等を弘む』と云々。〔大乗教と小乗教が〕本より倶行することを知るべし。」（『成唯識論略疏』、大正蔵六八巻、四八頁上）。『部執疏』は、玄奘訳『異部宗輪論』の異訳である真諦訳『部執異論疏』に対する真諦自身の注釈であるが、『部執疏』原文は散逸しており、この出典は、澄禅の『三論玄義検幽集』（大正蔵七〇巻、四五九頁中）にある。

(23)『付法蔵因縁伝』、大正蔵五〇巻、三〇四頁中―下。

(24)『衍秘鈔』、大正蔵七三巻、六二六頁上。

(25)『発揮鈔』巻九、新日仏全六、二八二頁下。

(26)『復古集』、新日仏全二九、二〇〇―二〇一頁。

(27)村上専精前掲書『大乗仏説論批判』、二一二頁。

(28)前掲書、二三四頁。

第六章　蚕の声――律僧の禁絹論

一　近世戒律運動と禁絹論

近世仏教堕落論の影響が根強く残る従来の近世思想史において、当時の仏教思想には歴史的な現実と相対する緊張感はなく、凝固した訓詁学に終始したという印象が行き渡っているといってよいだろう。さらには、近世仏教の宗教性は民衆の間にこそ生きていたのであって、知識人である学僧に高度の宗教性は期待できない、という通念があるのではないだろうか。

これらの通念に対し、この章以下では戒律思想を通して、近世における仏教思想が知識人の思想として生きており、刻々と変化していたことを実証する。戒律に関わる学僧たちが、時代状況に応じていかに宗教性を追求し、それぞれの時代に応じた方法で、どのように遁世解脱を実現していったかを明らかにしたい。併せて、近世の戒律思想において普寂が律僧としてどのような性格を持ち、どういった位置にあったかを示していこう。

近世最初期の慶長七年（一六〇二）に、真言宗の明忍《みょうにん》が行った自誓受戒を先駆けとして、近世から近代の仏教界には、戒律を復興しようとする僧侶たちが常に存在した。恐らく、それ以前の戦国時代の混乱の中では、一部の例外を除いて、戒律は忘れ去られていたものと推測される。真言律から始まった近世の戒律復興は、近世中期には各宗派に拡がり、近代明治期に入ってからも、慈雲の系譜を引き継いだ十善戒運動まで続いた。近世から近代にわたる戒律思想は、この時期の日本思想史における倫理の源泉の一つとしても、重要な要素と思われる。

本末制度による宗門体制が確立した時代において、すでに各宗派に所属していた者たちが、個人の意志で体制を離脱し、あえて戒律の実行を選択するにあたっては、相当の覚悟が必要だった。たとえば普寂にしても、捨世を思い立ってから生寺を出るまでには、四年間の悩み考える時間が必要だった。なぜ彼らは、新たに戒律を必要としたのか。彼ら一人一人にとって、戒律を実践することは、どのような意味をもっていたのか。それに伴って、いかなる葛藤があったのか。さらに律僧は、社会的にどのような存在と目されていたのか。

従来の研究では、辻善之助や柏原祐泉らは、近世戒律運動は既成僧侶の堕落と頽廃への反発からなされたとしており、近世仏者の良心の現れとする。[1]また近代の観点からは、同じく柏原祐泉や池田英俊が、慈雲の十善戒運動を代表とする近世戒律を、近代仏教の母胎となった自律的な覚醒運動であると評価している。[2]これらの理解は近世仏教堕落論を前提として、律僧らと教団を刷新と堕落の二元論にあてはめるものである。戒律運動は、一部の良心的仏教者の個人的な行為として受け止められ、社会の中でどのような意味を持ったのかについては、ほとんど問われてこなかったといってよい。これは確かに分かりやすい図式であるが、第九章で見るように、近世を通じて律僧と教団の関係は時代に応じて変化しており、単純な対立図式だけでは捉えられない。さらに近世の戒律思想には、第七章で見るように堕落した形態も無論のこと存在しており、律僧の思想と立場に応じて多種多様に展開している。戒律思想はもちろん、近世仏教の研究全般において堕落か刷新かという二元論を離れて、近世から近代にかけての歴史的過程を明らかにしていく必要がある。本章では、以上の問題意識に立って、近世律僧が実践した一戒律である絹衣の禁止、絹を着ることの禁止を対象として、律僧の思想とその社会的な意味を問い、近世戒律の生きた姿を明らかにする。

日本仏教における戒律運動については、松尾剛次や蓑輪顕量らによって、叡尊らをはじめとする中世南都系の戒律研究が進んでおり、近世研究においても学ぶべきものと思われる。また近世戒律に関わる歴史学的な研究としては、先述の長谷川匡俊の研究がある。本論に入る前に、これらの研究成果を踏まえて、基礎的な事柄について説明しておきたい。

まずは、中世にも近世にも、教団ないし宗団に所属する多数派の僧侶たちが存在する。彼らの中から、何らかの個人的な理由で、体制を離脱する僧侶があらわれる。その体制離脱者の中でも、律僧とは、新たに小乗戒二百五十戒を受けた僧侶を指す。母集団である多数派にくらべて、律僧の数は非常に少ない。

中世仏教研究において、松尾剛次は、多数派の僧侶たちを「官僧」とし、体制離脱した僧侶らを「遁世僧」として、官僧・遁世僧モデルを提示した。[3]「官僧」とは、元来は古代律令体制下の国家僧を指す言葉であるが、松尾の定義によれば、「国家的祭祀権を有する天皇から鎮護国家を祈る資格を認められた僧侶集団」であり、具体的には中世顕密寺院の僧侶とされる。[4]この定義は、古代の律令体制が崩壊した鎌倉時代に、「官僧」という用語を使用できるかどうかについて、議論をよぶことになった。[5]

一方、近世の絶対的な将軍権力が確立された江戸時代において[6]、仏教僧侶は寺檀制度によって、体制の根幹を支える行政機能を持っていた。近世史料における「官僧」とは、教団の一員として一般寺院に住む僧侶を指す。例として、浄土宗の増上寺大僧正であった大玄の文章を見てみよう。

今時天下に僧徒多しと云へども、律僧官僧の二類を不出。一に律僧とは、律院に在留して、律儀を学ぶ僧を律僧と名く。二に官僧とは、律院の外の僧を総じて官僧と名く。……一に律僧の戒とは、梵網戒の外に、四分の戒を受くるが故に、鼠衣を著し、不過中食を持ち、衣鉢を護り、水瓶を離さず。是れ律僧の戒なり。二に官僧の戒と云は、官僧は世間俗事に交る故に、世間に障る戒を除て、障らざる戒を受くるが故に、鼠衣を著するにも非ず。香衣・紫衣等をも著し、不過中食を除て随意食なり。衣鉢を護らず、水瓶をも持せず、飲酒をも除き、其外世間に障る戒を除く。是の故に梵網戒を受けて、四分戒を受けず。是れ即ち官僧の戒なり。

（『円戒啓蒙』、浄土宗全書一二、二三二頁）

ここで大玄は、官僧とは律院の外の僧侶であるというのだが、ともあれ近世においても、「官僧」と「律僧」という認識があったことが分かる。近世戒律に関わる制度的な研究が進んでいないため、「官僧」の厳密な定義は現時点では難しいが、当時の認識に即して、教団の一般僧侶を「官僧」とよぶことは、さほど不自然なことではないと考える。

中世においては、教団から離脱した僧侶は「遁世僧」とされ、大隅和雄は、中世の遁世僧について二重出家という概念を与えている[7]。近世における僧侶の体制離脱の実態についてはいまだ不明な点が多いが、近世では「遁世」よりも、「捨世」という用語が多く使われる。第二章で見たように、大島泰信が、浄土教団から離脱した僧侶を「捨世僧」として以来[8]、現在までその言葉が踏襲されてきた[9]。本論でも史料に則して、「捨世僧」の言葉を用いたい。

大乗戒と小乗戒という用語については、これに代わる菩薩戒や声聞戒などの語は煩雑であり、各史料によって内実が異なる。本論では煩を避けて、できるかぎり大乗戒と小乗戒という語に統一するようにした。

近世戒律の思想的変容については、上田霊城が真言律を軸としながら、各宗派に踏み込んで詳細に概観している[10]。徳田明本も、近世戒律の系図などを挙げている[11]。それらによれば、慶長七年（一六〇二）の明忍を先駆けとして、小乗戒を実行する律僧たちが出現し、戒律復興の主張は各宗派に広がった。一六八〇年から一七四〇年頃までの約六十年間が、最盛期であり、享保期（一七一六―一七三五）には、律宗寺院が七千カ寺あったという[12]。一七〇〇年代半ばから、小乗戒を優先させる律僧に対して危機感を募らせた各教団によって、祖師戒観を建前とする大乗戒への復帰が始まった。以後、明治期までさまざまな宗派と立場による戒律論争が、律僧・官僧を問わず繰り広げられるが、近世中期以降の戒律は各宗派に授戒権が帰属し、宗派化が進んでいった。明治になってからも福田行誡などが活躍するが、慈雲を引き継ぐ釈雲照による十善戒運動を残照として、退潮していった。この推移をまとめれば、一六〇〇年代の戒律復興期、一六〇〇年代後半から一七〇〇年代前半の全盛期、一七〇〇年代後半から一九〇〇年頃までの維持および衰退期の三期に分類できようか。

本章で論じる戒律における絹衣の禁止については、川口高風が、江戸時代から中国唐代の道宣にまで遡って、詳細に研究している[13]。禁絹論は、もともと南山律宗祖師・道宣（五九六―六六七）が、主張したことである。道宣は、絹を織る過程で避けられない蚕の殺生を禁じて、大乗の慈悲の立場を主張した。道宣は肉食についても、四分律で許される肉食は方便権教（仮の教え）であって、大乗では涅槃経・楞伽経に基づいて絶対禁止であるとして、四分律を大乗の立場から理解する。[14] しかし、禁絹論が経論に対する道宣の著しい曲解であることは、早く中国・唐代の義浄によって指摘されている。[15] とはいえ義浄の指摘は南山系の反論にあって[16]、義浄は中国律宗の主流の系統として認められなかった。[17] 日本でも、すでに中世において栄西と道元によって、禁絹論は厳しく批判された。[18]

川口は以上のことを明らかにした上で、近世戒律における衣の問題について、袈裟復古運動として論じた。近世全体にわたる袈裟研究書の一覧と年表を作成し、近世を通じて仏教界内部で袈裟・衣の問題が盛んに論じられ、それぞれの立場から自由に議論されていたことを明らかにした。[19] そこにおいては、次章で明らかにするように、近世には絹衣禁止に批判的な学僧も多かった。

しかし、以下に述べるように、近世社会においては律僧の絹衣禁止が公認され、律僧は社会的な地位を得ていた。絹衣禁止が、本来は道宣の誤りであること、それにも関わらず社会的に公認されたという事実は、幕藩体制下の仏教界の性格を示すものであり、仏教内部と世俗社会における思想の幾重ものねじれ現象をあらわすものだった。本章ではまず、近世社会において僧侶の衣がいかなる意味を持っていたか、ということから考察していきたい。

僧侶の衣に関する一般的な意見は、たとえば、年代は不明であるが水戸藩侯への建言とされる、次の排仏論の史料にうかがえる。

僧徒之衣服甚奢侈に相成、綾羅錦繡不断身にまとひ申候、是戒律に相背き候事と相見申候。真之法服は麻木綿之類に限り候由仏書之表明白に御座候。　（高野昌碩『富強六略』、日本経済叢書巻一七、二五四頁）

僧侶の衣服が奢侈に流れて、綾錦の絹織物を常に身にまとっているが、これは戒律に背くことである。正しい法服が、麻・木綿のみに限られていることは、仏書にはっきりと定められている、という。また近世後期に書かれた『経済問答秘録』には次のようにある。

達磨大師の伝る所の袈裟も、屈眴《クッシュン》と云て大細布なり。倹法を建る良制の国は大夫といへども、皆綿布なり。然るに体を労せず、人に食を乞ふ身にして、仏戒の綾羅綿繡を服し、又法衣は兎も有れ、下着も絹布を常とするは、甚だ以て不義也。　（正司考祺『経済問答秘録』巻二〇、日本経済大典三四巻、五九五―五九六頁）

身分の高い人であっても綿を着るのに、僧侶は労働しない身でありながら、仏戒に背く綾錦の絹織物を着ることや、法衣は絹でなくとも、絹の下着を常に着るのは正しくない、という。これらは仏教批判であるからより厳しい意見にしても、当時の一般社会には、正しい僧侶の着る物は粗末な麻・木綿であって、絹、ことに綾錦などの贅沢な絹織物を身につけるべきではない、という見方があったと思われる。

そもそも僧侶の姿形は、本来仏の教えを体現するものであり、仏法の象徴の一つであった。古代においては、高取正男が言うように、円頂黒衣の僧侶の姿そのものが普遍の存在である三世の諸仏に仕えることの表明であり、仏教の説く普遍的世界を象徴していた[20]。また中世では、僧侶の黒衣がこの世の秩序から逃れる遁世身分の象徴であったことが、林譲によって論じられている[21]。

では近世において捨世した僧侶が、律僧となって黒衣をまとい、絹の衣を着ないことに、どういう意味があったのか。近世律僧の絹衣禁止は、いかなる象徴であったのか。以下、近世社会における僧侶の衣の意義を明らかにした上で、律僧における絹衣禁止の思想について見ていきたい。

二　黒衣禁絹

寛文五年（一六六五）の諸宗寺院法度に付された下知状には、まず最初に「一、僧侶の衣躰、その分際に応じてこれを着すべし[22]」という文言がある。ここで示されているように、僧侶の衣は寺院の格・僧侶の階級といった各々の分際に応じて、定められるものだった。渡辺浩は、近世の政治体制において、儀礼が権威の象徴として機能していたことを示し、身分制によって成り立つ近世社会においては、いかなる些事も特権と序列化の具たりうることを論じた[23]。まして武家とは違って、支配手段として剝きだしの暴力を介在させない寺院社会においては、儀礼と格式はことさらに重要な意味を持つ。その中で、僧侶の衣の厳格な規定は、本末制度を確定し日々強化していく方法の一つとして、寺院社会内部の秩序に重大な役割を果たすものであった[24]。

僧侶の衣の象徴性は、たとえば、幕府が沢庵らへの紫衣勅許を取り消して、朝廷に対する幕府権力の優越を明らかにした紫衣事件に、端的に現れていよう。この事件を待つまでもなく、紫衣は幕藩体制下における僧侶の衣の性格をよく示している。近世初頭の元和元年（一六一五）に、幕府から出された寺院法度における紫衣の規定を、いくつか見ておこう。

一、紫衣の諸寺家の住持、隠居致し候時、紫衣を脱すべきのこと。（「浄土宗法度」）

一、紫衣に於ては、殊なる規模のこと、勅許無き僧侶、みだりに着用すべからざるのこと。（「真言宗諸法度」）

一、南禅寺は深紫衣、天龍寺は浅紫衣、その外京都鎌倉の五山は黄衣、十刹諸山の出世・入院・開堂儀式等、先規を相守らるべきのこと。（「五山十刹諸山法度」）

一、紫衣に至る者、當寺・惣持寺の當の住仁為る者、奏聞を経て、勅許の時、着用あるべし。両寺の外一切着用すべからず、退院に於いては、紫衣を脱すべきのこと。……右、近年法度相乱れ、往々に紫衣着用の僧巷街に満つ。仏制に違し、人の嘲りを受け、法道陵夷これより甚だしきこと無し。且つは仏法紹隆、且つは宗門繁栄の為に相い定め畢ぬ。もし違背の僧徒これ有るに於いては、配流に処せらるべき者なり。（「永平寺諸法度」、「総持寺諸法度」も同意[25]）

浄土宗では、紫衣を許された寺の住職でも、隠居の際はこれを脱がなければならないことが定められている。臨済宗では寺格によって、紫衣の中にさらに深紫と浅紫という段階が設けられている。曹洞宗では、紫衣は永平寺と惣持寺の現住職のみに許され、浄土宗と同じく住職を退いた後の紫衣は禁止されている。さらに、無断で紫衣を着用した僧侶は、仏法と宗門に背く者として、配流されることが定められていた。近世における僧侶の衣は、まず何よりも、世俗権力によって定められるものであった。

この幕府の規定は、仏教界の政治的頂点にある者が着る紫衣についてだが、この政策に呼応する宗門内部の秩序において、衣はどのように定められたのだろうか。時代は下って、享和元年（一八〇一）に各宗派から寺社奉行所に提出された、僧侶の階級・衣服についての規定、「諸宗階級」を見てみよう。これは近世後期に出されたものであるから、諸宗内部の階級制度について、より一層完成されたものとして見ることができるだろう。ここでは一例として、曹洞宗における衣の規定をあげておく。

まず曹洞宗において寺院に入る出家剃髪の日には、「当日はこれまで着用の紋附、或いは染模様の俗服を脱し、無地無紋の木綿清浄衣を着させ」[26]て、得度作法を行う。これ以後、出家として身につける衣は、昇進していく段階によって次のように定められた。かなり煩雑なものなので、衣の部分のみを抜き出して示しておきたい。

一、曹洞宗衣躰の事
但し階級によりて、地合着用の差別これ有り、左の通り。
一、沙弥並びに偏参の僧、袈裟衣の次第
衣は紺色・黒色、或は蠟引布・麻細美の類着用仕り、但し袖衫附け候儀は相ならず候。袈裟は、九条・七条、右同様の布・麻、紺・黒色にて着用仕り……。
一、江湖頭相い勤め候長老、袈裟衣の次第
衣は黒・紺色にて、紗綟子絹紬縮緬の類にて、袖は色衫附を着用仕り候。袈裟は九条・七条・五条、共に絹紗縮緬綸子純子の類、黒・紺色にて着用仕り候。……

一、御綸旨頂戴転衣の和尚、袈裟衣次第

衣は紫衣を除き、何色にても色衣着用仕り候。袈裟衣は、廿五条・九条・七条・五条、錦金襴金紗その外諸品の色袈裟着用仕り候。……

一、惣持寺は輪番地にて、末派の内より壱年一回宛て交代仕る。尤も現住は紫衣着用仕り候。

一、永平寺へは……尤も紫衣着用の寺格に御座候。両本山の外、紫衣着用の儀、一宗に於ては相成らざる儀に御座候。

（「曹洞宗出家成立最初与永平寺江転昇迄之次第」[27]）

一番格下の沙弥の衣・袈裟は、黒・紺色の麻・蠟引布である。次には、同じく黒・紺色であるものの絹の着用が許され、さらにその上は紫衣を除く色衣と金襴・錦が許される。本山の一つである惣持寺は、一年交代の住持が紫衣を許され、最高格の永平寺住職の紫衣に至る。元和元年（一六一五）の曹洞宗への法度には、巷間に紫衣を着る僧侶がいるとあったが、約二百年後の享和元年（一八〇一）には、もはやそのようなことは夢にも考えられない。昇進する階級に応じて、詳細に定められた衣の色と布地によって、曹洞宗僧侶は厳密に差別化されていくわけだが、むろん他宗においても同様である。

たとえば浄土真宗の高田派では、僧侶の階級に八段階が設けられ、さらにそれぞれの階級での年次をあわせて、五条袈裟だけで十六種類に分けられている。[28]また同じく浄土真宗の仏光寺派では、十階級に伴い、十種類の五条袈裟が定められる。[29]このことはつまり、互いに着ているものを見れば、相手がどういう位階にあって何年を経た者か、宗門内部の地位が一目で分かるということを意味する。近世寺院社会における衣は、宗門内部の地位と権威の印であり、さらにその社会的公認を示すものであった。

以上のように衣は、本来現にある地位と権威に与えられるものだったわけだが、幕府権力とそれを背景とする宗門権威によってその意味が不動化していくにつれ、衣と現実は反転して、往々にして衣が僧侶の地位と徳そのものになる事態が生まれる。そのことを、寛永二年（一六二五）に書かれた仮名草子に出てくる僧侶の様子から見てみよう。

此比のうき世わたりの若法師、受戒のさたは、さもあらて、うら紫の小袖きて、こつまうしろへ引まはし、浓文金砂の、平帯して、きぬもし衣身にまとひ、染わけたひに、紫紐、紅うらの丸頭巾、黄纐纈のきんちやくに、蒔絵梨地の、印籠さけ、からのやまとの、緒とめして、身なり足ふみ、ふりかゝり、人にかはれる、おかしけれ。是はさもなし、行跡の、たうとき誉ありけるも、いかなる寺の貫首にも、あをかれんとの、はかり事とそきこゆれは、仏日のひかり、いたつらに、名利の雲の立おほひて、法の師と、たのむへくもなし。

（『目覚し草』[30]）

近世初頭、恐らくは衣の規定がさほど厳しくなかった頃の若法師の姿である。若い法師が、紫の小袖や紅裏の丸頭巾などの華美な服装をすることによって、高徳の僧侶と思わせようとしたというのであるが、当時、僧侶が身につける紫という色自体が、紫衣と直結して高徳の僧侶を意味していたと思われる。もう一つ、近世後期の俗人の日記に書かれた、衣への僧侶たちの憧れを見ておこう。

顕密の二宗を初て、念仏宗等に至るまで、綾にしきをもて、袈裟ころもにぬひ、縮線綾のうへのはかま、固文のさしぬき、その素絹といふも、いみじくうつくしき色を用ゆる。王法にそむき仏教にたがふ、つみ深しとはいふも更なり。たとへ、いまの世其制なしとも、父母より受たる髪をさへそりて、天性のかざりをはぶきぬる身が、女にもまさりてうつくしうさう束するは、いと〳〵あさましき事也。唯すみぞめの衣にやつれたらんが、仏のみちにかなひぬべき。さはいへど、学行未練の比丘売僧は、頭のまろなる故をもしらで、貴服は好みぬべし。さするに、知識ともをぼゆるは、和尚の位にあがらん事をねがひ、むらさきあけの衣に金襴錦のけさをきん事を思ふは、いかにぞや。

（『後松日記』[31]）

あらゆる宗の僧侶たちが皆、綾錦といった贅沢な絹織物を用いた美しい衣・袈裟を着ていると述べて、学行をつんだ僧侶までが、高位への出世を願って紫の衣、金襴錦の袈裟に憧れることを嘆いている。紫衣をはじめとする衣の規定が整うにつれ、紫衣を頂点とする絹の美しい衣は、寺院社会における名聞出世の象徴となり、身にまとう衣が僧侶の位階と徳を表し、内面的にも外面的にもその人を示すものとなっていった。

ではこうした寺院社会の中で、律僧の衣は具体的にどういうものだったのだろうか。法衣を研究した井筒雅風は、江戸時代の律宗の衣は紫・緋の色もなく、絹布も用いないことを述べる。[32]まずは、幕府に公認された律宗の衣の規定についてであるが、先ほど見た『諸宗階級』の天台安楽律を見てみよう。

右律僧衣躰の儀は、惣じて夏冬これ同じからず御座候得共、綿服衣・袈裟共に木綿・麻計り着用仕り、尤も惣じて鼠色相い用い申し候。

（「天台宗山門安楽院一派律僧衣躰幷次第階級之事[33]」）

律僧の衣は夏と冬で違うけれども、衣・袈裟の布地は麻・木綿のみで、色は鼠色と定めている。真言律宗では、色は黒・鼠色の他にも柿色・黒赤色が許されているが、最後に次のように定められる。

この外紫衣・緋衣等着用仕り候儀は、御座無く候。尤も法衣には絹布類相用申さず候。

（「真言律宗法義昇進訳書」[34]）

紫衣と緋衣の禁止、さらに法衣で絹を用いることが禁止されている。浄土律宗では、「法衣は三衣を護持いたし、衣躰は絹布に通じ相用、金綺紋繍の類着用致さず」（「浄土宗律僧之儀」[35]）として絹を許すが、紋入りなどの贅沢な絹地は禁止している。黒衣ならびに禁絹は律宗の制度として、幕府によって公認されていた。

それら律僧の黒衣禁絹の姿は、何を意味していたのか。律僧と官僧の違いの記述から見てみよう。以下は、文化十二年（一八一五）に、浄土宗官僧の顕了が、弟子に浄土戒を説くものである。顕了は、江戸に修学に向かう弟子たちに「錦の袈裟を掛て、故郷に帰り、師僧父母に喜の眉を拓かせ」るように説き聞かせるが、戒律については、冒頭で見た大玄をほぼ踏襲する。

先つ律僧の戒とは、梵網戒の外に四分の戒を持つが故に、鼠衣を著し不過中食を持ち、……これ律僧の戒なり。次に官僧の戒とは、官僧は世間の俗事に交る故に、世間に障る戒を除て、障らざる戒を持つが故に、鼠衣を著せず。香衣・紫衣等を著し……その外世間に障る戒をば尽く除く。この故梵網戒を受て四分戒を受けず。

（『浄土宗円頓戒玄談』[36]）

律僧は鼠色の衣を着ており、午後には食事をしないなどの戒を守っている。それに対して世間の俗事に携わる官僧は、社会生活の支障となる戒はすべて捨てて、鼠色の衣ではなく勅許された香衣（色のついた衣）や紫衣を着る、という。俗事に関わる官僧の色衣に対して、律僧の鼠衣は世俗と交わらない僧侶の印であった。また近世中期の浄土律僧・称念の行状記には、次のようにある。

開山上人一代の御行状を窺ひ奉るに深く浮世の名聞をいとひ墨染の法衣のみにして余長なく　勅許は蒙り玉ひながら香衣は浄安寺にとゝめ置檀林師家の錦襴織金の類ひはさら也官寺のことく香衣の類は用ひ給はす。

（『称念上人行状記』[37]）

律僧である称念は、名聞を嫌い墨染めの法衣のみを着て、檀林の官僧達が着る錦織りの絹織物はもちろんのこと、勅許された香衣も着なかったというのである。律僧にとっては、墨染めの衣を着ることが世俗と断絶することの意志表明であったわけだが、加えて紫衣を頂点とする色衣一切を着ないことは、寺院社会における出世と名聞の拒否を意味する象徴的な行為でもあった。

律僧個人の記事で見ていくと、真言律宗の拠点である野中寺を開き、西大寺流戒の極秘を受けた慈忍（一六一三―一六七五）は、「糸綿・絹帛・靴履・裘毳〔かわごろも〕等、皆物を害し慈を傷むるを以て、終身受用せず。又、門人を誡め堅くこれを禁約す[38]」として、蚕の殺生を意味する絹を生涯つけず、門人にも禁絹を堅く守らせた。同じく真言律で義融(一六七四—一七三八)も「絵纊・綿帛、終身あえて受用せず。[39]」として生涯禁絹を守り、天台の系統でも天台・禅・念仏を修したという僧敏(一七七五—一八五一)も「持律、甚だ厳しく、絹帛身に纏《まと》わず[40]」として、戒律を厳格に保って絹をまとわなかった。

また公的には絹を許している浄土律宗の系統でも、一向専念の念仏行者であり、男根を断却した無能(一六八三—一七一九)は、厳密な律僧ではないが、「(絹織物である)絵纊の類ひ、かつて身にふるゝ事なく[41]」であった。関通(一六九五—一七七〇)も、厳密には律僧ではなかったが、自身の法衣だけではなく「一切の資具蚕絹を用ひられさりき[42]」、すべての持ち物に絹を用いなかった。こういった僧侶たちにとっては絹衣を着ないことが、彼らの志の表現であり、アイデンティティの表現でもあったといえよう。

律僧の黒衣禁絹は、寺院社会の中での出世名聞の拒否として理解されており、それは一目で脱俗の志を持つ僧侶と分かる証左であった。それはまた同時に、出家者は「外儀をかさりて世風に同せす、学業を励し放逸にこれ無く、昼夜仏道を行する事」(「諸宗僧侶法度」享保七年・一七二二[43])を「出家の法範」として、僧侶に華美を禁じ学問奨励を第一に命じる幕府権力にとって、望ましい無害な僧侶の姿でもあっただろう。律僧の黒衣禁絹は、幕府をはじめとする世俗の価値観においては公けに認められ、さらには積極的に奨励され賞賛されるものであり、律僧自身の拠り所ともなっていた。では、世俗に対して仏教内部の価値体系では、禁絹はいかなる意味を持っていたのだろうか。

三 蚕の声

まず四分律における絹使用についての規定を見ておこう。

六群比丘……養蚕家に至りて語りて言く「我ら綿をもとむ」と。彼、報いて言く「小しく待て。すべからく蚕の熟する時をまちて来たるべし」と。かの六群比丘、辺に在りて住し待ちて看る。彼、繭を暴す時、蚕蛹《さんよう》、声を作す。諸居士見て尽く共に譏嫌して言く「沙門釈子、衆生の命を害するに慚愧有ること無くして、外に自ら称して言く『我、正法を修せり』と。かくの如き何の正法有らんや」と。……もし比丘、雑野蚕綿にて新しく臥具を作れば、尼薩耆《にさつぎ》波《は》逸提《いつだい》なり。（『四分律』巻七[44]）

養蚕家が比丘の求めに応じて繭を曝して煮た時に、殺される蚕が声をあげた。これを見ていた俗人たちは、僧侶は生物の命を奪うことに慚愧を感じない。彼らは正法を修すると口ではいっているけれど、このような正法があろうか、と謗ったという。ここで禁止されるのは、僧侶が自分のために新しく蚕を殺して絹を作らせることである。すでに作られ使用された絹を、僧侶が俗人に施されて使用することは許される。

しかし中国の唐代、道宣は絹衣をいかなる形でも厳禁し、日本の近世においては、天台安楽律・真言律の系統を中心に、道宣の禁止にしたがう者は多かった。近世中期以降の袈裟研究書では、それを批判する絹衣許可のものが圧倒的に多くなる。ここでは、なぜ広範囲に禁絹が支持されたのかを明らかにするために、道宣の禁絹の意義を日本近代の禁絹論から明らかにしておこう。

明治十三年（一八八〇）に、真言律僧であった上田照遍（一八二九—一九〇七）は、禁絹についての書『南山律宗袈裟禁絹順正論』（以下『禁絹順正論』）を著した。照遍については、照遍が住職であった延命寺（現大阪府河内長野市）の住職、前述の上田霊城によって詳細に研究されている。[45] 照遍は、幕末から明治末期までを生きた学僧であり、四分律を自誓受戒して東大寺戒壇院の長老職となり、晩年には真言宗大僧正となった。また明治期の廃仏毀釈に抗して、全国各地で講義を行い、数多くの著作を遺した真言律僧である。

照遍の『禁絹順正論』は、川口高風の袈裟研究の年表によれば、十善戒運動を提唱した雲照と同時期のもので、近代初頭の戒律論であると同時に、近世禁絹論の最終段階を示している。[46]『禁絹順正論』は、禁絹についての客の問に筆者が答える問答形式をとっている。まず最初に、なぜ大乗の僧侶が声聞、いわゆる小乗の戒律を守らねばならないのか、その理由が示される。

同居雑染の世界には、必ず応仏の化儀に倣う。この故に顕と無く密と無く、髪を剃り衣を染め声聞の形を以て、各のその教えを弘む。諸宗の祖師、咸く律儀に住するは、即ち此の意なり。大乗の菩薩、かくの如く律儀に住するは、即ちこれ大乗三聚の中の摂律儀戒《しょうりつぎかい》を護持するなり。（『禁絹順正論』[47]）

この世で僧侶は、釈迦仏に倣って髪を剃り衣を染める声聞の姿をもって、教えを広めなくてはならないから、諸宗の祖師も声聞の形を取り、戒律を守ってきた。大乗の菩薩が声聞の戒律を守ることは、大乗の戒律の一部、摂律儀戒なのである、という。これは道宣の戒律理解（三聚戒説）にのっとり、四分律を大乗教の一部として捉えるものである。声聞戒を守るのは、それがあくまでも大乗の戒律の一部だからであり、そうしたからといって決して声聞の僧侶・小乗僧となるものではないことが、最初に明らかにされる。

次に、禁絹の根拠となる道宣の記述が十二の文証として挙げられ、さらに禁絹に反論する義浄の文章が挙げられる。照遍は、その上で次のように言う。

両師の説、春蘭秋菊、その美を擅《ほしいまま》にす。故に己が信ずべき説を依行せば可ならんか。予が如きは終南の末葉なれば、深く終南の祖説を信ず。（『禁絹順正論』(48)）

各々の律僧がこの祖師二人、道宣と義浄のうちで信じうる説を取ればよいが、自分は南山道宣の末裔であるから、道宣を信じて禁絹を守るという。照遍の時代には、近世における禁絹批判も出尽くしており、彼は禁絹論の誤りも、それに対する批判もよく知っていた。それにも関わらず、照遍は確信を持って、道宣の禁絹を選択した。

では、道宣の禁絹とは、どのようなものか。道宣が衣について書いた『釈門章服儀《しゃくもんしょうぶくぎ》』（唐、顕慶四・六五九年）から見ておきたい。まず、絹を厳禁する理由についてである。

故に肉食・蚕衣、方と為すこと未だ異ならず。命を害し生を夭するに、事均しく理一なり。繭を暴し蛾を爛することは、忍ぶべきの痛みに非ず。疱〔庖〕に懸け俎に登するは、悪業を成ずるの酷なり。漁人鮪を献じ、桑妾糸を登す。手を仮るの義に殊ならずして、功を分かつの賞に別無し。ここを以て至聖の殷鑑、悪報の亡じ難きを審かにし、経・律、具さに彰して両倶に全断す。（『釈門章服儀』(49)）

絹である蚕衣を着ることは、肉食と同じく、そのものの命を断つという事実において全く同等の行為である。絹を作るために、繭を曝し蚕を煮ることは耐え難い痛みであり、食べるために魚を包丁に懸け俎に上げることと同じく、悪業の極みである。漁師が僧侶に魚を献上し、織女が絹を差し出す時、いずれの場合も僧侶は殺生の一端を担うことになる。そういうわけで、経・律では、蚕衣・絹を着ることと肉食を厳禁した、と道宣は言う。

道宣にとっては、絹を着ることは即、殺生を犯すことなのである。彼にとって布地の絹は、「蚕衣」という言葉が示すように、抽象的な殺生ではない。鍋に放り込まれた数多くの蚕が、熱湯の中で茹でられ、声をあげて殺されていく過程がはっきり見える現実として受け止められた。確かにそれは、彼が言うように耐え難いイメージであり、その事実を意識しないで絹を着ること自体、道宣にとっては許し難い無自覚と見えたのであろう。そのことが続いて述べられる。

殺は罪の元と為るなり。俗戒にして首たり、何ぞ道宗にその事を行ずるに安んずること有らんや。説し演べ創るに、必ずこれを化するに慈仁を以てし、身服の先んずる所、必ずこれを衣するに絵綵を以てす。絵綵成す所、殺に非ざれば登せず。その事安んじて忍びて、非犯を思わず。自処由るところ無し。顰眉無事、良にこれを嗟くべし。

（『釈門章服儀(50)』）

生物を殺すことは根本的な罪であるから、世俗においても第一の戒めである。まして僧侶が漫然と生物を殺すことなど許されようか。しかるに僧侶は、いつも不殺生を第一とする慈悲を説法しながら、身には必ず殺生そのものである絹をまとっている。彼らは、蚕を殺すことによってしか絹が得られないことに安閑として無自覚であり、嘆かわしいことである、と。

道宣が僧侶に望むことは、絹を見れば蚕の殺される声が聞こえてくる段階まで覚醒することであり、それこそが口に唱える慈悲・不殺生であると自覚することである。その事実を知りながら絹を着る者は、殺生に対して半ば自覚しており半ば無自覚なのだが、道宣にとってはその半睡半覚の状態は考慮に値しない。彼にとっての殺生は、意図的なものであろうとなかろうと、ただ一つの種類しかないのである。そうして絹衣に象徴されるいかなる殺生も、最後には禁じられる。

肉食・蚕衣、機に随って制を開くも、損生・害命、終に期して頓断す。（『釈門章服儀』[51]）

肉食・蚕衣は各人の能力や体力に応じて許されるけれども、殺生として最後には禁じられる、というのが道宣の結論である。これについては、道宣の第一の後継者とされてきた宋代の元照が、この部分につけた注釈が分かりやすいので見てみよう。

小乗の諸律並んで魚肉を以て正食と為す。但だ専ら我の為に非ざれば、皆これを食するを許す。蚕綿を袈裟と為すは、但だ蚕家に乞求するに非ざれば、皆これを服するを聴す。方等大乗に至りて、始めて制約を加う。楞伽に肉食を断じ、鴦掘に蚕綿を誡め、後の涅槃に至りて一切永断す。（元照『釈門章服儀応法記』[52]）

小乗の規定では、自分のために殺したものでなければ魚肉を食べることを許し、蚕家に乞うのでなければ、絹を着ることも許している。しかし大乗仏教においては、『楞伽経』で肉食を禁じ、[53]『央掘経』で絹を戒め、『涅槃経』で肉食絹衣のすべてを禁じる、と元照は説明する。

道宣らによれば、精神の最終段階である大乗仏教では、いかなる殺生も禁じられる。自らのために作ったのではない絹も身にまとわないということは、施された絹をも拒否することである。それは、意図していない殺生、不注意による殺生さえも、現実の生活において排除することになる。道宣のいう絹の戒めの文証を見てみよう。

央崛に云う、「絵綿・皮物、展転し来たりて殺者の手を離る。然るに持戒の者、服著すべからず。もし服すれば、然らば悲に非ざるも、破戒ならず。」と。……且つ自ら無悲の誡め、終に永断の言と為す。

（『釈門章服儀[54]』）

央掘経では、「すでに作られた絹や皮が、殺した者の手を離れて、僧侶の元にやってきた時、持戒の者は着てはならない。着た場合、大悲の心には背くが、戒を破ったことにはならない」という。絹を着たら大悲に背くという誡めこそ、絶対禁止の証明である、と道宣は述べる。

ここで道宣は、央掘経の原文を故意に変えて引用している。[55]原文では、絹などの使用についての文殊の疑問に対して、仏が答える形で「殺した者の手を離れれば用いてもよろしい」という結論が示され、絹は許可されている。[56]その次に、俗人が皮師の作った靴を買って僧侶に施した場合が述べられて、自然死した牛の皮で皮師に作らせた靴を僧侶に施した場合に、僧侶はその靴を受けとるべきかどうか、という疑問が文殊によって提出される。その答えが、「(僧侶が靴を) 受けとれば、慈悲ではないが、破戒にはあたらない」というものである。(57)

また涅槃経についても同様であって、肉食の禁止はともかく、絹については禁止していない。ここでは、肉食を禁ずるならば絹なども受けてはならないのかと尋ねる迦葉に対して、仏が裸形断食の尼乾子外道と同じになってはならないと注意してから、さまざまな肉食の禁止について述べる事から、絹についてはむしろ許可のニュアンスが強い。(58) また異本の南本涅槃経の同じ箇所では、はっきりと絹を許可している。(59)

道宣が、これらの文意を理解できないはずはなく、大乗を志向する彼の思想を考え併せれば、彼にとってはこれらの許可の言葉よりも、絹の絶対禁止こそが確かな志であり、切実な願いであったと取るべきだろう。道宣の基準は、経の言葉を超える大悲の要請、不殺生の希求にこそある。意図しない限りで殺生が許される戒律、殺される蚕の声を聞こうとしない者が許される戒律などは、彼にとって仏の定めるものとは到底思われなかった。それがために絹禁止は、学問的にいかなる無理をしようとも譲れない一線だったと思われる。殺される蚕の声が聞こえてくる世界は、心の中の希求こそが唯一絶対の基準となる世界であり、道宣にとっての戒律は、そういう世界を実現する方法であった。

彼のいう絹の禁止は、現在の我々が思うような単なる布地の禁止などではなく、現実と意図が一致する段階にまで目覚めようとする者、仏国土の実現を目指す大乗菩薩の象徴だったといえよう。この熱烈で法外な願い、無意識の領域での殺生をも排除せよという道宣の要請は、確かにある種の普遍性、人の心にとっての切実な事柄を含んでいたから、後の多くの者が経論の曲解を知りつつ、その要請に従った。

日本の禁絹論に戻ってみよう。すでに近代明治にあって、照遍は絹を着ないことと、他人からの施しであっても絹を受けないことについて、次のように述べる。

然るに慈悲深重の者、何ぞこの害命の絹を貪服することを得んや。もしこれを貪服すれば、則ち慈悲を壊し業分を沽《うるお》す。又、我、絹衣を服するが故に、彼益んに命を害して絹を作る。もし我服せざれば、則ち彼をして殺を断ぜしむ。彼の罪福、我より起こる。慈悲深重の者、何ぞ著服を得んや。教高きが故に、かくの如く立つ。実に仰信すべし。（『禁絹順正論』[60]）

慈悲深い者が、殺生によって作られた絹を着ることはできないのであり、他人からの施しの絹を受けないことは、他人にも殺生を慎ませる契機になる。道宣の教えが高度なものだから禁絹を立てるのであって、仰ぎ信ずべきである、という。

ここで照遍が言う高度の教えとは、いわゆる小乗教に対する大乗教のことである。そのことを確認しておこう。禁絹は、四分律の絹許可の文[61]と矛盾するという問に対して、照遍は次のような答えを示す。

絹衣等を開聴するは、解脱の為にして養報の為にあらず。況や別縁に対するは、これ常教に非ず。通途の人これに依るべからず。大慈の深行、絹を服さず。資持記にその意を釈して曰く、「菩薩は遠く来処を推う。殺手を離ると雖も、殺業に非ざること無し。足に踏み身に披るは、皆業分を沽す」已上。四分の当分も亦た猶お高きが故に。その事大乗の菩薩に同ず。況や分通の義有るをや。我が輩、受随し四分を仰ぐは、これ偏えに宿善の催す所か。又これ仏力の加わる所か。感涙、袖を潤す者なり。

（『禁絹順正論』[62]）

普通の人は、四分律本文の絹許可に従うべきではない。大慈悲の行では絹を着ないのであって、元照は「菩薩は施された物の出所を考える。その物が殺した人の手を離れていても、その物を受け取ることは殺すことである。皮を履き物にし、絹を着ることは、悪業となる」[63]と説明している。四分律は高度な教えであるから、その実行は大乗の菩薩と同じである。まして、我々は四分律を大乗の教えの一部として受け取っているのであるから、禁絹の大慈悲行を行わないことがあろうか。私が四分律を受け従い仰ぐのは、前世からの善行によるものとも、仏の加護とも思われ、感涙するところである、と。

照遍が、本来は無根拠である禁絹を信じて実践するのは、それが不殺生をはじめとする大乗菩薩の象徴だからである。道宣のいう絶対的な不殺生は、人には本質的に不可能な要請であって、彼の根拠とするものは人の心の中の希求と願いの、その切実さにおいてである。絹の禁止は、永遠に実現しがたい願い、希求の限りない遠さを、肌に触れる身近な着物の形で表現したものといえるだろう。

道宣は、防寒のために下着に絹を用いることは許しており[64]、禁絹は法衣として定められる三衣のみである。これについて、照遍の弁を見ておこう。

祖師の意、三衣を除く余の衣類は強いて絹帛を禁ずるに非ず。……余衣余服とは、三法衣の外の偏衫・裙子・内衣・帽子・臥具等、これなり。

（『禁絹順正論』[65]）

照遍は、三法衣以外の下着・帽子・寝具などには絹を使用してもよいというのが、祖師道宣の定める禁絹であるという。律僧の絹衣を着ないという行為は、現実の不殺生とは異なる層にある。禁絹は、純粋に抽象的な行為として把握されなければならない。

照遍の感涙は、その象徴の伝統の中に生きているという実感だったと思われる。照遍は、自房の敷居を這う蟻を憐れんで、手ずから砂糖を与えたと伝えられる。(66)千二百年前に道宣が定めた禁絹は、廃仏毀釈の嵐に抗する照遍の拠り所となり、生きた象徴として、その本来の機能を果たしていた。

四　律僧の象徴

紫衣に代表されるように、近世幕藩体制下の僧侶の衣は権力によって定められるものであり、衣は本末体制の中での階級化に重大な役割を果たしていた。その中で律僧らの黒衣禁絹は、紫衣・金襴袈裟に象徴される寺院社会における名聞出世を拒否して、遁世を目指す彼らの志の表現であった。それは幕府にとって好ましい僧侶のありようでもあったから、律僧の黒衣禁絹は社会的に公認され、律僧は「良心的な僧侶」として認められて、一定の地位を得ていた。近世僧侶の捨世は、律僧として社会的に公認され、制度化されることで秩序の中に組み込まれ、いわば個人の内面のみに限定されつつあったといえよう。

仏教の内部にあっては、絹は蚕を殺して得るものだから法衣として絹を着ることは許されない、という道宣の主張によって、絹衣を着ないことは大乗の慈悲の象徴となった。大乗の誡めである禁絹を守る僧侶は、四分律という声聞行、いわゆる小乗戒を守りつつ、大乗の誇りを持っていた。このことは当時の律僧の一般的な心情であったようで、たとえば近世後期に正法律を掲げて釈尊当時に帰ることを目指した慈雲は、禁絹の立場を取っている。その慈雲の高貴寺の根本僧制第一条には、「此正法律中は、内秘菩薩行、外現声聞儀を規模とす」と掲げられた。これは法華経にも見える言葉だが[67]、内に菩薩行を秘めて、外面は声聞律儀を守るという文言は、当時の律僧たちの理想像をよく示していよう。

近世における律僧の黒衣は、紫衣への欲望を断ち切ること、捨世の志の実行であった。さらに絹衣を着ないこと、禁絹は大乗菩薩の慈悲の宣言、不殺生の象徴として、蚕の声が聞こえる仏国土への希求を掲げることであった。黒衣禁絹は、聖俗二界を貫くシンボルとして、外面的にも内面的にも律僧たちを強固に支える表象となった。身につける衣服がその人を規定する近世社会において、それはほとんど完璧なまでに完成された象徴になったといえるだろう。

しかし近世の禁絹は、高度に宗教的な意味づけがなされているものであると同時に、世俗社会の公認を支えとするものでもあったから、それを行う律僧たちが日常生活の中で即物的に理解すると、それは余りにも手軽な、精神の単なる模写となった。そして絹衣の禁止は本来の象徴としての意味を失って、すべての物についての絹禁止に拡大され、単なる贅沢への誡めであるかのようなものとして受け取られた。禁絹が蔵していた切実な希求は失われ、それは凝固した型となり、硬直したこだわりに頽廃していった。

その精神の頽廃に対して、官僧・律僧を問わず、多くの僧侶たちが異議を唱えることになっていく。普寂は、絹禁止にこだわる律僧を「内面は堕落しつつ、外面は清浄な形をとって、仏を誑かす徒である（内染外浄、誑仏之徒）」と激しく非難した。次章では、禁絹批判の展開について論じ、律僧の中での普寂の位置づけを見ていこう。

註

（1）辻善之助『日本仏教史』第九巻、岩波書店、一九五五年、四二九―四四一頁。柏原祐泉「第二章　仏教思想の展開　戒律復興運動」、圭室諦成監修『日本仏教史　近世近代篇』、法蔵館、一九六七年、一一八頁。柏原祐泉「護法思想と庶民教化」、『日本思想大系　近世仏教の思想』、岩波書店、一九七三年、五四八―五四九頁。平川彰『仏教通史』春秋社、一九七七年、三六五―三七二頁など。
（2）柏原祐泉『日本仏教史　近代』、吉川弘文館、一九九〇年、二五―二六頁。同上『日本近世近代仏教史の研究』、平楽寺書店、一九六九年、三五三―三六四頁。池田英俊『明治の仏教』、評論社、一九七六年、二三―二九頁など。
（3）松尾剛次「官僧遁世僧体制モデル」、日本仏教研究会編『日本の仏教1』、法蔵館、一九九四年、七―二一頁。
（4）松尾剛次「官僧と遁世僧」、『勧進と破戒の中世史』、吉川弘文館、一九九五年、二三六頁。
（5）蓑輪顕量『中世初期南都戒律復興の研究』、法蔵館、一九九九年、二〇―二一頁。
（6）朝尾直弘『将軍権力の創出』、岩波書店、一九九四年、二九―三一頁。
（7）大隅和雄「遁世について」、『北海道大学文学部紀要』一三―二、一九六五年、六八―七三頁。
（8）大島泰信『浄土宗史』、浄土宗全書二〇、六〇九―六二〇頁。
（9）長谷川匡俊『近世念仏者集団の行動と思想』、評論社、一九八〇年、三五―三六頁。同上『近世浄土宗の信仰と教化』、渓水社、一九八八年、二八八―三〇四頁。
（10）近世前期については、上田霊城「江戸仏教の戒律思想（一）」、『密教文化』一一六、一九七六年。後期は、同上「江戸仏教の戒律思想（二）」、『密教学研究』九、一九七七年。
（11）徳田明本「律宗文献目録」、芳村修基編『仏教教団の研究』、百華苑、一九六八年、八―九頁。
（12）前掲、徳田明本「律宗文献目録」、九頁。
（13）川口高風『法服格正の研究』、第一書房、一九七六年、三一七―三二二頁。
（14）川口高風「四分律行事鈔における道宣の戒律」、『宗学研究』一四、駒澤大学、一九七二年、一四〇―一四二頁。同上「中国仏教における戒律の展開（中）」、『駒澤大学大学院仏教学研究会年報』六、一九七二年、一一五―一一九頁。

同上「中国律宗における四分律の大乗的理解」、『印度学仏教学研究』二一—二、一九七三年、六七九—六八〇頁。
(15) 義浄『南海寄帰内法伝』、大正蔵五四巻、二一二下—二一三頁上。
(16) 川口高風「袈裟史における道宣の地位」、『宗教研究』二一七、一九七四年、一一〇頁。
(17) 川口高風「中国律宗と義浄の交渉」、『印度学仏教学研究』二三—一、一九七四年、三二二—三二五頁。
(18) 川口高風『法服格正の研究』、第一書房、一九七六年、三四一—三四三頁。
(19) 川口高風「第五章　袈裟復古運動の形成」、『法服格正の研究』、第一書房、一九七六。なお初出の「江戸時代における袈裟復古運動の形成」(『宗学研究』一八、駒澤大学、一九七六)では、注が多少異なり、年表が付いていないが、大意に変化はない。
(20) 高取正男『平凡社ライブラリー　神道の成立』、一九九三年、一二二—一二三頁。
(21) 林譲「黒衣の僧について」、小川信先生古稀記念論集『日本中世政治社会の研究』、二〇〇二年、三九二—三九三頁。
(22) 石井良助校訂『徳川禁令考』前集第五、創文社、二二頁・二五七五。
(23)「御威光と象徴—徳川政治体制の一側面—」、『東アジアの王権と思想』、東京大学出版会、一九九七年、一九頁。ここでの引用文は、五三頁、注六二。
(24) 圭室文雄「寺院法度制定の意図」、『江戸幕府の宗教統制』、評論社、一九七一年、四五頁。
(25)『徳川禁令考』前集第五、四七頁・二六二〇、五八頁・二六三七、五九頁・二六三九、六〇頁・二六四〇。総持寺諸法度は、六〇—六一頁・二六四一。
(26)「諸宗階級」上、『続々群書類従』巻一二・宗教部、三九三頁。
(27) 前掲書、三九八—三九九頁。
(28)「諸宗階級」下、『続々群書類従』巻一二・宗教部、四三一—四三四頁。
(29) 前掲書、四三五—四三七頁。
(30)『目覚し草翻刻』、守随憲治編『近世国文学　第一輯』、千歳書房、一九四二年、二〇頁。
(31) 松岡行義『後松日記』、『日本随筆大成』第三期第四巻七、吉川弘文館、一九七七年、二五—二六頁。
(32) 井筒雅風『法衣史』、雄山閣、一九七四年、二四〇頁。
(33)「諸宗階級」上、『続々群書類従』巻一二・宗教部、三六五頁。
(34) 前掲書、三八九頁。

(35) 前掲書、三六九頁。
(36) 『浄土宗円頓戒玄談』、浄土宗全書続一二、三六一頁。
(37) 『称念上人行状記』巻下、浄土宗全書一七、六七七頁。
(38) 『律苑僧宝伝』巻一五、新日仏全六四、二三一頁下。
(39) 『続日本高僧伝』巻九、新日仏全六四、七四頁上。
(40) 前掲書、七六頁下。
(41) 『無能和尚行業記』上、浄土宗全書一八、一二一頁。
(42) 『関通和尚行業記』上、浄土宗全書一八、二三一頁。
(43) 『徳川禁令考』前集第五、二六頁・二五八八。
(44) 『四分律』大正蔵二二巻、六一三下―六一四頁上。
(45) 上田霊城「照遍和尚―その生涯と思想―」、『密教文化』一二五、一九七九年。同上「照遍和尚―その生涯と思想(続)―」、『密教文化』一二六、一九七九年。
(46) 川口高風「袈裟復古運動の形成」、前掲書『法服格正の研究』、三五六頁。
(47) 『南山律宗袈裟禁絹順正論』、新日仏全五〇、二三三頁上。
(48) 前掲書、二三四頁上。
(49) 『釈門章服儀』大正蔵四五巻、八三五下―八三六頁上。
(50) 前掲書、八三六頁上。
(51) 前掲書、八三四頁下。
(52) 『釈門章服儀応法記』、卍続蔵一〇五冊、四四一頁上。
(53) 大正蔵一六巻、五一三頁下。
(54) 『釈門章服儀』大正蔵四五巻、八三六頁下。
(55) 川口高風前掲論文「袈裟史における道宣の地位」、一〇八―一〇九頁等。
(56) 「文殊師利、仏に白して言く「世尊、珂貝・蠮蜜・皮革・絵錦、自界肉に非ざるや」と。仏、文殊師利に告げて「この語を作すこと勿れ。如来は一切世間を遠離して、如来は食せず。若し世間の物に習近すと言わば、この処有ること無し。若し習近すれば、これ方便法なり。若し物展転して来れば、則ち習近すべし。若し物所出の処なれば、習近すべからず。若し展転し来り殺者の手を離れれば、則ち習近すべし」と」。大正蔵二巻、五四〇下—五四一頁上。

(57)「仏、文殊師利に告げて「若し自ら死したる牛にして、牛主皮を持ちて、革屣を用作し、持戒人に施せば、応に受けると為すや為さざるや。若し受けざれば、これ比丘法なり。若し受くれば、悲に非ず。然れども破戒にあらず」と」。大正蔵二巻、五四一頁上。

(58)「迦葉、復た言く「如来、若し制して肉を食せざれば、彼の五種味、乳酪・酪奨・生酥・熟酥・胡麻油等、及諸衣服、憍奢耶衣〔絹衣〕・珂貝・皮革・金銀盂器、かくの如き等の物も亦た応に受けざるや」と。「善男子。彼の尼乾の所見と同ずべからず。如来の所制の一切禁戒、各の異意有り。異意なるが故に、三種の浄肉を食するを聴き、異想なるが故に、十種の肉を断じ、異想なるが故に、一切悉く断じて自ら死せる者にまで及ぶ。迦葉、我今日より諸弟子、復た一切の肉を食することを得ざるを制するなり」」。大正蔵一二巻、三八六頁上。

(59)「仏、先ず五種牛味を食するを聴き、及び油・蜜、憍奢耶衣・皮屣等物を以てす」。大正蔵一二巻、六四七頁上。

(60)『南山律宗袈裟禁絹順正論』、新日仏全五〇、二三四頁上—中。

(61)『四分律』巻三九「衣揵度」冒頭部分、大正蔵二二巻、八四九頁中。

(62)『南山律宗袈裟禁絹順正論』、新日仏全五〇、二三五下—二三六頁上。

(63)「元照『四分律行事鈔資持記』「菩薩の慈深ければ、遠く来処を推す。殺手を離るると雖も、殺より来るに非ざる無し。足に踏み身に被れば、皆業分を沾す」。大正蔵四〇巻、二九七頁下。照遍引用の「殺業」は、原文では「殺来」である。

(64)「良に以て自余の裙帔、唯だ寒を遮するに擬す。事已むを獲ずして、開きて形苦を済う」。大正蔵四五巻、八三六頁中。

(65)『南山律宗袈裟禁絹順正論』、新日仏全五〇、二三五頁中。

(66)照遍の住持した延命寺（大阪府河内長野市）現住職、上田霊城師による。貴重な御教示を頂いたことに、心より感謝申し上げる。

(67)「内に菩薩の行を秘し、外に是れ声聞なりと現ず」。大正蔵九巻、二八頁上。

第七章　非布非絹——絹衣論の展開

一　禁絹論への批判

前章で見たように、禁絹を行う律僧たちは、道宣の唱えた大乗菩薩の不殺生の戒めを根拠にすると同時に、世俗社会からの公認をも受け、禁絹は彼らのアイデンティティとなっていった。

本章では、主に近世中期から始まる禁絹に対する批判を中心に、それぞれの時代の律僧たちの課題と答えを示す。近世初期からの絹衣論の展開を追うことで、近世仏教の生きた姿の一面を明らかにしたい。近世律僧たちが書いた袈裟研究書は、前期から中期にかけては禁絹を主張・遵守するものが主流であるが、中期から後期にかけては逆に禁絹による律僧の堕落を批判し、禁絹を否定するものが多くなってくる。それはなぜか。律僧の象徴である禁絹が、なぜそれを遵守する者の堕落を招いたのか。さらには、なぜ当の律僧自身によって、禁絹が否定されなくてはならなかったのか。

そこには、世俗社会の公認を支えとした禁絹が内包していた問題と、その精神的頽廃を見据えて立ち向かった律僧たちの精神の営為がある。彼らはどのような課題に直面し、いかにしてそれを解決したのか。今となっては彼らの歩んだ道は、時々見え隠れする程度の細いものとなってはいるが、近世を通じて確かに受け継がれた精神の系譜を、私たちに伝えてくれる。これから近世律僧と共に、彼らの歩いた道をたどってみよう。

二　禁絹の誘惑

日本近世における禁絹について普寂は、近世戒律復興を開始した真言宗の明忍が禁絹を始めてから、それは天下四海に拡がったと言う[1]。同じく近世中期の道光は、天台安楽律の第二代の妙立慈山が禁絹を開始し、以後安楽律の系統ではそれが「門葉の亀鑑」（一門の模範）となったという[2]。また『律苑僧宝伝』には、初期の真言律僧で野中寺を開いた慈忍が、禁絹者であったことが示されている[3]。いずれにせよ近世初期に、天台安楽律・真言律で禁絹が開始されたと考えられる。

その後、禁絹批判が盛んになった一七〇〇年代後半に入ってからも、真言宗で正法律を提唱した慈雲が、禁絹の立場を取っている。前章で見たように、その後の享和元年（一八〇一）に寺社奉行所に提出された、各宗派の僧侶階級と衣服についての規定『諸宗階級』においても、天台安楽律と真言律宗で禁絹が明確に定められる[4]。近代明治に入ってからは、真言律僧の照遍が禁絹の立場を取っている[5]。一方、近世中期の真言宗の諦忍は、絹衣について、絹・麻などは問題ではないとしているし、同じく近世中期の真言宗僧侶である密門、道光も絹を許可している。このように個人差はあるけれども、基本的には天台安楽律・真言律の系統で、近世を通じて禁絹が守られていたと考えられる。

それでは、禁絹論の内容は、どのように展開していったか。道宣が主張した本来の禁絹は、法衣の三衣のみであったが、日本近世においては法衣のみならず、すべての持ち物の禁絹へと拡大していった。禁絹を主張する袈裟研究書は、宗派を問わず十七世紀の約百年間に集中しており、いずれも唐代の道宣をさらに一歩進めた禁絹論者であった南山律中興の祖、宋代の元照の著書『比丘六物図』の注釈の形をとる。

近世戒律運動の最初期の一六〇〇年前後に書かれた日遠の書『仏制比丘六物図私記』(元亀三年・一五七二)や、仙祐の『比丘六物図私抄』(慶長十六年・一六一一)は、『六物図』の忠実な注釈であることから、施された絹も受け取ってはならないとする道宣流の禁絹を守っていた。一六〇〇年代後半に入ってからも禁絹が主流であり、たとえば浄土律の大江は、著書『六物図採摘』で、「四分律には絹衣を堅く制するぞ。……害命なる故に制するぞ。四分空門には、設ひ展転来といへとも曾て不許そ。仏の本意そ[6]」(寛文十一年・一六七一)として、道宣流の禁絹を忠実に守る。

では、なぜ法衣以外のあらゆる物にまで禁絹が必要だったのか。初期禁絹論の後半にあたる延宝六年(一六七八)に書かれた、真言律宗の宗覚の著書『六物図纂註《ろくもつずさんちゅう》』からその理由を見てみよう。

近世比丘、始め壇上より下りるや、迹は俗に混流す。……竟日、士女に対して無益非理のことを談ず。諂附して利養を求む。道業を論ずるに至るも、未だ修練を聞かず。貪婪にして鄙吝なることは下流に異ならず。かくの如き庸徒は、蚕綿を煖衣し、滋味を飽食し、勤修これ何んぞや。施を受け財を貪るに至りて、畜積して厭うこと無し。しかも自ら謂う「我はこれ大乗なれば、利他を要と為す。故に絹帛金銀を施に随て随受して、彼をして福業を得せしめん」と。蚕衣綿帛を着用するに曁《およ》ぶや、小律の一処の緩文を引きて即ち曰く「展転して来れる者は、律に受用を開く」と。上来の祖訓、如何ぞ通会するや。寔に妄情積みて久しく、我倒未だ傾かずして、出離の思、懐に在らず。如幻の穢身に於いて愛を逞しくし、永劫の沈淪に於ける苦を忘る。しかも反語して云く「これ如来の開なり」と。不学の愚僧、伝えて口実と為し、戒を毀ち悪を作し、互いに相賛護す。聖を誣し法を乱すは、豈にこれに過ぎんや。嗚呼、悲しいかな。

（『六物図纂註』、日蔵六八、一二六頁上—下）

今の律僧は俗人と同じであって、一日中俗人とつまらないおしゃべりをして、利益安楽を求め、貪婪にして吝嗇、道を論じても実際に行わない。こういう凡庸な者は、絹を暖衣して滋味を飽食し、財を貪り蓄えて倦むことがない。しかも自ら「私は大乗であるから、絹・金銀の布施を受けとることで、施した者に福業を与えるという利他行を行う」と言う。絹衣については、「施された絹は受け取ってよい」という、小乗の緩やかな一律を根拠に持ち出して、「これは如来が許した行為である」とまで言っている。無学の愚かな僧侶がこれを口実として、お互いに戒を破り悪業を為しながらほめ合っている。聖をないがしろにし、法を乱すこと甚だしい、と宗覚は述べる。

幕末期に至るまでの仏教批判に、律僧批判としてその蓄財吝嗇がよくあげられており、律僧の吝嗇はよく知られていた。たとえば、一八六六年に書かれた『諭童弁』では、「律僧と称へつゝ、鼠の衣を抜袖して、大手を振て歩もあり、平生蓄財に心を苦しめ、書斎を見れは錦の座蒲団、家屋調度を華麗にして貧を楽む相たも見えず」[7]とある。

宗覚の文章には、律僧が肥大化する欲望の根拠として大乗の教えを利用し、自身の貪婪さに開き直る姿が示されている。宗覚は、そういった律僧たちへの抗議として禁絹を唱えるのであり、道宣が唱えた禁絹の根拠である一切の不殺生は、すでに背景に退いている。宗覚の怒りと嘆きは、彼らの蓄財という事実に加えて、聖なる戒律をその根拠とすることに向けられる。なぜならば聖なる保証を得た貪欲さは、世俗の社会的秩序や常識からさえも解き放たれ、無制限に増大深化して、ついには戒律の聖性を破壊するに至るから。宗覚は、末端の無学の律僧にまで自身の貪婪と無恥を拡大汚染させていく者たちへの怒りと比例して、禁絹を自己制御と良心の現れとして絶対化させていく。そのことを見てみよう。まず客の言葉として、法衣の三衣以外に絹を使うことは許されるか、という問いが立てられる。

客曰く……三種の法衣の律制、既に明らかなり。余の被服等、通開と為すや。余云く、然らざるなり。先に言わざるや、身を養う為ならず、我本を除く為なりと。何ぞ輒《たやす》く受用せんや。……南山大師云く、良に以て自余の裙帔、唯寒を遮するに擬す。事已むを獲ずして開き形苦を済うに、生涯の形報、終に死門に入る。業命未だ傾かず、心を資し道を助くるに、事已むを獲ずして、その衣食を供す。終に養の怨みと号して益無き所なり。……戒に約すれば命難これ通開する所なり。心に約すれば、死を忍んで奉りてしかも捨てず。故に幽冥の為に翼賛する所なり。経論の昌言する所は、これ但だ遮戒は死を以てこれを持す。……慈訓かくの如し。請う、諸の行道者、心を傾け遵行せんことを。

(『六物図纂註』、日蔵六八、一二五下―一二六頁上)

絹を許すことは、単に体の保護・養生のためではなく、形服にこだわる大本の我執を除く為であるから、簡単に絹を使ってはならない。道宣も、防寒のためやむを得ないこととして絹を許すが、それはあくまでも身を養うためであって、本質的には無益のことである。戒としては養生のために許すものの、心の面から見れば、死を賭して守るべきである。道を行ずる者は、すべてのものに絹を使わないことを目指して欲しい、と宗覚は言う。彼にとって禁絹は、日々戒律の聖性を破壊していく者たちに抗して、戒律の聖性を証明し築いていく行為であり、自身に許した怒りの表現形式でもあったのだろう。

そして宗覚に見られるような怒りは、他の律僧の貪欲と対になって、末端の律僧にまで波及する。禁絹への批判がたけなわとなった近世後期、安永九年（一七八〇）の絹衣論に見られる律僧の禁絹の状況を見てみよう。これは浄土律僧の敬首の講義であるが、敬首自身は、三衣以外のものには絹を許し、三衣の禁絹もそれぞれの能力に応じて行うべきという穏健な立場を取っていた。敬首の見た律僧の禁絹とは、どのようなものであったのか。

切に怪しむ、その律師と称する者、これに於いて、点検密察ならず。纔《わず》かに「断絵」の言を聞きて、輒く意を用いて卜度し、以為く、通じて諸衣・似衣を制すと。便ち褊衫・裙子の内衣、坐褥、以て護胜・踝蹲・鉢嚢・腰帯・帽巾等に至るまで、咸《ことごと》く皆これを布にして、謂く「律を学ぶ者宜しくこれに従うべし」と。……しかしてその道服を布にして聴衣を絹にし、勤々として威儀物に粛たるを見るに逮《およ》ぶや、乃ち眉を顰めて首を掉《ふ》り、これを流俗の僧に付して復た顧忌せず。……そのこれを指して非と為る。果たして尼犍《にけん》と朋党を結し了れり。何ぞ惑の甚だしきや。則ち禍天下・後世に及ぶと雖も、しかも終に一人としてこれを挽くもの無し、歎くべし。

（『律宗禁糸決講義』(8)、一六左—一七丁左）

律師と称する者が、「絹禁止」という言葉のみを聞いて、勝手に拡大解釈して法衣のみならず、下着・坐具・頭巾・鉢を入れる袋まで絹を使わず麻にして、律僧たるものこれに倣わなくてはいけないと言う。さらに、法衣以外に絹を用いる律僧を見ると、彼らは眉をひそめ首を振って、俗僧であると決めつけて顧みることがない。この裸形の外道と同じ輩は、天下に蔓延し、後世に禍いをまき散らしているが、誰も彼らを正そうとしない、というのである。

夫れ布衣を体に被て、節倹に親しむと謂わば、誰か宜しからずと曰うや。しかもこれに乗じて俗目を眩まし悦びて巳〔己〕に従わしむるときは、則ちその節倹と併せて倶に非なり。……近《この》ろ聞《ご》く、三宝に絵を懸くるを廃する者の有りと。聖を誣し法を乱ること、尤も倍にして甚だしと為す。豈に弁ずるに足らんや。……又、有般律師、窃かに絵帛を著するも、しかも諸を方策に質すこと能わずして、因て侘《ほか》の議せんことを懼る。その由を揆《はか》るに蓋し貪服なり。未だ教に違せずと雖も、罪不学に在り。有識、これを哂う。

（『律宗禁糸決講義』、二〇左—二一丁右）

律僧が麻衣を着て、質素倹約に励んでいると言えば、誰もとがめようがない。しかもその麻のみを着ることで得た良い評判に乗じて、俗人を惑わし従わせるに及んでは、その質素も共に誤りである。最近では、三宝に絹を懸けることまで廃止する者がいると聞くが、その聖をないがしろにし法をみだす酷さは、論ずるに堪えない。また、ある律師は、絹を着用しているが、それが正しいことを道宣らの聖教で確かめることができないから、他人に非難されることを懼れているという。これは絹に執着しているのであって、表面的には教に違反していないとはいえ、無学の罪であり笑い者である、という。

この三宝の供養にまで絹糸を禁止するというのは、よく知られていたことらしく、一七六二年の道光の『絵衣《そうえ》光儀《こうぎ》』にも挙げられている。

> 又曾て諸楽の一院にて、感応記の説に執して、尽く絵綵を幡蓋等の厳具まで廃し、更に麻布にて作る。しかも衆、相慶幸して「吾曹、忝なくも天人の教命を奉るが故に、蚕帛の供を棄て、まさに真の清浄供を成ずるがごとし」と亦た説かざるや。然るに以て厳飾と為すに足らず、却て佗の軽想を生ずるが故に、久しからずして復た麻布具を廃して、還りて絵綵を用いること、故の如し。遂に世人の為に譏る所と為る。かくの如きの輩、逞逞として有り。
>
> （『絵衣光儀』、新日仏全五〇、一九六頁上）

ある寺院では、天人が禁絹を賛嘆したという道宣の『律相感通伝』の説に固執して、幡や蓋の荘厳具に至るまで、絹を廃して麻布で作り、我々は天人の教えを奉って、絹を棄て清浄な供養を行うと喜んでいた。しかし麻布はみすぼらしく、他人に軽んじられたため、結局絹に戻すことになって、世人の失笑を買ったという。

これら禁絹に励む律僧たちの姿は、もはや不殺生を掲げる禁絹本来の精神とはかけ離れたものであり、質素倹約こそが禁絹の目的と理解されている。彼らが行為の基準とするのは、律僧への批判であり、俗人からの評判である。律僧以外の官僧たちの紫衣・金襴袈裟を背景に、律僧の絹の忌避は彼らの良心の担保となって、正しい僧侶である律僧としての存在を、社会的に保証するものとなっていた。

以上の敬首や道光の批判は、禁絹の外面的な弊害に対してなされているが、では禁絹は、それを行う律僧の内面には何をもたらしたか。普寂の言を見てみよう。安永元年（一七七二）に著した『六物綱要《ろくもつこうよう》』で、普寂は禁絹の害について、次のように述べる。

禁糸の流、貪を生ずる過軽きの衣服に於いて、制に非ざるをこれ制として、貪を生ずる過重きの飲食乃至恭敬等に於いては、これ制なるも制せず。豈に離過偏小に非ざらんや。此の制偏小なるに由て、後に承襲する者、転た更に偏僻して、専ら蚕衣を制断するを計して以て上行と為す。余の貪を生ずるの境に於いて、都て心を惜しまず。その甚だしきは則ち、麁服を着するを以て名利恭敬を求むる囮と為すに至る。

（『六物綱要』、日蔵六八、二七三頁下）

貪欲を生じさせる過ちが他に較べてより軽い衣服において、本来誤りである絹の禁止を実行しながら、より重い貪欲を生じる飲食や俗人の尊敬を集めることなどにおいては、正しい本来の戒めを実行しない。些末な絹禁止だけを受け継いでいく間に、絹禁止だけを優れた行為とするようになり、他の戒めには心を向けようともしない。さらに甚だしい者は、粗末な服を着ることが名利恭敬を求める行為となる、という。

普寂が言うのは、絹禁止は些末な戒めであること、にもかかわらず律僧においては、絹禁止による粗末な服こそが名利恭敬を求める手段となっていることである。僧侶と俗人に尊敬される禁絹自体が、律僧としての名利につながっていった。

特〔持〕に律者、蚕衣を禁ずるを以て仏の制する所と為すが故に、遂に無知の道俗をして蚕衣はこれ制にして諸宗の僧侶、蚕綿貴衣を着するは皆これ非法非律と錯謂せしむるなり。その他の非を非として、妄りにその過ちを挙ぐ。（『六物綱要』、日蔵六八、二七四頁上）

禁絹の律者は、無学の僧侶・俗人たちに、禁絹を仏の定めたものとして、官僧たちの絹をはじめとする贅沢な衣を破戒と錯覚させる。かくして禁絹者たちは、本来正しい者を非難中傷する、という。絹禁止は、それを行う者に根拠のない優越感を与え、他人をあなどらせる理由となる。

外に律相を現し、内に世念を逞しくして、三毒を制さず、三学を修さず、無我人道を趣向せざる者。……則ち事は制に順ずると雖も、理は則ち大いに乖《そむ》けり。これ仏祖の黜《しりぞ》くる所にして、内染外浄、誑仏の徒なり。その過ち軽き者は則ち尼犍の隊に入り、その過ち重き者は則ち調達の徒と為る。並んで仏弟子に非ざるなり。（『六物綱要』、日蔵六八、二六八頁下）

外面のみ戒律を守って、内面では俗念を逞しくする者は、一見正しく見えるけれども、その内実は大いに戒律と乖離している。彼らは外面は清浄でも内面は汚れていて、仏を誑かす者である。罪の軽い者は裸形の外道と同じであり、罪の重い者は驕り高ぶり、勝手な戒律を定めて僧団を二分し、釈迦に背いた提婆達多と同じである、と。

普寂は「破戒無慚の者も多いのに、なぜ戒律を守る者をそれほど非難するのか」という問に答えて、他の著作で次のように言う。

その外に賢善を現し、内に姦詐を懐く者は則ち淳信の男女、その儀容を謄し、以て有道の高僧と為し、乃ち若干の礼敬供養を伸ぶ。彼も亦た、傲々然として、以て謂う「吾、よく真の沙門行を行ず、吾よく四事供を受くるに堪うる」と。しかして一念の非を省みるの心無し。

(『顕揚正法復古集』写本下巻、(9) 四十丁左)

外面を賢者であり聖者であるように見せかけ、内面はよこしまな悪意を抱く者に対して、在家の者はその振舞いから有徳の高僧と思って、尊敬し供養を行う。本人も傲然として、自分は僧侶として正しい行いをしているから、家・衣服・飲食などを施されるのにふさわしいと思いこみ、非を省みることがない、と。

禁絹が自己目的化するうちに、その行為は他者を欺くのみならず自己をも欺く罠となって、無自覚な傲慢さに帰着する。そのことは禁絹に限らず、戒律という具体的な行為を実践する律僧の課題である。『六物綱要』の下書きである『六物弁』の跋で、普寂はある僧侶の問に答えて次のように述べている。

今時の持律家、……一般の膚浅の者有り。持律の門に入りて、持斎時戒、纔かに寸尺の善を行ずるに、便ち謂う「我よく古道を行ず、これ正法なり。他は皆律検に違す、これ非法なり」と。この自を是とし、他を非とするの心生ずる時、……見慢転た増し、善心転た痿える。……凡人の世を処するや、或いは是に似て非なる者有り、或いは非に似て是なる者有り、或いは初是なるも後非なる者有り、或いは初非なるも後是なる者有り。……かくの如き交際、聖智猶お手を拱くの玄境なり。豈に凡情を以て図度すべけんや。……これに由てこれを観ずるに、三乗見道未だ成就せざる以来の一切の是非、極めてその帰宿する所を知らざるものなり。この故に、自己の力を努めて是を行じ、非を除くは善し。他に抗対して是非を較量するは、衆過を生ずるの根基なり。予を以てこれを思うに、自を是とし他を非とする心熾然なれば、律を行ずる者、律を行ぜずして慚愧有る者に劣るか。（『六物弁』、新日仏全五〇、三一九頁中―下）

最近の律僧の浅はかな者は、ほんのわずかな戒律を実行しただけで、「私は正法を行った。他の者は皆、律に背いた非法の者である」という。この自分を是として他者を否定する心が生じるとき、誤った増上慢が増し、善心が萎えしぼむのである。そもそも人の是非は分からないものであり、正しく見えて間違っている者もいれば、逆の者もいて、聖者でさえ分からないのだから、まして凡人に理解できようはずもない。菩薩位に入るまでは、その人の是非は分からないものである。自身が善行を行い悪行を除こうとするのは良いが、他人と比較してその是非を論じるのは、過ちの根本である。つまるところ、律を実践することで自分を正しいと考えて、他人を蔑むのであれば、律を実践しないでそれを恥じている者に劣るものではないか、という。

普寂は、良き行為が傲慢さの源となるくらいならば、いっそ行わない方がましである、という。仮にも、いったん正しい僧侶を志した者、官僧の紫衣と金襴袈裟に自ら決別した律僧は、戒律を自己目的化、絶対化してはならない。戒律を行えない官僧のみが、戒律の実践それ自体を目的とできるのであって、律僧がそこにとどまるとき、戒律実践は自己正当化の根拠となり、内面を浸食する悪しき行為となる。内面における無自覚な欺瞞、精神の怠惰、それこそが堕落である。この普寂の言が、禁絹批判の行き着いたところと思われる。

とはいえ、近世中期以後も禁絹を行う律僧たちは、無論存在していた。一七〇〇年代後半の真言宗の慈雲は、義浄の根本有部律を用いるが、絹に関しては道宣の禁絹と真言律の立場を踏襲し、「諍論有るが故に」として、毛と麻の「唯だ二種のみ」とする。[10] 明治期の照遍も、前章で見たように、禁絹と絹許可の説を「己が信じうる説を依行せば可ならんか」として絹許可の立場を認めつつ、「予が如きは終南の末葉なれば、深く終南の祖説を信ず」[11]として南山道宣の禁絹を取った。では普寂をはじめ、禁絹を批判し、絹許可の立場をとる律僧たちは、どういう根拠で絹を許可したのだろうか。

三　精神性の罠

禁絹批判は、五大律の一つである根本有部律をインドから中国に持ってきた唐代の義浄が、道宣を批判したことに始まっている。日本近世においても、義浄が根拠とされているから、最初に義浄の禁絹批判を確認しておこう。

凡そ絁絹を論ずれば乃ちこれ聖開なり。何事ぞ強いて遮して徒に節目と為さんや。これを断ずるに意を以てす。省を欲して繁を招く。五天の四部、並に皆著用す。詎《なん》ぞ求め易き絹絁を棄てて、得難きの細布を覓《もと》むるや。道を妨ぐるの極、それ斯れに在るか。制に非ざるを強て制すは即ちその類なり。遂に好事の持律の者をして、己の慢を増し余を軽んじせしむ。……しかも彼の意は、まさに害命の処より来れるを傷慈の極と為して、含識を悲愍《ひみん》して理これを絶せんとす。もし爾らば、著衣も噉食《たんじき》も縁多く生を損ず。螻《けら》・蚓《みみず》には曾て心を寄せずして、蛹蚕《ようさん》の一のみに何ぞ念を見るや。

（『南海寄帰内法伝』、大正蔵五四、二一二下―二一三頁上）

絹は釈尊が許すものであり、なぜ強いて禁止するのか。インドの僧侶も皆、絹を着用しており、得やすい絹を棄てて得難い布を求めるのは、修行の妨げである。道宣の禁絹は、律の定めにないことを強制して、良き律者に増上慢を抱かせ他人を軽蔑させる。それは蚕の不殺生を目的としているが、絹以外の衣や食事も、多くの殺生を行った結果であるのに、なぜ絹のみを対象とするのか。けらやみみずには心を寄せないで、どうして蚕のみを哀れむのか、というのが義浄の禁絹批判である。禁絹の焦点となる殺生については、次のように続けられる。

凡そ殺を論ずれば、先に故意を以て彼の命根を断ずるは、まさに業道を成ず。必ず故思に匪れば、仏、無犯と言う。……況や復た金口、自ら言うに、何ぞ労して更に穿鑿を為すや。……もし施主浄意にて持ち来たるもの有らば、即ちすべからく唱導し随喜して以てこれを受用して、身を資して徳を育くむべし。実に過無きなり。

（『南海寄帰内法伝』、大正蔵五四、二一三頁上）

殺生という行為は、故意に命を断つ場合に、悪業となる。故意でなければ罪ではないと仏が定めている。仏が自らそう定めているのに、どうして更にこじつけて解釈するのか。施主が清浄な気持ちで絹を持ってきたならば、喜んで受け取り、衣服にして、修行を続けるべきであって、これに過ちは無い、とする。義浄は、故意でない殺生は許されるとして、施された絹は受け取るべきという、戒律本来の立場に立っている。

日本近世において禁絹批判が始まるのは、一七〇〇年前後からである。最初期の浄土宗の義海を見てみよう。義海は、禁絹とその批判の間で揺れている段階にあり、元禄七年（一六九四）の著書『仏像幖幟図説《ぶつぞうひょうしきずせつ》』で、義浄と道宣を批判して言う。

三蔵〔義浄〕の誹毀や、但だ開文に依りて仏の大悲を忘る。律師〔道宣〕の破釈や、偏に制文に執して道の本務を疎す。相互の是非、未だその実を得ざるか。然れども我が真宗の如きは、但だ開文のみに依らず、偏に制文を執せず。悟る所を本と為すが故に、敢て形服に拘らず。大悲を懐と為すが故に、利と見れば布・絹を著す。開・制その宜しきに随て、自他得益と成す。

（『仏像幖幟図説』、新日仏全四九、三二一頁中）

義浄は仏の大悲を忘れ、道宣は仏道の本務をないがしろにしている。我が宗では絹許可にも絹禁止にもこだわらず、悟りを基準として形服には執着しない。麻であれ絹であれ、時々に応じて利益《りやく》をもたらす方を選ぶ、とする。また彼は、蚕を殺して法衣にすることで、蚕に大乗菩薩の慈悲を施すことになる、という見解を示しており、[12] 禁絹の不殺生を理解しつつも、現実には絹衣を許すという立場を取った。恐らく、浄土律における絹許可は、こうした包括的な態度から生まれてきたものと思われる。

　ここで注目されるのは、禁絹の根拠となる大乗経典として楞厳経が提出されていることである。[13] もともと道宣の禁絹の文証は、涅槃経・央掘経であったから、楞厳経は日本近世において発見された文証であると思われる。この後一七〇〇年代半ばまでに、涅槃経と央掘経の道宣の解釈は誤っていることが指摘、確認され、禁絹の文証となりうるのは楞厳経のみであることが周知の事実になった。つまり道宣の主張である蚕の殺生に対する答えは、ひとえに楞厳経の解釈にかかることとなった。楞厳経本文を確認しておこう。

> もし諸の比丘、東方の糸綿絹帛、及びこれ此土の靴履・裘毳〔皮衣〕・乳酪・醍醐を服さざれば、かくの如き比丘、世に於いて真脱して、宿債を酬還し、三界に遊ばず。何を以ての故に。その身分を服するは皆、彼の縁と為る。人、その地中の百穀を食すれば、足、地を離れざるが如し。必ず身心をして、諸の衆生の身身分・身心二途に於て、服さず食せざらしむ。我、この人を真の解脱者と説く。我が此説の如きを名けて仏説と為す。かくの如きの説ならざれば、即ち波旬の説なり。
>
> （『楞厳経』大正蔵一九、一三二頁上）

比丘が、東方の絹糸とこの土地の靴・皮衣・乳製品を用いなければ、その人は真に解脱する。なぜなら、人は土地に生える穀物を食べるから足が地を離れられないように、生き物を殺して利用することは人をそこに止《とど》めて、解脱を妨げるからである。身心において、あらゆる生物を食物にも衣服にも利用しないのが真の解脱者であって、これが仏説である、という。この「東方の絹を用いない人、一切の生物を食物にも衣服にも利用しない人が仏となる」という一節の解釈が、禁絹批判の問題となった。

一七〇〇年代に入って禁絹をはっきり否定、非難するのは、近世屈指の論争者として知られる華厳宗の鳳潭である。鳳潭は、享保十一年（一七二六）の著書『仏門衣服正儀編』で、義浄の禁絹批判を継承し、道宣の文証であった央掘経の解釈が誤っていることを示し、道宣と元照を否定した。鳳潭は、問題となる楞厳経の解釈については、インドの東方の国では絹をことに多く使っていたから、禁絹はそれら東国のための特殊な戒めにすぎないと理解している。(14) その後、道光も宝暦十二年（一七六二）の著書『絵衣光儀』で、楞厳経の一切禁絹を東方の特殊事情として、(15) これを支那と理解するのは誤りであるとも注意している。(16) 禁絹を東方だけの戒めとする解釈が、一つの類型としてあったのだろう。

次に問題となるのは、光国である。一七三〇年の光国の『僧服正検』は、その後の袈裟論争において一つの基準となったものであり、絹衣論において重要な位置を占めている。(17) 光国は、享保十九年（一七三四）に戒壇院の役職で入ったが、破律破戒の行為によって延享三年（一七四六）に追放され、後に讃岐で没したことが明らかにされている。(18) この「破律破戒」が何であったかは、不明である。光国は、楞厳経を次のように解釈する。

稜厳の真文、全く絹を断ぜんが為なるか。何ぞそれ然るや。……〔央掘経の引用が入る〕……蓋し凡夫の世界を処するや、自らこれを知らずと雖も、動止放捉、損生せざるは少なし。孰れかそれ有情の身分を服せざる者あらんや、況や心に服せざらんや。要《かなら》ず無生を期して、まさに真の断肉・断糸を為す。故に、身心二塗に服食せざる人を真の解脱者と言う。涅槃経巻五に云う「法界性の如きは即ち真解脱なり。真の解脱者とは即ちこれ如来なり」と。[19] よく服せざる者とは、それ惟《おも》うに此の人なるか。……然れども、吾人未だ道眼を得ざるの小智なり。衣食の来原を尋ぬるも、嗚呼、近きは自ら餓え凍え死ぬに至り、遂には尼犍の計謂に堕して、永く聖智を凝《さまた》げん。豈に悲まざるべけんや。但だ分に随て、離罪の衣食に依り、万行勇進して退転無し。則ち久しからずして、解脱者と作らん。……出家、律に局《かぎ》る。戒中に犯無くんば、まさに経に通ずるを得。戒に於いて違有らば、未だその可なるを見ず。大乗の教意に拘らず、此を職さどるの由なり。焼身供養は出家の応作に非ずと言うが如し。

（『僧服正検』、新日仏全五〇、一一四中—一一五頁中）

確かに楞厳経は絹を一切禁じている。しかし思うに、凡夫が生きていく上でのすべての行為は、生物を殺して成り立っているものであって、一体誰が生物を利用しないだろうか。涅槃に入って初めて、真実の肉食の禁止が実行できるのであって、禁絹を実行する真の解脱者とは、まさに如来のことである。この私は悟っていない小人であり、施された衣服をも拒否していたら、凍え死ぬか、裸形の外道になってしまい、悟ることなど難しいだろう。だから分に応じた清浄な衣服を着て、修行に励むのである。そうすれば真の禁絹を実行できる如来となれよう。出家者は戒律を守っていれば大乗経の戒めに通じるが、その逆ではない。たとえば、経中に定める焼身供養は出家者のなすべきことではないのと同じである、という。

光国の禁絹批判は、央掘経の「陸虫・水虫・虚空にも亦た虫あり」[20] という一節を手がかりにして、楞厳経の一切禁絹は如来のみに可能なことであり、僧侶の実践は大乗経より戒律を優先すべきである、というものである。普寂は、光国の説を継承発展させ、禁絹を大乗戒の問題として論じた。普寂が光国を知っていたことは、『六物弁』に、南山道宣を尊び、元照を排斥する者として、光国の『僧服正検』が挙げられていることから分かる。[21] 普寂は、まず楞厳経については、次のように述べる。

但だ楞厳の説く所のみ、余と同じからず。蓋し此の説は乃ち性地已上、深慈行を旌《あらわ》す。謂う所の衆生の縁と為さずとは、これ得忍薩埵のよくする所にして、沙門の通行に非ざるなり。例せば、梵網軽戒に間《ま》ま性地已上の所行にして外凡の堪うる所に非ざるの制有るが如きなり。凡夫の世を処するや、衣食住処、動止放捉、生を損ずるの縁に渉らざるを得ず。何を以ての故に。水・陸・空界中、肉眼に見えざる有情、無量無数なるが故に。凡夫の比丘、未だ身心二塗に全く有情身分を損傷せざるの行を行ずるを得べからざるなり。……まさに知るべし、彼の説乃ち性地上、超異の深行なれば、律制と混同すべからず。

（『六物綱要』、日蔵六八、二七二頁）

楞厳経の説は、高位の菩薩のみに可能なことであり、普通の僧侶に通じる行為ではない。水・陸・空中に肉眼に見えない生物は無数に存在しているのだから、凡夫は衣食住や動作行為のすべてにおいて、生物を殺さなければ生きてはいけない、という。普寂によれば、道宣のいうすべての不殺生を目指す禁絹の大乗戒は、凡夫には不可能である。なぜなら、現実の凡夫の行為は、不殺生という希望と意図を、常に裏切らざるを得ないから。凡夫にとって大乗戒は危険である。その危険性とは何か。

故に閻浮一化には声聞戒を以て凡夫所学に充つ。其の大乗菩薩法を楽学する者は、摂律義辺には全く声聞毘尼を依用し、大乗不共の学処に於いては則ち己が堪うる所に随って以てこれを行用すべし。初心の菩薩、頓《とみ》に一切学処を受持するを得るに非ず。其の余の一切の大乗深経並んで皆秘密超情の法門なれば、応に必ず彼の所説に将して五衆の所行の律制を斟酌すべからざるなり。然らば則ち仮令《たと》い大乗聖教中、憍奢耶衣を禁ずるの説有るも彼を以て定量と為すべからず。矧《いわんや》大乗経論の中、一として蚕糸貴衣を制断するの文無し。後代の膚学の輩、大乗所説は対機不同にして義一準ならず、往往にして深位菩薩の所行を説くこと有るに暁かならず。猥に秘密超情の文を引きて、以て外凡徧計の境界に擬す。大いに聖旨に違戻する者蓋し多し。

（『六物弁』、新日仏全五〇、三一五下—三一六頁上）

この世の教えでは、声聞戒が凡夫の学ぶ所とされている。大乗菩薩の法を願う者は、現実の行為においては声聞戒を用い、大乗だけにある教えについては、自分が堪えられる分際に応じて行わなくてはならない。なぜなら初心の菩薩は、一度にすべての教えを受け取ることはできないし、すべての大乗経は秘密にして凡情を超えた教えであるから、大乗を通常の律制の基準としてはならない。だから大乗経中に禁絹の説があったとしても、それを定めとすべきではないのであり、ましてや大乗の中には禁絹はないのだから、これを定めとするのは誤りである。しかし後の浅はかな輩が、菩薩のみに説かれた教えを、すぐに自分にあてはめて理解している。全く聖旨を理解していない者が多い、と。

普寂の警告は、大乗法は架空の希望と現実の行為とが一体となったところ、秘密超情の境界で制定されているものだから、この世の凡夫にはふさわしくない、ということにある。性急に大乗法を実践するのは、希望と現実があいまいな領域に自分を押し出すことになり、ついには本来の志も口先だけのものになってしまうだろう。現に、大乗戒である禁絹を掲げる僧侶たちが、内面を浸食されて無自覚な傲慢さに陥っているように。凡夫には至るべくもない超情の領域を自らのものとすることで、必然的に陥る擬似の内面性に呑み込まれて自らを失うこと、それが大乗戒の危険性、精神性の罠である。普寂は、現実の絹使用については、次のように述べた。

苟も沙門の行を志す者は則ち縁無くして、妄りに好衣服を受着すべからず。もし律蔵に蚕綿貴衣を開許すと聞き、己の貪情に殉じて、好衣服を着し、四依の本制を忘却するは、則ち惑の甚だしきなり。もし僧院多衆共住の処は、則ち必ずすべからく着衣の方規を制定し以てその濫用を禁ずべきなり。

（『六物綱要』、日本大蔵経六八、二七七頁上）

正しい僧侶たらんと志す律僧は、理由もないのに、良い衣服を着てはならない。律に絹を許すからといって、ほしいままに絹を着るのは、甚だしい惑いである。僧院では着衣の規則を定めて、絹などの濫用を禁止しなくてはならない、とする。彼は、理由がある場合に絹は許されるというのであり、穏当な結論といえよう。

その後の近世後期には、曹洞宗において道元の袈裟観を基にした禁絹批判が確定したことが、川口高風によって明らかにされている[22]。面山は、明和五年（一七六八）の著書『釈子法衣訓《しゃくしほうえくん》』で、道宣を否定する。

絹糸は、殺生より生せるときらふ。おほきにわらふべきなり。布は生物の縁にあらざるか。非情の情、いまだ凡聖の情を解脱せず。いかでか、仏袈裟をしらん。……声聞は、菩提心をしらぬゆへに、袈裟の甚深微妙無上難遇のことを味《くら》まして、たゞ布とばかり見るなり。

（『釈子法衣訓』、新日仏全五〇、二一五頁上―下）

絹糸は、蚕の殺生から生じるからといって、絹を避けるのは愚かしいことである。麻布は生物によるものではないのか。道宣らの小乗律を行う律僧らは、菩提心が分かっていないから、仏の袈裟の意味が分からず、ただの布と考えるのである、という。禁絹にこだわることは無意味であるという見解は、道元の袈裟観を基として、曹洞宗内で広く受け入れられていった。同じく曹洞宗の有名な良寛（一七五八―一八三一）は、その漢詩「袈裟詩」で、次のようにうたう。

袈裟詩

大哉解脱服　無相福田衣　　大いなるかな解脱の服　無相の福田衣
仏々方正伝　祖々親受持　　仏々まさに正伝し　祖々親しく受持す
非広復非狭　非布也非糸　　広きに非ずまた狭きに非ず　布（麻）に非ず糸（絹）に非ず
恁麼奉行去　始称衣下児　　恁麼《いんも》に奉行し去れば　始めて衣下の児と称せん[23]

袈裟は大いなる解脱服、無相の福田衣（袈裟の美称。功徳を生ずる衣）である。諸仏が正しく伝え、祖師方が親しく受け保ってきた。それは大きくもなく小さくもなく、その材料は布・麻でもなく糸・絹でもない。袈裟とはこのようなものであると知って修行すれば、初めて袈裟を着るにふさわしい仏子と言えるだろう。

袈裟の本質は解脱服であるから、その材料が麻であろうと絹であろうと問題ではない、と知ることこそが仏子にふさわしいという。道元の袈裟観に基づく良寛のこの詩は、近世絹衣論の結論の一つといえる。

四　非布非絹

近世の禁絹は、真言律・天台安楽律において開始されたと思われる。その最初期には、道宣流の法衣のみの禁絹であったが、律僧内部で絹をはじめとする金品を貪る律僧の貪欲さへの抗議として、一切資具への禁絹に拡大していった。

近世中期には、禁絹は三宝供養の荘厳具にまで適用され、形式化した爛熟期を迎えて、禁絹批判が生まれた。浄土律・真言律などの教系における禁絹批判は、その根拠とされた楞厳経に対する解釈が中心となる。まず鳳潭と道光が提出した答えは、禁絹は楞厳経に書かれた東国だけの特殊事情である、というものであった。

次に、光国・普寂が示した答えは、一切不殺生を目指す禁絹は仏菩薩のみに可能な行為であり、凡夫には不可能であるというものである。さらに普寂は、禁絹をはじめとする大乗戒は優れた菩薩のみに可能な行為であり、凡夫の僧侶は実行可能な声聞戒をまず行うべきであるとした。これが、近世中期の小乗戒を掲げる律僧からの禁絹への答えであり、さらには彼らが小乗戒を選択した理由と思われる。

また近世後期に確定する禅系の禁絹批判については、すでに川口高風によって、曹洞宗祖師・道元の袈裟観を根拠として、絹にこだわるのは小乗律師の道宣の誤りとすることが、明らかにされている。さらに近世後期、近代明治期に入っても、前節で見たように、少なくとも真言律の一部では、批判を知りつつ禁絹が遵守されており、律僧における禁絹と絹許可は併存していた。

世俗に生きる官僧の権威と力の象徴である紫衣・金襴袈裟に決別した律僧にとって、禁絹は戒律遵守の精神を内外に向かって目に見える形で掲げる象徴となった。しかしそのあまりに明白な正当性の故に、禁絹それ自体が自己目的化して、社会の中では律僧の単なる隠れ蓑となり、内面的には無自覚な傲慢さの根拠となっていった。それに対して近世中期以後、教系・禅系の律僧たちはそれぞれの立場から、共にその無意味さを指摘し、禁絹がもたらす精神的な頽廃を弾劾し、禁絹と絹許可は明治初期まで併存していた。

以上により、近世戒律は、その内実において刻々と変化していたと言えよう。絹衣の問題一つにおいても、律僧の貪欲という現実から絹の禁止が生まれ、禁絹による精神の頽廃から絹許可が生まれた。そこでは精神の超越が現れては、現実に狎《な》れて還元されていく思想的運動が受け継がれていた。

律僧たちは、身にまとう一枚の衣に、凡夫における不殺生の難問への答えを示し、蓄財に励む貪欲への怒りを託し、禁欲による傲慢という陥穽を見た。衣一枚にその存在がかかっていた近世社会において、一方で世俗権力と結びつく紫衣の欲望を拒否し、一方で聖性を社会的に保証する禁絹の誘惑から逃れ、非布非絹を梃子として、閉塞する現実から跳躍した彼らの精神と学問は、私たちが想像する以上に、自由の具体性、無我を知った強靱なものではなかっただろうか。絹という単なる布地が、禁止であれ許可であれ自身の存在証明となり、思想の表現手段となった閉塞する近世社会を生きたからこそ、彼らは布一枚に無数の意味を見いだし、そこから精神の飛翔を引き出す強靭さを持ち得たと思われる。

近世絹衣論において、普寂ははっきりと大乗戒を拒否しており、もっとも厳しい小乗戒実行者の一人である。それは、教判を生きる普寂にとって、当然のことであったろう。しかし古代の最澄以来、日本仏教では大乗戒こそが主流であり、寺院社会においては大乗戒を得度することによって、僧侶として認められる。大乗戒の得度によって成り立つ近世寺院社会の中で、律僧は常に絶対的な少数派であった。大乗戒を拒否する普寂は、その寺院社会の現実をどのように認識し、いかに現実と向かい合ったか。そして、どのように現世を超えていったか。次章では、普寂の大乗戒観を考察した上で、その念仏と浄土観を明らかにしていきたい。

註

(1)『六物綱要』、日蔵六八、二七六頁下。
(2)『絵衣光儀』、新日仏全五〇、一九五頁上。
(3)『律苑僧宝伝』、新日仏全六四、二三一頁下。
(4)「諸宗階級」『続々群書類従』巻一二、天台安楽律は三六五頁下、真言律は三八九頁上。
(5)第六章参照。
(6)『六物図採摘』、日蔵六八、二九下—三〇頁上。
(7)『論童弁』、『明治仏教全書』八、四〇八頁。
(8)『律宗禁糸決講義』安永九年版本。
(9)長泉院所蔵の昭和十年(一九三五)の大島泰信による新写本。現行の『顕揚正法復古集』の下書きにあたる。
(10)『方服図儀』、日蔵六八、四二八頁下。
(11)『南山律宗袈裟禁絹順正論』、新日仏全五〇、二三四頁上。
(12)『仏像幖幟義図説』、新日仏全四九、三四一頁上—下。
(13)前掲書、三〇五頁中。

(14)『仏門衣服正儀編』、日蔵六八、二九八上―二九九頁下。
(15)『絵衣光儀』、新日仏全五〇、一九二下―一九三頁中。
(16)前掲書、一九二下、割注。
(17)川口高風『法服格正の研究』第一書房、一九七六年、第五章「袈裟復古運動の形成」三五八―三五九頁、第七章「訣復古運動における法服格正の意義」四〇一、四〇五頁。
(18)上田霊城「照遍和上」、『密教文化』一二五、一九七九年、二一―二三頁。
(19)『大般涅槃経』、大正蔵一二巻、三九三頁中。
(20)光国の引用は「央掘魔羅経巻四に文殊、仏に白して言く、世尊、亦た不浄水を用いるを得ざる熟食を比丘、まさに受くるべからざるか、と。仏、文殊に告げて言う、これ世間想と名く。もし優婆塞有りて、浄水を以て食を作らば、田を作ることを得ず。もし優婆塞無くんば、諸仏それこれを如何せん。陸虫・水虫・虚空にも亦た虫あり。もしかくの如くんば、浄肉に於いても悪と為す。世間云う、何ぞ浄肉を修するを得んや、と」。央掘経の出典は大正蔵二巻、五四一頁上。
(21)『六物弁』、新日仏全五〇、三一八頁中。ここでは「僧服正見」となっている。
(22)詳細は前掲書『法服格正の研究』、第四章「道元禅師の解釈した袈裟観」、三四〇―三四三頁。第五章「曹洞宗の袈裟研究書と著者」、三六一、三七五頁。第七章「袈裟復古運動における法服格正の位置」、四〇五頁。
(23)大島花束編『[復刻版]良寛全集』、恒文社、一九八九年、一〇七頁。

第八章　不退の浄土——普寂の大乗論

一　寺院社会と律僧

普寂は、江戸に来て以来十五年以上にわたって、芝の浄土宗増上寺で華厳学を中心とする講義を行った。増上寺は、近世初頭から紫衣を許されており、歴代将軍家の菩提寺である。関東十八檀林の筆頭として、浄土宗門の行政と教学両面の実権を握り、寺領は一六〇〇年代半ばには五千石、幕末には一万石を越えていた。名実共に、近世を代表する大寺院の一つといえよう。

当時の増上寺において講師をつとめることは、当事者たちの意図がどうであれ、外から見れば、浄土宗檀林から公認されたことを意味していたと思われる。たとえば、普寂と同時代の浄土宗僧侶である大我《だいが》（一七〇九—一七八二）は、普寂を講師とすることを批判して、次のように言う。

然に〔普寂を〕天下第一の檀林に請し、三千大衆の上に坐さしめ、月席学頭まで礼拝恭敬すること、菩薩の如にする者は何ぞや。浄土宗門の恥辱これより大なること莫し。昔し鳳潭・湛恵〔湛慧〕等の大徳を山内に請し、講師に為んとするを、頓秀・理天等の和尚みな怒て禁止せられぬ。此れ檀林に講師なしと、他宗に嘲れん事を遠慮するか故なりと。（『続芝談』[1]、一三丁左）

天下第一の檀林である増上寺で、普寂が講師として三千大衆の上座に座り、学頭までが普寂を礼拝し菩薩のように敬うとは、一体何ごとか。浄土宗門の恥辱であること、このうえない。普寂の師であった鳳潭や湛慧を増上寺の講師とすることでさえ、当時の和尚らは怒って禁止したのである。それは、檀林外の存在である鳳潭らを講師とすることによって、浄土宗の檀林には講師がいないのだ、と他宗に嘲られることを恐れたからである、という。大我の言う、鳳潭と湛慧に対する増上寺内の反対については、恐らく事実と思われる。檀林の枠外にある律僧普寂が、大乗戒のみを受けた増上寺の官僧たちの講師となることは、当時としても例外的なことだった。

増上寺はもちろんのこと、近世寺院社会は、大乗戒の得度を前提として成り立っていたから、どのような意義付けをするにせよ、律僧は常に少数派であった。普寂が増上寺で講義を行うことは、戒律運動が進展した具体的な証左であると同時に、大我のような反発を招き、教団側の官僧との軋轢の一因となるものでもあった。教団と律僧の関係については次章で論じるが、こうした寺院社会の現実は、なぜ今このような形で仏教が存在するのか、という問いかけとなって、否応なく普寂に迫ったと思われる。

本章では、釈尊復古の小乗教を実行する普寂が、大乗教をどのように捉えていたかを考察する。普寂は、近世の寺院社会とどのように向かい合い、そこでの閉塞と孤立をどのように超えていったのか。仏教が時代遅れの世界観として糾弾され、もはや知識人の恃むものではなくなりつつあった時代、近代の萌芽は、誰よりもまず普寂自身の内にあった。普寂にとって、浄土はいかなる形で現れたのか。

以下では、普寂の仏教史観から、彼が大乗教をどのように考えていたのかを明らかにし、その大乗戒観を考察する。その上で、官僧と律僧の軋轢に対する普寂の姿勢を見て、彼の念仏と浄土理解を示したい。

二　普寂の大乗観

すでに見たように、普寂は、釈迦仏在世時と、その没後五百年にわたる正法時を理想として、自らの基準とする。彼の考えでは、いわゆる小乗教こそが釈迦仏の教えであり、大乗教は大菩薩らのみに心によって伝えられる教えとして、凡夫には無縁のものだった。その大乗教が、どうして仏教の主流となっていくのだろうか。普寂の考える正法以後の仏教史を見ていこう。

仏滅を過ぐる五百年に曁《およ》んで、三蔵学者転た名相に執し、実義を陰覆し、乃ち自らの学ぶ所に膠滞して、更に上上法に進趣すること有るを知らざるに至る。……仏滅後三百年に、迦陀衍尼子《かたえんにし》有り、定・慧抜萃、聡明利根にして、阿毘達磨に遊戯して、八犍度を製す。五百の論師、広説を結集し、承襲弘演す。毘婆沙宗、ここに於いて勃興す。その学は久しうして稍稍弊を生じ、名相繁蕪して、鬧叢林《どうそうりん》の如く、専ら言詮を攻めて、真修を事とせず。あまつさえ大乗法はこれ声聞乗の所顕の真理たることを知らずして、妄りに毀斥を加え、甘じて重僣に罹る。豈に痛ましからずや。

（『顕揚正法復古集』以下『復古集』、新日仏全二九、一七七頁下）

釈迦仏が滅して五百年を過ぎてから、小乗教の三蔵学者は、些細な事相に執着して、教えの真の意味を隠すようになった。彼らは、自らの学問に膠着した結果、それより上の教えに進むことを知らなくなったのである。具体的には、仏滅後三百年に、非常に聡明な迦陀衍尼子が『発智論』を著し、五百の論師がその注釈書『大智度論』を著した。ここにおいて、毘婆沙宗が生まれたのである。それ以後、彼らは些細な言葉と事相にこだわるようになり、その学問は繁雑となるばかりで、言葉をもてあそび真の修行を行わなくなった。さらには、大乗教が、小乗教の実行によって顕されていく真理であることさえ分からなくなり、大乗教を非難して、自ら深い病に落ち込んでいった。なんと痛ましいことであるか、という。

仏滅後から五百年経って、小乗学者は言葉のみをもてあそび、実際の修行を行わなくなり、大乗教を非難するようになった。普寂は、小乗三蔵の正しい姿が失われたこの時に、その行き詰まりを打開するために、大乗教が現れるという。

ここに於いてか、馬鳴・龍樹・無著・世親・堅慧等の四依大士有り。その頽風を悲しみ、その淪溺を愍《あわ》れみ、大乗阿毘達磨を製造し、方等経典を弘揚す。まさに此の善巧を籍りて以て三蔵の実義を通暢せんとす。乃ち已むを獲ずして此の適化を施すのみ。輒く大乗を挙揚して三蔵を撥棄するに非ざるなり。……弘教の大士、如来の使いと為り、閻浮に降生し、教を分ち宗を立てて、秘蔵を開発して、以て像運を賑わす。

（『復古集』、新日仏全二九、一七七頁下）

この時に、馬鳴・龍樹らの大士らが、小乗教の頽廃を嘆いて大乗論を著し、大乗経典を弘めた。小乗教の真の意味を現すために、大乗教を弘めたのであって、大乗教を顕揚して小乗教を棄てたのでは決してない。彼らは仏の使いとなって、この世に生まれて、大乗秘蔵を開発して、像法の時代を盛んにしたのである、という。

普寂は、小乗教の行き詰まり——些々たる学問に溺れ、修行を行わないこと——を打開するために、あえて秘密であった大乗教が開かれた、とする。そして次に、小乗教刷新のために現れた大乗教も、時が経つにつれて堕落していくことが述べられる。

所以に我が仏世尊四真諦無我人法を以て理教と為し、戒・定・慧を制して以て学処と為し、これ閻浮一化の正軌と為す。然るに馬鳴・龍樹・無著・世親等の大士、三蔵学者の弊風まさに正法を壊さんとするを慨きて、已むを獲ずして大乗秘蔵を開発し、以て三蔵の実義を光顕す。しかして此の法これを久しく転じて、弊風を生ず。妄りに三蔵を貶め、以て小乗と為し、三学を撥置して以て権修と為す。甚だしき者は則ち豁達空に堕して、正因果を壊す。大乗甘露変じて毒薬と為り、その害、三蔵学者の弊に倍蓰《ばいし》す。ここに於いてや、南山天手を展回し、此の顚墜を扶けんとして、三学均修の正宗を提示して、以て学仏の洪範を指定せり。護法の功、それ大なるかな。　　　　（『復古集』、新日仏全二九、一九八頁下）

我が釈迦仏は無我を道理として、戒律・瞑想・学問の三学を正しい道と定めた。しかし後に、三蔵学者たちが堕落したので、大乗論師たちはやむを得ず、秘密にされていた大乗を教え示した。その大乗教も後に堕落して、釈迦仏の教えを劣った教え、「小乗」と蔑み、三学を劣った修行と決めつけた。さらにひどい者は、空《くう》の教えを誤って受け取り、正しい因果の教えを破壊した。ここに至って、南山道宣は、三学を均等に学ぶ正しい仏法を復活させて、仏道を学ぶ軌範を定めた、という。

普寂の描く仏教史は、小乗から大乗へ、大乗から小乗復活へと、弁証法的な経緯をたどる。彼にとって小乗戒の実践は、大乗の頽廃を救うための歴史の必然として現れたのであり、南山道宣の正法復古は、現在の自分に重ねられる。

……〔道宣は〕揩揩《こつこつ》として三学均修の淳源を興復し、淳淳として止観の双運の玄門を開宣す。対治に序有り、小より大にいたる。(2) 譬えばそれ樹を伐るに、始めは先ず枝を刊り、根株をして漸く朽ちせしむるが如く、真修階を攀《よ》づるには、下より上ること、これを五層楼に登るに、必ず初級より始むるに類す。以て四依八正の古道を、像末の世に挽回するは、南山律師の所宗より正しきはなかるべし。

（『復古集』、新日仏全二九、一八〇頁下）

南山道宣は、釈迦仏の戒律と瞑想と学問の道を復活させ、瞑想の奥義を教えた。煩悩の退治には順番があり、小さいものから大きなものに至るのである。五階の建物に登るのには、第一階から登るように、真の修行の段階は必ず初級から行わねばならない。釈迦仏の正道を末世に挽回するのに、南山道宣の教えより正しいものはない、と。つまりは、堕落した大乗教の中で正法を復古するためには、道宣のように戒定慧の三学を行わねばならない、というのである。普寂は大乗戒については、どのように考えていたのだろうか。

大乗教の実践である大乗戒は、現実的な規定もさることながら、精神性の部分を多く含んで実行不可能な規定を持つ。現実の実践が求められながら、神秘的な教説が入り混じる大乗戒への理解は、普寂にとって自身への試金石の一つであったろう。普寂の大乗戒についての著作は、まず初学者を対象とする仮名書きの『菩薩三聚戒弁要』がある。大乗戒を説く梵網経に対する注釈として、『梵網《ぼんもう》経《きょう》心地《しんじ》戒品《かいぼん》摘要《てきよう》幷《ならびに》懸譚《けんだん》』（以下『摘要』）と、さらに天台智顗（灌頂記）の大乗戒書である『菩薩戒疏』に対する注釈、『菩薩戒経義疏弁要』（以下『弁要』）である。

各書が書かれた年代については、『摘要幷懸譚』版本には奥書がないが、『義疏弁要』の冒頭に「予、曾て梵網戒品摘要を製述す[3]」とあるから、まず最初に『摘要幷懸譚』が書かれたことが分かる。そして『義疏弁要』版本の奥書には、普寂七十一歳の年である安永六年（一七七七）七月版とあり、増上寺学侶であり普寂の弟子であった鸞山が中心となって、増上寺内から喜捨を集めて開版したとある。しかし、普寂の伝記『摘空華』には、安永八年（一七七九）に『梵網戒経弁要』が書かれて刊行されたことが、当の鸞山によって述べられる。一方、仮名の『菩薩三聚戒弁要』には、安永八年（一七七九）の奥書があるから、普寂七十三歳の書であることが分かる。いずれにせよ、普寂最晩年の七十歳から七十三、四歳頃に、大乗戒関連の著述を集中して行ったことになる。

普寂が執筆活動を始めたのは、江戸に来て以後のことであるから、ほとんどの著書は六十歳以後に書かれている。そのためもあって、著作に見られる思想はほぼ一貫しており、最晩年の大乗戒書においても揺るぎはない。まず『弁要』から、普寂の戒律観の全体を見てみよう。

泛《ひろ》く戒法を論ずるに、大判して二有り。謂く、頓と漸なり。所謂頓とは、華厳・梵網・瓔珞等の所説の如きはこれなり。この法は、乃ち直往菩薩道にして、小より大に向うに非ざるが故に、名けて頓戒と為す。所謂漸とは地持・善戒・瑜伽等の所説の如きはこれなり。これ乃ち先に声聞戒を受持し、根・行漸く熟して、しかる後に大乗三聚浄戒を受得して、三聚の中、摂律儀戒、即ち七衆律儀にして声聞と共同す。但し後の二戒、これ菩薩の不共の学処にして、大願智悲、此の三戒を御す。小より大に趣き、重楼を上るが如し。故に名けて漸戒と為す。頓は乃ち他方の浄利〔刹〕、薄塵垢の衆生、まさに受行すべき所、これ独菩薩法なり。漸は則ち閻浮、重障衆生の受学する所、これ共三乗法なり。しかるに迦文一化、漸を以てその正軌と為す。（『弁要』巻上、一丁右―左）

戒については、大きく分けて二種類がある。まず梵網経や華厳経などは、直ちに大乗に向かう菩薩のための頓戒であり、この世ならぬ浄土の優れた人々をはじめ、煩悩の薄い者が実践する菩薩だけの道である。一方、小乗から大乗へと昇っていく瑜伽論などの戒は、この世で重い煩悩を背負う人々の漸戒であって、釈尊はこちらを正しい道とした、という。普寂にとっての大乗戒は、浄土世界の戒、直往菩薩だけの法なのである。では、なぜ現実には、大乗戒のみを用いるのか。

問う。もし頓戒、これ一化の正軌に非ざれば、何故ぞ、台・密・禅・浄、および律宗の通受家並に皆頓教門に依て、声聞の白四受法を行ぜざるは何ぞや。答う。これ澆時の機を救うの適変なり。

（『弁要』巻上、一左—二丁右）

尋ねる、頓戒である大乗戒が、釈迦仏の正しい教えでないのであれば、なぜ天台・密教・禅・浄土・律宗の一部では、こちらを用いて、声聞・小乗戒による受戒を行わないのか。答える、大乗戒の受戒は、末世に人々を救うために、教えを適変させた方法である、という。出家者が、大乗戒だけを用いることについては、『摘要』に、詳しい問答が立てられている。

問う。今、此の梵網戒法は、一切学処を含摂す。単に此の戒法に依て出家五衆の戒法を成ずることを得るや。答う。……もし閻浮一化の通軌に拠らば、則ち出家の戒羯磨は要ず声聞毘奈耶に依て成ず。所以に、文殊・弥勒等の大菩薩は皆、声聞僧次に随て、説恣等を受く。智論に明かなる如し。梵網戒法は乃ち七衆通学の根本毘尼にして、一切戒法を該摂すと雖も、これを以て出家五衆の別法と成すことを得ざるなり。もし世を救う適変に拠らば則ち、いずくんぞ知らん、陽に違し陰に順ずるの権巧有らざることをや。

（『摘要』、一二丁左）

問う、大乗戒法（梵網戒法）は、すべての戒律を含んでいる。大乗戒だけによって、出家者の戒となりうるか。答える、釈尊の教化を基準とするのであれば、出家の戒は必ず声聞・小乗律である。文殊菩薩や弥勒菩薩などの大菩薩も皆、声聞僧侶の順番に従っている。大乗戒法は、確かに仏者の根本戒としてすべての戒を含んではいるが、これだけを出家者の戒とはできない。しかし世を救うために教えを変容させることを基準とするのであれば、一見間違っているようであっても、実は正しい方法として認められる、という。大乗戒だけを用いることは、末世に応じたやむをえない方法とされる。

そもそも、普寂が考える大乗戒とは、どういうものか。戒の本質である戒体に関する箇所で、次のように述べられる。

「性無作仮色《しょうむさけしき》」とは、乃ちこの戒、性に由て起り、恒に性に住して、唯だ修徳因縁にて戒体を成すのみに非ざるを彰すなり。まさに知るべし、大乗戒法、全く性より起ることを。性、本より無性にして、湛として虚空のごとし。受と随と、猶お空中の画のごとし。諸戒を持すと雖も、持するに持相無し。これを真の持戒と為し、これを別・円二教の戒体と為すなり。（『弁要』巻上、三三丁右―左）

この大乗戒法は、真理である（本）性から起こるものであって、修行を行うことによってのみ起こるものではない。大乗戒法は、自己の本性から生じるものであることを、知らねばならない。その本性とは、定まったものではなく、いわば虚空のようなものである。戒を保つと言っても、こと細かな事相として保つのではない。これが、真の意味での持戒であって、それが大乗教の別教と円教の戒体である、という。

ここは、智顗《ちぎ》の『菩薩戒義疏』の「初め戒体とは起さずんば已みなん。起せば即ち性なる無作の仮色なり[4]」という色法戒体説（戒の本質をある程度の実体と見る説）として、同じく智顗『摩訶止観』における心法戒体説（戒の本質を全く心と見る説）と矛盾するため、古来より議論になる部分である。近世においては、天台安楽律の慈山（一六三七―一六九〇）および浄土律の霊空（一六五二―一七三七）が、色法戒体説を取っていたことが、小寺文顕によって明らかになっている。[5] 普寂は、「戒体といふは、前にいはゆる戒法身心に注入し、無作業を成じ、菩提成仏の種子となるものこれなり。台疏に云く、『戒体起らずばやむ。起れば即ち性無作仮色なり』と[6]」として、霊空と同じく色法戒体説に依っている。

次に「大乗深法に入らんと欲すれば」、教判に沿って小乗から大乗へと修行すべきことが、繰り返し述べられる。

もし空智未だ開けざる者、階を躐して別・円界外の性相を談ずれば、則ちその性を説き具を説く等、自ら偏計情窩に堕す。……これ乃ち別・円の性理、即ち界外不思議、沖玄の密境にして、輒く説くべからざるに由てなり。況や此の戒経（梵網経）は、別教道を以て主意と為し、以て十信・三賢の劣機を救摂す。なんすれぞ黽勉《べんべん》として高妙を浮慕し円旨を夸耀《こよう》せんや。（『弁要』巻上、三四丁右―左）

未熟な者が段階を飛び越えて、別教・円教という三界の外の教えを論じることは、自ら私情の穴に落ちることになる。天台円宗の極致は、別・円教の真理、三界の外の秘密であって、簡単に説いてはならない。まして梵網戒は別教を主とした教えであるから、凡夫がその高踏さを自らのものとして誇ってはならないとする。普寂は、大乗教は本質的に大菩薩の法であり、その実践である大乗戒は三界の外、たとえば浄土でこそふさわしいとした。大乗教が三界の外で伝えられたように、大乗戒もまた界外にふさわしい。

この主張は、智顗の『法華玄義』に対する普寂の注釈『法華玄義復真鈔』にも見られる。そこでは、「別・円菩薩に別に菩薩戒有り。これ三賢・十地の戒法にして、閻浮一化の正軌に非ず。梵網戒は根本に二地の戒波羅蜜を説く。然るに現流の戒本、閻浮提の愚痴凡夫の為に、一戒光明を誦出するのみ」として、梵網大乗戒は、根本的には大菩薩のためだけの教えであるとしている(7)。

しかし日本仏教では、最澄以来、大乗戒のみを戒とすることが主流となってきた。普寂が日々講義を行った僧侶たちは、官僧として大乗戒のみを受けた者たちである。官僧を育成するための増上寺で、大乗戒しか受けていない弟子たちに向かって、普寂は現状をどのように説明したのか。彼は、近世の現実とどのように向かい合ったのか。当時の宗団における律僧の状況から見ていこう。

三　復古の限界

普寂が以上のような思想に基づいて、永年にわたって増上寺で講義をしたことは、ある程度の混乱を引き起こさざるを得なかった。普寂の没後すぐに、次章で見る俊鳳によって、普寂を否定する大乗戒擁護の書が出された。この書『略述大乗戒義』（天明二年、一七八二）では、大乗戒は界外のものではなく、この世で実行すべきものとして説かれる。また、同時期の浄土戒律書でも、若者たちが小乗戒でなければ戒ではないと思ったり、彼らが律僧を、官僧より上座に坐らせたりすることなどが問題にされている。普寂以前の戒律書には、小乗戒遵守を賛嘆するものがむしろ多いから、浄土教団における大乗戒擁護への転換は、普寂が直接の引き金となったと考えられる。

いずれにしても、原理主義的な律僧という少数派と、現実の秩序と体制を担う多数派とは、遅かれ早かれ矛盾をきたさざるを得なかった。普寂よりやや遅い時代になるが、浄土宗官僧の義柳《ぎりゅう》（一一八〇四—一八一七一）は、関東檀林での修学を終えて帰ってきた弟子たちに、宗門伝統の大乗戒を述べる形で、律僧への傾斜を戒めている。その態度は、「博学の人は、種種の新義を立ると雖も、余が如き頑魯の身は、山家大師〔最澄〕、吉水〔法然〕の古風を仰ぎ、今時檀林相承の義に照し合て、唯宗の掟に背かざる様に守りて、局情と笑はるゝ事は、曾て愁へざる事也(8)」というものであって、浄土宗における大乗戒授受の意義を諄々と申し聞かせている。彼の言う「新義を立る博学の人」とは、律僧のことである。

その矛盾が目に見える形で現れた例の一つが、教団における律僧と官僧の坐順であった。大乗戒経の梵網経では、「先に受戒する者は前に在りて坐し、後に受戒する者は、後に在りて坐すべし(9)」と、戒を受けた順番に坐ることが定められている。この規定は、現実には、大乗戒に基づいての官僧優先か、小乗戒に基づいての律僧優先か、という問題になった。義柳は、上座に坐りたがる律僧を、次のように批判している。

不学の律僧、聊《いささか》是れを持すると云ふのみ、官僧に異なるにほこりて、円頓大戒の夏臘《げろう》を敬はず。三代上人、及び当時の官僧を無法者と軽んじ、帝王綸旨の尊きをも論ぜず、官僧の上に坐せんと欲するの僧、上の慢心、何ぞ此の如く甚きや。又官僧の中にも其の弁別なく、彼等を敬ふこと度に過ぎたる者有り。是れ愚夫の眼より見る時は、謙譲無我と賞すべしと雖も、正理によりて照しみれば、私の義を以て、宗門の成立を鄙辱すると云ふものなり。

（『浄土戒学繊路』、浄土宗全書一二、三四〇頁）

律僧が大乗戒を軽んじて、綸旨を頂いた官僧をも無視して、上座に座りたがる。官僧も度を越して律僧を敬っているが、これは私情によって、宗門の秩序を辱めることになるとして、円頓大戒によって、坐順を定めなくてはならないと主張する。坐順において、小乗戒に基づいて律僧を優先することは、大乗戒に基づく檀林秩序を無視して宗門権威を相対化することになり、教団にとっては看過できない事柄だったと思われる。

では、普寂はどのように考えていたか。冒頭で見たように、大我は、官僧の学僧たちが普寂をむやみとありがたがって「恭敬尊重、礼拝讃歎」することは、「殆ど愚夫愚婦の親鸞・日蓮を欽崇するが如し」であると非難している[10]。増上寺での普寂の講義は人気を博していたし、師となった普寂が上座に坐ることも多かったと思われる。当の普寂は、坐順については、次のように述べる。

凡そ仏教に頓・漸二門有り。もし頓教門に依れば則ち一切四衆、但だ菩薩戒を以て坐の次第を成ず。これ他方浄刹の風儀なり。もし漸教門に依れば、則ち七衆の差別、一に律制に順じて、全く異致無し。菩薩戒法を受くると雖も、これ内証秘密の法、此れを以て坐次を判定すべからず。然るに雑染世界必ず声聞法を以て、七衆を制定すること、智論三十四に説くが如し。理必ずまさに漸教門に依るべきなり。然もかくの如しと雖も、我が法像季に入ての後、人法陵夷、律制行ずべからず。故に、中古の諸徳率ち頓教門に依て、法儀を制定す。これ時に随うの適変なり。諸宗各の家法僧制有り。その規約に随て、以て坐次を定むべきなり。

（『弁要』巻下、三四丁右―左）

頓教門によって、大乗戒を基準として坐順を定めるのは、他方浄土の風儀である。この世では漸教門こそが正しい道であるから、小乗律によって坐順を定めるべきである。仮に、大乗戒を受けたとしても、これは精神の内面における法であるから、大乗戒を基準にして坐順を定めてはならない。しかし末世となるにつれて、諸徳は時世に応じて大乗戒を基準とした。坐順は、各宗の規約によって定めるべきである、とする。

普寂によれば、原理的には小乗戒に依るべきであるが、現実的には大乗戒を優先し、律僧は下坐に坐ることになる。近世当時、現実に小乗戒を完全に実践すること、時間と因習の堆積物を引き剝がして古に復すことは、坐順一つにおいてさえ、教団秩序の混乱と諍いを引き起こすものだった。この状況にあって、普寂は、大乗単独法は末世の現実に応じた法であるから、この世において尊重されるべきだとした。また、最澄については次のように述べる。

本邦叡岳の開祖、梵網戒に依て出家法を立つ。乃ち山を以て浄刹に擬し、湖を以て宝池に充つ、足を蘭若に結して、梵行を精修し、十有二載人寰《かきね》を蹈せず。自行已に成れば、山を下りて世を化す。化他門に於いては則ち声聞法に依て、篇聚の諸戒を受行することを許す。これ乃ち独菩薩出家法なれば則ち閻浮一化の正軌に非ず。時に適うの権変、已むを獲ずして建立するの意、彰然として見るべし。

（『摘要』、一三丁右）

最澄は、比叡山を浄土になぞらえ、琵琶湖を浄土の池と考えて、大乗梵網戒のみを出家者の法とした。十二年の山籠もりを終えてから、人々を教化する時には、小乗戒を受けて実行することを許した。これは大乗単独法であるから、この世で釈尊が定めた正しい方法ではなく、時世に応じてやむを得ず定めた意図を理解すべきである、とする。本質的に浄土で行われるべき大乗戒を現世で実行することは、場所と時の多様な情況と必要性への対応であり、末世に応じて表に出てきた大乗教にしたがって行われることである。

普寂の現実への対応は、梵網経の「出家人の法は、国王に向て礼拝せざれ(11)」という俗人礼拝禁止の解釈に、端的に表れている。普寂によれば、俗人への礼拝は「これ時運のしからしむる所」である。

然るに是くの如しと雖も、法澆季に入り、僧徳漸く衰え、一ら栄名を求めて、道法を修せざるなり。世礼興盛し、律検頽廃す。此れはこれ時運のしからしむる所なり。強ちに咎むべからざるなり。この時に当りてや、まさにすべからく時に随い、処に随って、深く自と他との心行を省み、動止理に合せ、進退所を得るべきなり。鄂鄂《がくがく》として古風を説誘すべからず、亦た噏噏《きゅうきゅう》として世情に骫骳たるも宜しからず。これ澆世に道を行ずる者の用心すべき処なり。

（『弁要』巻下、三八丁左）

時代は末世となり、僧侶の徳は衰えて、世間での出世を求めるばかりで、法を修行しなくなっている。世間の礼式が盛んとなる一方で、戒律の作法は衰えるばかりである。これは、時運のしからしむるところであって、現実と戒律とが違うからといって、強いて非難できるようなことではない。時と場所に応じて、自分と他者の心と行為を考えあわせて、注意深く適切に進退をわきまえなくてはならない。いたずらに復古を唱えるべきではないし、汲々として世情に従うべきでもない。これこそが、末世の行道者の用心すべきことである、としている。

普寂は、俗人礼拝の是非については述べない。聞く者が早合点して「復古か世情か」の二者択一をしないように、両者の言葉の平衡を保つことに細心の注意を払いつつ、社会と戒律が背反する時には、自己と社会の両者に対して、慎重さと用心深さが必須であることを述べるだけである。多くの矛盾を孕んでようやく運営されている現実の秩序は、保持されなくてはならないし、自己に対する誠実さを失ってもならない。結論として、彼は小乗戒と大乗戒のいずれの意義も認めている。

予を以てこれを言わば、その声聞毘尼を弘むるは古道なり。深く賞すべし。その独菩薩出家法を立つるは、時を救うの権巧なり。亦た崇むべし。人に在りては則ち否泰有るべし。法に在りては、則ち両つながら各おの理有り。（『摘要』、一四丁左）

小乗戒を弘めることは、釈迦仏の正法復古であり、深く賞賛すべきことである。一方の大乗戒単独法は、末世の現実を救おうとする巧みな方法である。現実において、個人が戒律を実行するにあたっては、どちらを選ぶべきかという問題があるが、理念としては、いずれにも道理があることである、と述べる。

普寂個人は、小乗戒復古の正当性を確信して実践しつつ、現実への配慮として、末世の法として大乗戒単独法を認める。現実には、律僧と官僧の両者の存在を思想的に認めることになる。この認識は、近世律僧のおかれた状況をよく示していよう。普寂の生きた近世中期の現実は、たとえ律僧となっても、もはや戒律を完全に実行することは不可能な社会であった。座順についての議論が示すように、律僧は各宗に附属する公認された律宗の一員として、社会体制の網目に組み込まれており、小乗戒を自他共に共通する第一の基準として生きることは不可能であった。

普寂は、この世の凡夫の分際を超えるものとして、大乗戒を自らに封じた。さらに現実の社会状況の中では、律僧として小乗戒の完全な実行も不可能だった。内にも外にも閉塞した袋小路の中で、次に進みうる場所はどこか。さらなる修行の場として、彼は浄土を目指す。

四　不退の浄土

こうして普寂に、伝統の水脈の中で、浄土が新たな意味を持って現れてくる。そこは普寂にとって、大乗教にふさわしい場所、精神性がそのまま実現するところである。

普寂は、亡くなる年の天明元年（一七八一）、七十五歳で、生涯唯一の浄土念仏についての著書、仮名法語『願生浄土義』を著し、亡くなる半月前に刊行された。普寂は臨終の床で、この著作を弟子に授けて、「『願生浄土義』に余の所懐を述ぶ。余の滅後、汝等すべからく依行すべし」と述べたことが、弟子の鸞山によって伝えられる。[12]『願生浄土義』は、普寂が弟子のために遺した言葉であるといえよう。その主旨は、本願誇りのような誤った念仏を戒めて、正しい念仏を行うよう勧めることにあり、随所に挟まれる問答によって、弟子の疑問に応える形になっている。普寂が目指した浄土とは、どういうものであったか。まず彼が戒める誤った念仏とは何か、ということから見ていこう。

偏に弥陀仏を尊敬し、偏に弥陀仏をたのみ、偏に弥陀仏名を唱へ、余仏菩薩余行余善をまじへ修せずんば、阿弥陀仏これを知見し給ひ、我に一向なるものかなと感じ給ひ、特にこれを憐愍《れんみん》し、信行の厚薄にも拘はらず、煩悩罪障の有無をも問はず、みな救摂し給ふべしと、純《もっぱ》ら情計に殉《したが》ふ。これはこれ凡夫の

情窠《じょうか》より出る専修にて、仏祖の専修にはあらず。（『願生浄土義』[13]、一三頁）

ただひたすら阿弥陀仏だけを頼み、阿弥陀仏の名前さえ唱えていれば、その人の信心や行為、煩悩や罪障に関わりなく、阿弥陀仏が感じて助けてくれるというのは、凡夫の私情による誤りであって、仏や祖師の言った専修念仏ではない、という。こういった「情見の専修はこれ万善を障蔽し、妄情を滋長するの栽蘖[14]」であって、凡夫の考えによる専修念仏は、万善をさえぎり覆い、妄情を育てるひこばえであるとする。普寂の考える正しい浄土門とは何か。

往生浄土論は奢摩他・毘鉢舎那を正行とし、五門一法句広略相入し、如来智恵無為法身に会帰す。これ勝解行地未成熟の菩薩を摂し、速に不退に至らしむる易行門なり。導師〔善導〕は観経を判ずるに、観仏・念仏両宗を以てし、自行化他この宗猷に随ふ。（『願生浄土義』、一一頁）

世親の『浄土論』では、止観の瞑想を正しい行として、様々な瞑想を行って如来の智恵に帰す。これが、未熟な菩薩も速やかに不退位に至りうる易しい方法であり、善導は、『観無量寿経』を観仏と念仏によって理解し、この教えに随った、とする。さらに専修念仏の意義については、次のように述べる。

然るに末世濁乱の衆生は、識颺《あが》り心飛て、観成しがたし。たゞ口称念仏は声に随ふ。三昧功高して進み易く、三機普く摂し、速に三昧を発し往業成弁せしむる勝益あるゆへ、選びとりて正業とし、余はみな助業とす。………然れば五種正行を立給ふ所詮は、心を一境に注めて雑慮を制止し、速に往業成弁し三昧発得せしむるの秘術なり。この旨によらずして専修を立るは、全く仏祖の正旨にあらず。……然ば専修の要旨は、心を一処に制し、雑慮を鎮遏するにあり。

（『願生浄土義』、一一―一二頁）

末世の衆生は心が浮わついて、観を行うことができない。口に称える念仏だけは、声に随って誰にでもできる三昧であり、浄土往生できる瞑想であるから、これを正業とする。だから専修念仏の眼目は、心を一つの対象に集中して雑念を止めることにある、という。また「念仏は、声に随ふ三昧にて、妙に雑念散慮を鎮め、三業精一ならしむる秘術なり(15)」と述べており、口称念仏は声に伴う瞑想であり、雑念を払う方法であるとされる。次章で見るように、この念仏理解は、同時代の浄土宗僧侶から非難されることになる。

普寂の法然理解については、『復古集』にある。まず当時の大勢によれば、法然は「天台教観の学習し難きに困《くる》しみて、所宗を退棄して、浄土教に入(16)」ったかのように誤解され、浄土宗の念仏は瞑想（三昧）ではない、とされている、という。それに対して普寂は、法然のような「学識抜群」で「三昧定相の記録」もあるような人が、そのようなことはありえないとして、次のように述べる。

寂、久しくこれを領す。しかも説き著さんとすれば、則ち恐らくは時に牴牾せん。默してこれを置かば、則ち亦た慮る、遂に祖師をして、三家村裏の翁婆を彷彿たらしめ、吉水の法流は壅閼して世に行はれざらんか。ここに於いてか、周舎の鄂鄂を慮すること無きに非ずと雖も、亦た衆人の唯唯に委随するに忍びず。進退これ谷《きわま》りて、胆を舐るのみ。

（『復古集』、新日仏全二九、一九八頁上）

私、普寂は、長い間、法然に対する誤解を知っていた。しかしその誤りを言えば、時世に抵触することになる。かといってこのまま黙っていれば、祖師を無学文盲の翁婆と同じような者とすることになり、浄土宗の教えは閉塞して世に行われない。率直に述べることで批判されることを慮るけれども、衆人の誤りに唯々諾々と従うことも忍びない。進退窮まるばかりである、という。普寂は、あくまでも念仏を瞑想とする立場に立って、法然を理解した。

普寂にとっての念仏は、瞑想の一種類であるから、浄土門と他教とは「難易の二道岐るといへども、所証の諦理二空・唯識唯心・諸法実相等の法義は、全く別異あることなし(17)」。その瞑想方法は、難行と易行とで異なるものの、悟りの内容においては全く一致することになる。それでは、浄土門独自の意義は、どこにあるのだろうか。

通途外凡の衆生は発心已去十信心を修すること、一万劫を歴て不退位に至る。この中間動《やや》もすれば無数の生死を受て進退定らず。これを難行道と名け、陸路の歩行に喩ふ。浄土門は生を浄土に託して、速に不退位に到るなり。菩薩十信心一万劫を歴るうち、五種の難縁ありて往々退堕す。この退を恐るゝゆへ、まづ生を浄土に託し、速に不退を得、三賢十地の道、かの土において成満す。

（『願生浄土義』、四九―五〇頁）

他の教えでは、凡夫は永遠の時間を経なければ、もはや退くことのない境地、不退位に至ることはできない。しかもその間、数限りなく生まれ変わり死に変わりして、その境地は進んだり退いたりして定まらない。一方の浄土門では、自分の生を浄土に預けることによって、速やかに不退位に至る。修行が後退することを恐れるから、障害のない浄土に生まれ変わって、修行を完成する、という。この世は無数の障害に満ち溢れ、純粋な精神的形式へ到達するのはきわめて困難である。現世の境界を越えて精神性へ移行するには、その移行が方法論的な確実さをもって速やかに達成される道、浄土門がもっとも確実なのである。大乗戒に関する著作でも、以下のように述べられる。

この戒〔梵網大乗戒〕受る人に二類あり。一類は、此戒受得已後、生々この法を失せず。三大僧祇劫を歴て、菩薩の道漸々転進して、遂に仏果にいたる。一類は、この娑婆界は魔縁多く、生を歴うちに、退堕せんことをおそれて、生を他方の浄刹に託し、三賢十地の願行を、満足せんとねがひて、浄土の行を修するなり。（『菩薩三聚戒弁要』、浄土宗全書一二、三二五頁）

普寂は、修行の論理的帰結として、大乗があきらかに説かれるにふさわしい場所、純粋な精神的世界、不退の浄土をまっすぐに目指す。彼の学と行は生を越えて、より深い領域へと歩み入る。

その浄土とは、どのようなものだったか。普寂が、浄土の具体的様相について述べることは少ない。『復古集』の「弥陀仏国を明かす」という章でも、諸経論疏を引いて報土や化土などの各説を紹介した後に、「その西方は是れ三界に摂すると摂せざるとを判ずること、及び観経九品の人位等、衆説紛挐にして、ここに載する遑《いとま》あらず。略して浄土を弁じ竟ぬ[18]」として、往生の種類や、西方浄土がこの世に存在するかどうかの議論を避けている。遺著の『願生浄土義』においては、浄土教と他教とが一致することを述べる中で、次のようにある。

諸経論の中、或は有相観行を示し、或は無相離念を宗とし、或は初め有相門より入り、遂に無相寂絶に帰す。浄土教・真言教等は、初め有相門より入り、終り無相法界に会帰する法門なり。……浄土の法門また然り。初め指方立相を宗とすといへども終帰は無相真法界に在り。その旨三部妙典及び諸部浄土を讃する経中に炳焉たり。……又浄土の受用境界、風声水音までも、苦空無常無我、三十七品念仏僧法、大慈悲声、波羅蜜声、乃至無所作声、不起滅声、離欲寂滅声等を発揚するゆゑ、見聞覚知、みな真空に契会し、自然に無明妄執を除き、無生忍を証す。

（『願生浄土義』、五〇—五一頁）

浄土教は真言教と同じく、具体的な様相から無相の法界に帰する教えであって、初めに西方浄土を説き、最終的に無相法界に帰す。浄土では風や水の音までも教えを説くから、感覚全てが空《くう》となって、自然と妄執がなくなり、悟るのであるという。続けて、再び「まさにしるべし、この教初め有相を以て、入法の門とし、得定已去無生忍を得、真空無相を証せしむ[19]」と述べている。

普寂のいう浄土とは、魂が有相から無相へ、この世の小乗教からあの世の大乗教へと、次の階梯に導かれる場所、いまだ物質的な知覚形式から純粋に精神化された新しい形式へと、おのずから深化していく場所である。当然ながら、有相の西方浄土と無相の唯心浄土は、矛盾しないことが述べられる。

問て云く、唯心浄土といふは、指方立相の法門と矛盾するにあらずや。

答て云く、この二義門全く乖角することなし。……大乗は法無我所顕の真理なるゆゑ、諸法唯心を示す。……一切唯心にして、しかも十方に無量染浄の世界あるを妨げず。極楽世界西方に儼然たれども、唯心現を妨げず。たゞ相妨げざるのみならず、二義相資て大乗の妙理たり。唯心浄土と聞て、十方の世界なしと思は、これ全く大乗唯識の正理を解せざるゆゑなり。

（『願生浄土義』、五三―五四頁）

唯心浄土は、西方浄土と矛盾するのではないか、という問に答えて、この二つは全く矛盾するものではない。大乗教ではすべてに実体はなく唯だ心のみあるのだから、唯心の浄土であると同時に、十方にあらゆる世界がある。西方に厳然として極楽世界が存在することと、唯心浄土の両者が相まって大乗の教えとなる、としている。普寂が最期に、弟子たちに遺した言葉を、今一度見ておきたい。

吾が門下の多くは、義学に執して事行を軽んぜり。これ汝等が罪なり。それ義学は目の如く、事行は足の如し。目足相扶けて、よく到る所有り。縦え義学有りとも、もし事行欠ければ、なんぞ清涼池に到るを得んや。……無常迅逸〔速〕、脚下万仭、必ず失することなかれ。

（『摘空華』浄土宗全書一八、二九七頁）

学問は目であり、実践は足である。たとえ学問があっても実践しなければ、どうして浄土の清涼池に到ろうか。生は無常迅速であり、脚下には万仭の奈落がある、くれぐれも空しく今生を過ごさないように、と。

普寂の浄土は、自らの学と行によって到達すべき場所であった。

五　普寂の修道論

普寂は、大乗教は、小乗教の頽廃を救うために、釈迦仏没後五百年に初めて一般に流布したとする。大乗教は、本質的に他方浄土の教えであるのだが、この世の頽廃を救うために、便宜上明らかにされたものなのである。その実践である大乗戒は、本来この世では実行不可能な戒めであり、精神性のみが存在する他方浄土で実行しうるものである。この大乗観に基づいて、普寂は小乗戒復古を歴史の必然として、僧侶が大乗戒だけを行うことは原理的には認めない。しかし当時の社会状況の中では、各宗に附属する律僧として、小乗戒の完全な実行は不可能であった。その現実に対しては、大乗戒単独法を現実への配慮と位置づけて、その意義を認めた。

普寂は、自らの合理的な認識によって、この世で大乗戒を実行することを拒否する。しかし現実には、小乗教復古の可能性から遠く隔たった社会を生きている。その状況の中で、普寂が目指すのは、菩薩としての修行を完成しうる場、不退の浄土である。中世の念仏者は、聖道を行い得ない自らに絶望して、浄土を願い念仏行を行ったとされる。しかし近世中期、宗教的観念が時代遅れの世界観として糾弾され、近代につながる懐疑が萌芽しつつあった時代を生きる普寂は、大乗を実践できない凡夫の能力を知ると同時に、この世の現実の中に純粋な精神性、神的なものは存在しえないことをもよく知っている。彼にとって、純粋な精神性である大乗教が完全に実現するのは、この世の外、浄土という場所においてである。

普寂の道は、三昧行である念仏を架け橋として、この世での小乗教からあの世での大乗教へ、現実の肉体から純粋な精神性へと、生を越えて深めていくものであった。現実の世界では声聞教のみが可能な道であり、大乗教の精神性は彼岸に属するものとして、不退の浄土を目指す。生を越えて教判を証明するその歩みに、世俗化が進行する世界の中での孤立と閉塞を越えていく、近世仏者の宗教的強靱さと希求の深さを見る。

近世から近代への浄土観の推移については、柏原祐泉が論じている[20]。そこでは、近世の須弥山説に見られる客観的浄土実在論から、近代の精神主義の清沢満之による主観的実在論へと推移したとされる。須弥山世界に浄土が存在するという経論の記述はないが、客観論から主観論への移行自体は、学僧ら知識人層における伝統的な唯心浄土論が、一般に広がっていった道のりと理解できる。普寂の浄土は、近代の浄土観につながっていく一つであったと言えよう。

普寂没後、彼の思想は各宗から異端として危険視され、仏教思想の表舞台からは消えた。しかし近代に入って、仏教における思想的成熟がようやく始まった明治三十年代、普寂は、歴史的・批判的諸理念のための可能性を開示したモデルとして、浮上する。仏教の革新をめざす境野黄洋ら、青年仏教徒が展開した新仏教運動で掲げられる「自由討究」の先駆けとして、普寂の思想が再発見されることになる。とはいえ、そこで発見された普寂は、宗学のアンチテーゼである異端者として、あくまでも近代を先駆けた合理主義者としてであり、教判を実践する彼の宗教性は、前近代の闇の中に放置されたままになった。そのいびつさは、近代日本仏教の反映であると同時に、今日の私たちの精神の指標、倫理の課題とも重なるだろう。

それでは、なぜ普寂は仏教界の主流から排除され、今に至るまで異端とされてきたのか。次章では、近世初頭の戒律復興から律僧排除に至るまでの、浄土教団の戒律観の変遷を見ていきたい。なぜ普寂のような思想家が生まれ、そして教団から葬られていったのか。近世当時の状況に即して、明らかにしていこう。

註

（1）安永七年（一七七八）版本。大我についての詳細は、第九章。
（2）新日仏全では「之」となっているが、写本では「小」とされることに従い、「小」と読む。大島泰信国訳『顕揚正法復古集』二八五頁、注三二八参照。
（3）『義疏弁要』巻上、一丁右。
（4）大正蔵四〇巻、五六五下―五六六頁上。
（5）小寺文顥「安楽律における戒体論争」、森章司編『戒律の世界』、溪水社、一九九三年、八七二―八七五頁。初出は、『叡山学報』一九、一九七七年。
（6）『菩薩三聚戒弁要』、浄土宗全書一二、三一四―三一五頁。
（7）『法華玄義復真鈔』巻三、新日仏全五、二八四頁上。
（8）『浄土戒学繊路』、浄土宗全書一二、三三五頁。
（9）大正蔵二四巻、一〇〇八頁中。
（10）大我『性悪論』、明和九年（安永元年にあたる。一七七二）、五丁裏。
（11）大正蔵二四巻、一〇〇八頁下。
（12）普寂自伝の最後に、鸞山による補がつけられる。『摘空華』、浄土宗全書一八、二九七頁。
（13）『願生浄土義』、報恩出版、一九一一年。
（14）前掲書、一三頁。
（15）前掲書、三六頁。
（16）『復古集』、新日仏全二九、一九八頁上。
（17）『願生浄土義』、五〇頁。
（18）『復古集』、新日仏全二九、一九六頁上。
（19）『願生浄土義』、五一頁。

(20) 柏原祐泉「近代における浄土観の推移」、池田英俊編『論集日本仏教史　第八巻明治時代』、雄山閣、一九八七年、二二一―二二二頁。

第九章　檀林の定法
──近世浄土教団における戒律観の変遷

一　律僧と教団

辻善之助は、一九五五年に『日本仏教史』によって、近世仏教堕落論を提出した。約三十年後の一九八二年、宗教学の林淳は、辻説を「近世仏教の堕落の様相を綿密に史料によって裏づけ、仏教史上の定説に定着させた」(1)と位置づけた。林は、それ以後の社会経済史の研究は近世仏教堕落論の克服を目指して、民衆の間で仏教が生きた姿を地道に掘り起こしたが、全体像は描けないままであることを指摘した。その最後に、堕落論の起源は、近世後半からの仏教衰退と民衆の反僧侶感情であることを論じて、廃仏毀釈に至る歴史的な状況を解明する必要を述べている。その後、現在までの歴史学的な研究は、近世後半の国学神道なども含めて、近世宗教の全体像を明らかにする方向に進みつつある。

しかし仏教思想の研究については、今に至るも林が指摘した研究状況にさほどの変化はない。各宗派からの実証的な研究は少しずつ蓄積されてきたが、近世を対象とする研究が少ないことと相まって、総論としては堕落論の印象にとどまっていると言えよう。尾藤正英が言うように、近世の仏教は葬祭を担うことで、社会の上層から下層にまで広く普及した。[2] 近世の社会や歴史に即した立場で、改めて仏教思想が普及した意義を考えることが求められよう。

日本仏教は、近世から近代にかけてどのように維持され、変容してきたのか。本章では、普寂への批判を軸として、近世浄土教団の戒律観の変遷を追う。すでに述べたように、通説では、近世の戒律運動は堕落論を背景として、刷新を目指す律僧と頽廃堕落した教団の二項対立として描かれることが多い。[3] しかし浄土律に限ってみても、その関係は近世を通じて変化しており、両者が完全に対立するに至ったのは近世後半と思われる。律僧と官僧は、なぜ対立していったのか。歴史的状況に即して、両者の関わりを考察したい。

近世浄土宗における戒律復興は、大乗円頓戒の復興が前面に掲げられ、その中に小乗戒が入ってくる形をとる。もともと浄土宗の戒観は、智顗・湛然・最澄の天台円頓戒を基本として、法然以後、室町期の了誉《りょうよ》聖冏《しょうげい》の『顕浄土伝戒論』を主たる拠り所として展開してきた。ジェイムズ・ドビンス（James Dobbins）は、浄土宗は専修念仏と戒遵守の一致を掲げて、戒を精神的な理想として受け止めることにより、二項の調和を図ってきたという。[4] 念仏と戒の間で、多様な立場が認められるものといえるだろう。近世においては、中世半ばからの浄土宗特有の戒、婬行の問題を含む浄土布薩戒《ふさつかい》についての是非を巡っても、激しい論争が繰り広げられた。念仏即戒の立場をとり、真言立川流の影響を受けたともされる布薩戒は近代まで継続されて、大正二年（一九一三）に全廃された。

普寂は、思想的にも社会的にも、官僧から批判される典型的な律僧であった。なぜ普寂のような思想家が生まれ、教団から葬られていったのか。末木文美士は、仏教は近世後半において教団の枠を越えられず、社会的支持を失う一方で、国学神道が台頭し、明治初期の廃仏毀釈と神仏分離へとつながっていったことを指摘している。[5] 近世後半からの仏教衰退と民衆の反僧侶感情は、近代の国家神道の台頭を遠く招いたものと思われる。では、近世仏教を現実に担った教団の論理は、どのようなものだったのか。さらに、近世における仏教衰退の一因となった教団の枠とは、具体的には何だったのか。戒律復興から律僧排除に至るまでの浄土教団の歴史に即して、近世における教団維持の論理を考察する。

二 戒律の復興

戦国時代の混乱と衰退を経た近世初頭には、浄土宗においても戒律は忘れられていたようだ。真言律と天台安楽律の勃興を受けて、浄土宗においても一六〇〇年代半ばから、戒律復興が始まった。この時期の戒律書は、大乗円頓戒の復興を主張する。その中で小乗戒は、大乗円頓戒の一部と理解され、大乗戒と小乗戒の双修が理想となった。

その典型は、大蔵経の校訂を行った信阿忍澂（一六四五—一七一一）だろう。忍澂は、二十七歳の時に真言律に入ろうとして断られるが、日常生活では午後の食事をしないなどの律を守っていた。三十七歳で、三昧を修する道場として法然院を開き、円頓戒を掲げて大乗梵網戒を規範としている。[6]

大小戒双修の論理は、忍澂に戒律復興を命じられた律僧、性澂霊潭（一六七六—一七三四）に見える。霊潭は、「天台戒には大戒か小戒かどちらかのみを修する相待戒と、大小乗全ての戒を修する絶待戒がある。浄土教は円頓教であるから、戒も円頓絶待戒、すなわち大小戒双修であるべきだ」という。[7] 霊潭が根拠とする文言は、天台智顗の「三帰依も五戒も十善戒も、小乗戒とされる二百五十戒も、皆全て大乗である」(8)と、荊溪湛然《けいけいたんねん》の「戒に大乗戒と小乗戒の区別はない。その区別は、戒を受ける者の心によっている」(9)の二文である。霊潭と同世代の浄土宗で、性相学者であった義山（一六四八―一七一七）の伝記には、南都の宗覚律師が、湛然のこの一文で、南都菩薩戒の根拠を説明したことが述べられる。(10)この二文は、当時の戒律論でよく用いられるものだったと思われる。

同じく、同世代の立誉貞極《りゅうよていごく》（一六七七―一七五六）は、日課念仏八万声を称え、俗人五千余人らを導いたと伝えられる。貞極は「戒を奉ること整厳にして」(11)、午後には食事をしない律を守っていた。しかし貞極は、「持戒常斎は出家の通規なり。然りと雖も……余が如き三学に分無きは、直だこれ一介の名字僧なるのみ」(12)と言い、「専ら念仏するのみ」(13)として、他人に戒律を勧めることはしなかった。貞極は、霊潭に依って、大乗円頓戒の解説書を書いたが、最後に「自身既に無戒たり。何ぞ他を勧める事をえん」としつつ、「唯円戒を弁ずる人……高鼻を動す事、至極の邪見たり。此事見るに忍び」ないから、この書を書いたと結ぶ。(14)円頓戒の主張は、浄土宗内において徐々に目立ちはじめていたと思われる。

ここでは、従来は宗団保守派とされる成誉大玄《じょうよだいげん》（一六八〇―一七五六）を見たい。(15)大玄は、祐天に学んで宗脈を承け、増上寺に入った。師に修学の志を示すため男根を切断して、京都・南都に九年間留学し、大乗戒を五度受けている。伝記によれば、四十歳で増上寺に帰る時に、「遁世修道の志有りと雖も……群生を済度し大法を分布するの忠恕に換えず」と言っており、もともと隠遁修道の願望も持っていたようである。倶舎論を専門として順調に昇進し、六十一歳で下総結城の弘経寺に入り、五年の間に藩主の帰依を受けて、孤児の養育施設を作る。上野の大光院と小石川の伝通院を経て、七十四歳で増上寺の大僧正となり、三年後に七十七歳で亡くなった。檀林の中でも大光院・弘経寺から伝通院を経るのは、増上寺住職になるための昇進コースであり[16]、大玄は教団の体制を支える一人であった。

しかし大玄は、大乗円頓戒復興を唱えると同時に、大僧正として正面から浄土宗独自の戒であった布薩戒の廃止を主張する。当時、布薩戒に反対することは、それを権威の源泉の一つとする檀林全体に敵対することを意味していた。同時代の大我の言によれば、大玄に危惧を覚えた増上寺幹事の要信が、十八檀林の住職らを招集して、大玄と激しい論争を行った。その結果、大玄の著書が焼き捨てられ、怨みを呑んで死んだ大玄は、毎夜怨霊となって要信にとりつき、三年で死に至らしめたと言う[17]。大我の言の真偽はおいて、こうした噂が生まれるほど、激しい論争があったのは事実であろう。

大玄は、晩年の著作『円戒啓蒙[18]』の序で、その心境を吐露している。曰く、「金剛宝の妙戒も、信ずる人は信を以て正見とす。愛楽する所以なり。嫌ふ人は嫌ふを以て正見とす。忿激する所以なり」、戒も信じる人には愛楽となり、嫌う人には憤激のもととなる。人によって「執見各異なれば、〔戒を〕強て興さんとすとも、興り難かるべし。切に廃せんとすとも、廃し難かるべし。興廃は時運に在り。人力の能すべき所に非ず[19]。予が日西山に薄《せま》って、残る昬《ひかげ》も幾《いくはく》ならず」という言葉に、大玄の抱いていた無力感と徒労感がにじむ。さらに随所で「諸檀林の尊宿は、積功累徳の人なれば」と何度も繰り返し、この書は檀林の宿老方に説くものではなく、あくまでも初学者の入門書であると念を押す。彼の立場と苦心がうかがえよう。大玄が捉えた当時の雰囲気を見てみよう。

今人あつて、戒は雑行なるが故に、善導・円光〔法然〕両祖共に、戒を捨給へりと説き、或は両祖共に無戒の人なりと思ひ、或は浄土宗は無戒が本式なりと執し、或は官僧は無戒を本意とすと執し、其外種々の異説を設く。

（『円戒啓蒙』、浄土宗全書一二、二三九頁）

ある人々は、戒は念仏ではない雑行であるから、善導・法然の両祖師は戒を捨てられた、両祖師共に無戒の人である、浄土宗は本来無戒であって、官僧は無戒であるなどと主張する。さらに彼らは言う、女婬・肉食・博打・偸盗などは、「通途出家の慎むべき大禁なれば、受戒せずとも守るべし。事新しく受戒するに及ぶべからず」。あえて受戒を主張することは異様で怪しく、争いを求めて新法を立てるものである。普通の僧侶として悪事を慎む方が、戒を実行する人より優れているのであって、「有戒は世間に譏嫌あり。百年以来無戒にて済み来れり。万般無事底なるを善とす。異を好むは不宜。世間に違する故なりと[20]」と。これらは大玄がそう伝えるのであるから、ある程度誇張されていることを踏まえても、当時無戒の僧侶は珍しくなかったと思われる。

大玄は「浄家の戒は、念仏を弘通せんが為に此戒を持つなり[21]」として、戒は念仏の助業である、という立場をとって、法然ら祖師は大乗戒に加えて小乗戒を受けたと主張する。法然についての記述を見てみよう。

円光大師も……叡空上人より梵網戒を受け給へり。是れ相待戒なり。其後比丘戒〈小乗戒〉をも受け給へると見へて、中の川の実範阿闍梨に、二百五十戒を授け給へり。〈御伝の中には、鑑真和尚将来の戒を授くと云へり。是れ則ち四分の二百五十戒なり。〉我が身に無き物を授くべき道理なし。此に依て見る時は、比丘戒をも受持し給へること分明なり。

（『円戒啓蒙』、浄土宗全書一二、二三〇頁）

法然は、まず大乗戒を受け、その後に小乗戒を受けた。法然が小乗戒を保持していた何よりの証拠は、他人に小乗戒を授けたことにある、という。大玄は、理論的には霊潭に依って、小乗戒を「此戒は本《も》と小乗戒なれども、大乗心を以て持つが故に菩薩戒と成る[22]」とする。大玄の理想は、大乗菩薩としてあらゆる戒を実行すること、すなわち大小乗戒の双修であるが、その理想は現実にはどのような形になるのか。

今時天下に僧徒多しと云へども、律僧官僧の二類を不出。一に律僧とは、律院に在留して、律儀を学ぶ僧を律僧と名く。二に官僧とは、律院の外の僧を総じて官僧と名く。……何れも仏弟子なるが故に、戒を受持するなり。一に律僧の戒とは、梵網戒の外に、四分の戒を受くるが故に。……二に官僧の戒と云は、官僧は世間俗事に交る故に、……是の故に梵網戒を受けて、四分戒を受けず。是れ即ち官僧の戒なり。

(『円戒啓蒙』、浄土宗全書一二、二三一頁)

天下の僧侶は、律僧と官僧の二種のみに分けられる。律僧は律院に住んで、大乗戒と小乗戒を修する。官僧は、世間俗事に交わるから、俗事を妨げない梵網大乗戒のみを受ける、という。大玄の理解で言えば、律僧は完全な円頓戒(絶待戒・大小戒双修)を実行し、官僧は不完全な円頓戒(相待戒・大乗戒のみ)を行うことになる。

大玄は、最晩年に律院創建の願いを抱いた。その心情は推測するしかないが、檀林とは直接関わらない所で、理想を実現する場所として、新律院を企図したのではなかろうか。古希を過ぎて十八檀林と激しく論争した後に、なお新律院を志す大玄の強靱さは、論敵にしてみれば、怨霊ともなろう彼の執念と思えたかもしれない。大玄没後に、その弟子千如が「貧道不肖と雖も、豈に自己の官栄を慮て、僧正の高徳を顕揚する意無からんや[23]」と創建を引き受けて、目黒の増上寺領に浄土律院長泉院を創建した。大玄を名目のみの初代住職として、普寂が実際の初代住職となった。大玄は、宗団中核において戒律復興を担った一人である。

　この時期の霊潭や大玄らは、大乗円頓戒を前面に押し出して、戒律全般を復興しようとした。その理想は、念仏と大乗戒と小乗戒の実行であった。その理想がある程度現実になっていく過程で、小乗戒を優先させる律僧が生まれてきたと思われる。

三　律僧批判

　霊潭に続く浄土律僧には、湛慧（一六七五—一七四七）と敬首（一六八三—一七四八）がいる。浄土律の系譜で言えば、普寂は湛慧の弟子にあたる。普寂は、明和八年（一七七一）六十五歳のときに、京都で法華三大部を講義し、真理（真如）に悪が本来そなわっているという天台性悪論を否定した。実践を最優先する普寂にとっては、性悪論は修行不用論につながるものと見えたのだろう。これをきっかけに、浄土宗僧侶である大我（一七〇九—一七八二）が、天台の立場に立って普寂を批判しはじめる。性悪説をめぐる普寂と大我の主張については、すでに伊藤眞徹らが論じている[24]。

　大我は、近世仏教研究の入門書とも言える柏原祐泉編集の『日本思想大系　近世仏教の思想』冒頭を飾る人物であり[25]、中野三敏や川口高風らの先学が研究を進めている[26]。大我は、字《あざな》を絶外といい、孤立道人とも名乗る。二十四歳で真言宗から浄土宗に転じて、四十二歳で山城正法寺の住職となるが、三年ほどで狂気を装って出奔した。増上寺大僧正の定月によばれて江戸に下り、七十四歳で没するまでに浄土論書から儒書までを著し、戯歌などでも知られた。浄土宗捨世僧である関通の一派を論難し、日蓮宗とも激しく論争している。

大我は、六十四歳から七十歳頃までに、三冊の普寂批判書を出版した。まず普寂の性悪論否定を批判する『性悪論』（一七七二）、普寂が増上寺で講義することなどを難じる『遊芝談』（一七七七）、その続編『続芝談』（一七七八）と続く。中野三敏は、大我の文を「剛直明快な断論」とも「かたくなな僻説」(27)とも評するが、大我の普寂批判は一作ごとに過激になり、ついに三冊目では「寂黙《シャカ》に随順せざるか故に不寂と称す」(28)と、普寂を不寂と呼んだ。大我の言は、そこに含まれる事実誤認も含めて、当時の多数派から見た普寂像、さらには彼らが抱いた律僧のイメージをよく伝えるものである。

ちょうどこの時期に、一向宗が浄土真宗の名を幕府に願い出て、浄土宗との間に宗号諍乱が起こっていた。大我は、普寂が一向宗の出身であることを難じる。

普寂、徒《と》に謂て曰く……南山〔南山道宣〕は、嶷乎《ぎょくこ》として吉水〔法然〕に勝れり。吉水は唯だ下機を利す、その教を為すこと浅からん。南山は兼ねて上機を利す、その教を為すこと高し。ここに於てや、寂、南山を信じて吉水を疑うこと多し。請う、南山を仰ぎて心を安んぜんか。徒、乃ちその毒を啜りて狂を発し吉水を蔑ろにする者の亦た鮮からずと。……普寂本と親鸞を祖とし……本宗の習気、鼠毒の発るが如く動もすれば大師を蔑ろにして、己にしかざる者の如くす。祖寇と請うべし。しかるに吉水の流を汲む者、体を委ねて普寂を信ずるは実にこれ寇に好みを篤くして、家に火を縦つなり。

（『遊芝談』、六右—七丁右）

普寂は、法然より道宣の方が勝れているとする。彼は親鸞を祖としていたから、法然が気にくわないのである。浄土宗の者が普寂を信じるのは、自家に火を放つことに等しいと、大我はいう。事実は、伝記で見たように、普寂は一向宗（浄土真宗）は正法ではないとして生寺を捨て、その生涯を通じて、親鸞に言及しなかった。

大我は、普寂の実践行が、浄土宗の易行念仏ではないことを難じる。前章で見たように、普寂は念仏を瞑想の一種として理解し、自行として般舟三昧《はんじゆざんまい》を行った。また曹洞宗での坐禅経験もあり、禅僧にも人気が高かった。

吉水の正流に非るか故に、「専念の要とする所は、心を一処に制し、諸想を止息するに在り。専念の方法は、般舟三昧経に出づ」と云ふ。此れ安心起行の方法を知さる証拠なり。……般舟経は諸仏現前三昧の法儀を説て、称名念仏の法則に非す。必す彼の難行の観仏の法を以て、此の易修の称名の則に混すること勿れ。（『続芝談』、二七右—二八丁右）

則ちなんぞ宗祖の唱る所を和して、浄家の人を度せざるや。もし、吾れ乃ち唯だ禅僧を度せんと欲すと言わば、則ちなんぞ宗を改めて禅師と成らざるや。……然るに普寂、実に祖を蔑ろにして、まさに宗を覆さんと欲し、修禅を褒めて以て念仏を貶す。終に称仏の宗を滅する者は、必ずこれ普寂の徒なり。

（『遊芝談』、九丁右―左）

大我は、普寂の勧める般舟三昧の難行と、浄土宗の易修の称名念仏を混乱してはならないと言い、普寂は浄土宗を覆そうとして、禅をほめて念仏を貶す、と言う。

戒については、普寂が「円頓菩薩戒の血脈を抱ながら無戒と思ひ、蔵漸声聞戒を受て有戒と思ふこと」[29]として、まず普寂自身が小乗戒を優先することを問題とする。次に、普寂ら律僧が、浄土宗僧侶に戒を授けることを非難する。普寂に私淑する僧侶らが、「吾党の浄侶は無戒なるか故に、徳門〔普寂〕を師として、受戒するなり」と、小乗戒を受戒することに対して、次のように叱責する。

汝は平僧か和尚ならは、檀林にて沐浴し、礼拝し、前行して、円頓菩薩戒を受たり。蓋し心ろ焉に在されは、受れとも其の戒を知さるか、何そ無戒といふや。縦ひ破犯するとも、永く戒体を失はは。然に自ら無戒と称するは何そや。……円頓菩薩戒を軽賤して、蔵漸声聞戒を尊重するは、大王公を軽賤と為て、小臣僕を尊重とするか如し。

（『続芝談』、八丁右―左）

浄土僧侶は、必ず檀林で大乗円頓戒を受けているのだから、たとえ破戒しても、心中にある戒の本体は永遠に失われない。浄土僧が無戒ということはありえないのに、なぜ自ら無戒と自称するのか。大乗円頓戒を軽蔑して小乗戒を尊重するのは、大王を軽蔑して臣下を尊重することに等しい、という。大我は、大乗戒においては本質的破戒はありえないという論拠として、『瓔珞経』[30]と了誉聖冏の『顕浄土伝戒論』[31]を引いている。

小乗戒を受けることが問題ならば、大乗戒だけを受けること、すなわち「吾党は徳門を師と為て円頓戒を再受す」ることは、どうか。

嗟夫《ああそ》れ何と言ふや。嗟夫《ああそ》それ狂せるや。若し狂せすと言は、何そ檀林に在て檀林の定法を知さるや。東照大神君の御掟の浄土宗三十五箇条第三に曰く、「檀林の碩学衆〈能化〉円頓戒の伝授に於ては、道場の儀式を調え執行せしむべし。浅学の輩〈所化〉猥に受与すべからず。乃至、若し違背の仁に於ては、脱衣流罪せしむる者なり」と。是れ檀林の定法なり。……ここに於て、円頓戒伝授は十八檀林の能化の職分にして……故に古より今に至て、三脈相伝は十八法将の職分にして、六十余州の浄侶みな関東の檀林に掛錫して、修学し伝授して、長老・和尚・上人となるなり。然に不寂は本是れ一向坊主にて、檀林に掛錫せす。何れの処にて円頓戒を伝授したるや。……縦ひ博学広識の比丘なりとも宗門の制禁を破て、円頓戒を伝授すへからす。故に不寂は浄家の法賊にして、檀林の怨敵なり。(『続芝談』、九右—一〇丁右)

気でも狂ったのか。不寂（普寂）から大乗円頓戒を受けることは、東照大権現の御掟、檀林の定法に背くことである。円頓戒伝授は十八檀林の職分の一つである。不寂は一向宗出身であるから、檀林で学んだことさえない。たとえ博学の律僧であっても、宗門の制禁を破って、円頓戒を伝授してはならない、という。大我は関通らの授戒活動についても、「関通及ひ不寂か徒党、おほく比丘沙弥と称して、諸国に往来して、五重弁に円頓戒を伝授すれは、坐なから宗法を伝授すと謂て、国に安住する者また鮮からす。是に於てか関東の所化年々に減少す。是れ檀林の衰患に非すや[32]」と批判した。檀林の枠外にある捨世僧が、全国で戒や血脈を伝授することは檀林職能の否定であり、檀林体制の衰退につながる、と。

また普寂は「吾、未だ布薩を以て戒と為すことを聞かず。夫れ戒というは、五・八・十・具のみ。況んや宗法を以て浄戒と為すに至っては、則ち仏の説く所に非ず[33]」と、布薩戒を完全に否定する。大我はこのことについて、大玄が布薩戒廃止の執念によって怨霊となったことを述べ、「疑うらくはこれ厲にして、普寂に託し来りて、まさに宗極の妙戒〔布薩戒〕を破せんとするなり[34]」と、大玄が悪鬼となって普寂にとりついたから、普寂が布薩戒に反対するのだ、と説明した。

さらに大我は、普寂を迎え入れた檀林の責任者を責める。「然に邪流の不寂を山内に入て講師とし、他宗の笑を顧さるは何そや。蓋し月行事の席役は……右の三役を勤こと能はすして、月席に坐するは尸位なり[35]」と、普寂を増上寺に迎えるような月行事が、その地位に就いているのは無意味であるとする。このように考える大我にしてみれば、宗門に恥辱を与える普寂をはじめ、浄土宗を批判すると思われる人物、華厳宗の鳳潭、浄土律の霊空、浄土捨世僧の関通らに対して、反駁する（「鳳潭、霊空、関通か宗法を疑謗するを反破す」）ことは、確かに「浄土宗を扶けて仏法を護ろうとする志であって、私・大我が彼らを嫉妬するからでは毛頭ない」（「是れ扶宗護法の志なり。豈に愚婦の如く娟嫉せんや[36]」）と言うべきものであったろう。

普寂自身は、大我の非難について「吾が志す所に反す、一として論ずるに足ること無きが故に弁ぜず[37]」として、何も答えなかったという。普寂が自著の中で批判する同時代人は鳳潭だけであり、浄土宗に関わる議論を極力避けていることからも、彼が大我を無視したことは事実であろう。

大我は、宗門をないがしろにする普寂個人の思想を批判した上で、増上寺が講師として普寂を登用することを問題にする。それは蟻の一穴にも似て、檀林外に権威を認めることになり、教団権威の相対的な低下につながるからである。大我のような反感と危惧が広がると同時に、それを理論化する形で、大乗戒単独の主張が生まれてくる。それが、俊鳳妙瑞（一七一四―一七八七）である。

四　律僧の排除

俊鳳は浄土宗の学僧であり、京都を拠点として、念仏と大乗円頓戒を広めた。すでに川口高風らの先学が、その思想と生涯を明らかにしている。(38) 俊鳳は、一遍に深く傾倒して熊野・伊勢などの神祇を祀り、一遍にならって人々に名号を配った。真言・禅・天台を学んで、二十一歳で真言の両部灌頂と三摩耶戒を受け、二十三歳で参禅して、後に白隠から衣を与えられた。三十九歳で大乗戒を自誓受戒し、天台安楽律に反対した三井寺敬光の師にもなっている。

俊鳳の『略述大乗戒義』（以下『戒義』）は、普寂の没一年後に出版されたものであり、その後の浄土宗円頓戒の基礎となったともされる。(39) その主張は、浄土宗僧侶は大乗戒こそ実行すべきであり、ことに入門者は大乗戒のみを行わねばならないというものである。普寂ら律僧に対する彼の危機意識は、序で述べられている。

> 然るに澆風扇ぐ所、間ま大戒を瓦礫に、小戒を金玉にする者の有り。その僻説の帰する所、唯だ別・円の菩薩僧を立てざるに在るのみ。（『戒義』上、序二丁、右）

末世になって、大乗戒を瓦礫とし、小乗戒を金玉とする者がいる。これはつまるところ、天台別教と円教の菩薩僧を許さないことにある、とする。『戒義』最終章には、普寂の大乗論の正否を問う箇所がある。

問う。有る人云く、声聞法の外に独菩薩法を立るは、これ仏滅後、五・六百年の時を救う適変にして、しかも閻浮一化の通軌に非ざるなり。この説道理有りや否や。

（『戒義』下、四四左―四五丁右）

普寂は、大乗法は釈尊滅後の教えであって、釈尊一代の教えではなかった、という。これまで見てきたように、普寂のこの主張は、近代において村上専精の土台となった普寂の大乗論である。近世の俊鳳は、大乗非仏説の問題に対して、どのように答えたか。

答う。……則ち知ぬ、仏在世時に既に独菩薩法有ることを。……又、閻浮一化に菩薩法有り、声聞法有り、菩薩何ぞ必ずしも声聞の通軌を遵学せんや。天台の意に依るに、釈尊の一化、所説の教門、義に準じて推尋するに、具に四教を明す。謂く、蔵・通・別・円なりと。中に於て蔵・通の菩薩は、三乗共行す。まさに声聞の通軌に依るべし。別・円の菩薩は、二乗に共せず。まさに菩薩の通軌に依るべし。然るに声聞法を以て、閻浮一化の通軌と為すと言うは、蓋し別・円の教意を識らざるに由てなり。

（『戒義』下「釈通疑難」、四五丁右）

答える。天台智顗に依れば、釈尊一代の教えは、蔵・通・別・円の四教である。蔵教と通教の菩薩は、小乗声聞の軌則を守る。別教と円教の菩薩は、大乗菩薩の軌則を守る。普寂が、小乗声聞法だけを釈尊一代の教えとするのは、高度な大乗教（別教・円教）の意味が分かっていないからである、とする。俊鳳は、普寂に対して、「穢土に三乗共修の菩薩僧有り。亦た別・円不共の菩薩僧有り」と、この穢土において大乗教のみを行う菩薩がいることを主張する。(40) 俊鳳が、大乗非仏説という時代的な問いを共有することはなかった。彼においては、大乗と小乗の問題は、官僧と律僧の現実の関係に嵌め込まれて矮小化され、律僧排除の教団論となった。

ここに知ぬ、声聞法の外、別に菩薩の七衆と五・八・十・具の戒有り。

（『戒義』上「菩薩七衆」、二三丁左）

大乗法の中には、三聚・十重・四十八軽を受持するを、名けて具足受戒と為す。……吉水云く、天台の意は二の具足戒有り。謂く、大乗具足戒と小乗具足戒なり。大乗は梵網に依て、五十八戒を持つなり。小乗は四分・五分・十誦・僧祇等の律に依て、比丘は二百五十戒を持ち、比丘尼は五百戒を持つなり。

（『戒義』上「具足受戒」、二六丁左、二七丁左）

小乗教とは別に、大乗教においても七種の教団構成員が存在し、大乗独自の戒を持っている。大乗具足戒とは、梵網経の五十八戒である。小乗具足戒は、四分律などによる比丘の二百五十戒、比丘尼の五百戒である、という。これは、小乗教と同じく大乗教においても、独自の教団構成員と戒律が存在するから、大乗教団に小乗戒は不要である、とする主張である。現実には、教団から律僧を排除する論理として、律僧の存在を否定する主張になったから、後に浄土宗外の律僧からも批判されることになった[41]。俊鳳は、法然と小乗戒については、次のように述べる。

吉水、南都大仏殿に於て……天台円戒を説きて云く、我山はこれ大乗戒にして、当寺はこれ小乗戒なり、と。吉水、もし小戒を実範に受くること有らば、則ち何ぞかくの如き大小相隔の語を出すべけんや。ここに知ぬ、吉水は単に円戒を伝えてしかも小戒を授受せざること必せり。

（『戒義』下「円戒弘伝」、四一左—四二丁右）

法然は大乗円頓戒のみを伝えたのであって、小乗戒を授受したことはない、という。俊鳳の結論は、「苟も名を蓮門に標する者は、皆円戒を稟けて菩薩僧と為らざるなし[42]」である。俊鳳は、入門者が小乗教に親しむことをたびたび戒めて、「新学菩薩は、実践行においては、大乗と小乗を相い隔つべきである[43]」とする。当時、ことに若者が律僧に近づいて、戒を受けることが目立ったからだろう。

俊鳳と親交があった空誉義柳（—一八〇四—一八〇七—）は、俊鳳に依って、関東檀林から修学を終えて帰ってきた弟子たちに、律僧批判について、次のように説いている。

然に今世は関東にて両脈相承し乍ら、重て律僧に受戒せざれば、未だ受戒せぬ様に心得、或は布薩戒を受得したる浄土の能分、結縁相承の授戒するを看ては、為す間敷事をする様に怪み、誹謗するは、顚倒の迷甚しく、又是れ宗の規約を軽蔑するものにして、最も恐るべきこと也。必ず是等の邪見に与みすること勿れ。

（『浄土戒学繊路』浄土宗全書一二、三三七頁）

宗戒両脈を関東檀林から受けた者が、さらに律僧から受戒しなければ受戒にならないとか、檀林の布薩戒受持者が戒を授けるのはおかしいなどと誹謗するのは、顚倒も甚だしい。宗の規約を軽蔑する邪見である、という。こうした義柳の批判は、大玄や普寂らの主張が、ある程度の広がりを得ていたことの証左でもあろう。

義柳が認める正しい律僧とは、檀林に修学し、小乗戒より円頓戒を優先する者である。もし律僧が、大乗円頓戒を他人に授けようとするならば、「浄宗の規則に順じて、四箇の本山、或は檀林に於て」布薩戒を受得しなければならない、とする。[44] 義柳は、律僧が大乗戒を優先する形で小乗戒を行うことは認めるが、律僧の大乗戒授受については、布薩戒にもとづく教団秩序を破ることになるとして、これを許さなかった。

一八〇〇年代に入ってからの書としては、顕了の『浄土宗円頓戒玄談』（文化十二年・一八一五、以下『玄談』）がある。江戸檀林での修学へと向かう弟子たちに、僧侶の心構えとしての円頓戒を説いたものと思われる。顕了は大玄を拠り所としているが、「兎角若輩の内は、持戒と云と、律僧計り持つ者の様に思ふは大なる誤なり」と戒め、「官僧も梵網戒を持つが故、屹とした持戒なり」[45]と、官僧としての持戒を勧める。そのころの様子がうかがえる一文を、あげておこう。

江戸檀林は、将軍の御威光格別なる故に、敢て昔に替ることなし。田舎檀林をみれば、昔は僧数も多く庵主もあり。空寮もなかりしが、近来は殊の外僧も減り庵主になる人も無き故に、或は空寮になり、或は寮の潰れ果たる処もあり。……同じ僧院でも律僧境界をみれば、無縁寺なれ無縁の僧なれ、いつとなく檀家より、信を運ふ、衣食財物を贈ると見へて、寺も僧も憂ふる色なく温和に暮すなり。……学寮寺院の繁昌不繁昌は、敢て世上の困窮不困窮にも依らぬ、僧の有戒と無戒とより出たり。

（『玄談』、浄土宗全書一二、三七三―三七四頁）

江戸檀林は昔と変わらず繁昌しているが、田舎檀林は衰退し、学僧の学ぶ寮が潰れた檀林もある。これに対して、律院は檀家からの施物もあって、憂いなく暮らしているのは戒律を守るからである、としている。この時期には、すでに律僧の存在は社会に定着し、官僧との差異がはっきりしていた。

五　教団の選択

近世の浄土戒観は、あくまでも円頓戒を建前とするが、その内実は、律僧を媒介として変容している。まず一六〇〇年代後半から、円頓戒復興を掲げて始まった戒律復興は、霊潭や大玄らに見られるように、大乗戒と小乗戒の双修を理想とするものであった。その運動がある程度広がった結果、一七〇〇年代前半からは一歩進んで小乗戒を大乗戒に優先させる、普寂のような律僧が生まれた。檀林体制から離脱した律僧は、官僧に小乗戒を授けるのみならず、関通らの捨世僧と同じく、大乗戒をも授けていた。

彼らの活動と思想は、檀林と教団の権威を相対的に低下させる可能性を孕んでいたから、大我のような反発を生んだ。その反発を背景として、普寂ら律僧に危機感を抱いた俊鳳によって、大乗戒のみを円頓戒とする律僧排除の論理が創唱された。それ以後、一七〇〇年代後半からは、律僧と官僧の対立と住み分けが進んだと思われる。

終わりに、普寂没後の長泉院に対する、教団からの対応を見ておきたい。律院の根本的な規則である定規は、通常は創建時に出されるのみである。しかし、普寂が住職であった江戸目黒の長泉院定規は、宝暦十二年（一七六二）に加えて、普寂が没して五年後、天明六年（一七八六）にも出されている。天明六年の定規は、「檀林中評決の上」決定されたものとして、以下のように定められた。

一、円頓戒伝法師家の儀は、檀林職分の定法相承以後たるに依り、具戒の上夏臘己〔己では意味が通じないため、已と読む〕に満じて師位に至ると雖も、授与は勿論、譜脈相渡し候儀、堅く制禁たるべきのこと。

一、一向宗素性の者は勿論、乱真荘偽或いは売道法買名利の輩、間々これ有り候。右躰の者に於いては、入律直弟といへとも掛錫相成らず候間、その段糺すの上相違これ無き分、願出でらるべきのこと。

（「天明六年一一月　長泉院定規」[46]）

円頓戒を伝授する者は、檀林職分を受けた者に限られるから、小乗具足戒の上で年功を積んだ律僧でも、円頓戒授与はもちろん、譜脈を渡すことも堅く禁止する。一向宗素性の者をはじめとして名利の輩は、律院に入ることを禁止するという。「譜脈」というのが具体的に何を指すのか不明だが、律僧内部での円頓戒譜脈のことだろうか。「一向宗素性の者」というのは、明らかに普寂のことである。

この律院規定は、転宗者を排除して、檀林による大乗円頓戒の授戒権独占を定めたものである。大我の普寂批判を具体化したものといえよう。律僧を教団周縁の存在として限定する、これが普寂に対する教団からの答えであった。

正統とは、何を拒否するかによって、その性質がもっとも明らかになる。教団による普寂の拒否と排除は、浄土宗の枠を越えて各宗派に共通するものとなり、そのまま近代に受け継がれた。第一章で見たように、明治末期においても普寂は蛇蝎の如く忌み嫌われ、たとえその著作を読んでも読んでいないふりをするのが、いわゆる正統派の学者であった。一方で近代以後の仏教叢書に普寂の代表的な著作が多く入ったことは、それらを後代に遺すべきものとして、仏教内部で選ばれたことを示している。また村上専精らの近代的仏教学において、その学問が高く評価されたことは、見てきた通りである。普寂没後、その思想は学問と実践に二分され、前者のみが近代へと引き継がれていったと言えるだろう。

註

（1）林淳「辻仏教史学の継承と批判」、田丸徳善編『日本の宗教学説』、東京大学宗教学研究室、一九八二年、六一頁。
（2）尾藤正英「日本における国民的宗教の成立」、岩波現代文庫『江戸時代とは何か』、岩波書店、二〇〇六年（初出一九八八年）、一三〇―一三一頁。
（3）柏原祐泉「護法思想と庶民教化」、日本思想大系新装版『近世仏教の思想』、岩波書店、一九七三年、五四八―五四九頁。平川彰『仏教通史』、春秋社、一九七七年、三六五頁など。

（4）James C. Dobbins. "Precepts in Japanese Pure Land Buddhism: The Jōdoshū" Going Forth: Visions of Buddhist Vinaya, ed. William M. Bodiford, 252-253. Honolulu: University of Hawai'i Press, 2005.

（5）末木文美士「近世仏教の思想」、『論集　近世の奈良東大寺』、東大寺、二〇〇六年、一六頁。

（6）『獅谷白蓮社忍澂和尚行業記』、浄土宗全書一八。真言律については一〇頁、持律は一七頁、法然院の寺規奉律は一八頁。法然院の持戒と念仏については五三頁。

（7）霊潭『円戒口決』、浄土宗全書一二、二〇五、二〇七頁。

（8）智顗述・灌頂著『法華玄義』「三帰・五戒・十善・二百五十、皆これ摩訶衍なり」、大正蔵三三、七一八頁上。

（9）湛然『止観輔行傳弘決』「当に知るべし、戒に大小無し、受者の心期に由ることを」、大正蔵四六、二五五頁上。

（10）『洛東華頂義山和尚行業記幷要解』、浄土宗全書一八、一〇〇頁下割注。

（11）『貞極大徳伝』、浄土宗全書一八、一九六頁。

（12）前掲書、一九六頁。

（13）前掲書、一九六頁。

（14）貞極『円戒二掌記』浄土宗全書一二、二二四頁。

（15）以下の大玄の伝記は『三縁山故大僧正大玄大和尚行状』、浄土宗全書一八、二〇三―二一四頁。

（16）「増上寺と関東十八檀林」、圭室文雄編『図説日本仏教の歴史　江戸時代』、佼成出版社、一九九六年、七八頁。

（17）大我『遊芝談』安永六年（一七七七）版本、一五丁右―左。

（18）浄土宗全書一二、二二五―二八五頁。上田霊城前掲論文「江戸仏教の戒律思想（二）」に「一七五一年」とあり（一四七頁）、大玄が伝通院に住していた時代となる。

（19）大玄『円戒啓蒙』序、浄土宗全書一二、二二五頁。

（20）前掲書、二四一、二四二頁。

（21）前掲書、二三四頁。

（22）前掲書、二三八頁。

（23）『三縁山故大僧正大玄大和尚行状』、浄土宗全書一八、二一二頁。

（24）伊藤眞徹「普寂律師と大我上人―特に台宗性悪説について―」、『摩訶衍』四、一九二四年、普寂については四一―

五三頁、大我については五三―五八頁。また石島尚雄「大我の『性悪論』上の性起思想と性具思想の論争について」、『駒澤大学大学院仏教学研究会年報』一四、一九八〇年、がある。

(25) 日本思想大系新装版『近世仏教の思想』、岩波書店、一九七三年、七―三三頁。ここに載せられた大我「三彝訓」は、荻生徂徠に反論する仏儒神の三教一致論である。

(26) 川口高風「『摧邪問答』をめぐる論争」、『諦忍律師研究』下巻、法蔵館、一九九五年、一〇二六―一〇六九頁。川口は、大我と真言律の諦忍との論争を明らかにした。大我の伝記は、中野三敏「釈大我伝攷」、『愛知淑徳短大紀要』六、一九六七年、が年譜形式で詳しい。同じく中野三敏「大我狂簡」、『江戸狂者伝』、中央公論新社、二〇〇七年、は分かりやすいが、初出論文（一九六五年）をそのまま載せるため、「大我が増上寺大僧正定月に退陣を迫った」という誤りのままになっている（同書、一四六頁）。「攷」では、大我が月席十二人に反論したと訂正される。

(27) 中野三敏前掲書「大我狂簡」、『江戸狂者伝』、一三六、一四二頁。

(28) 大我『続芝談』三十三丁左。

(29) 前掲書、二丁左。

(30) 『続芝談』本文は「それ菩薩戒には、但だ受法のみ有りて捨法無し。犯有るとも未来際を尽して失せず」。『瓔珞経』該当箇所は、大正蔵二四、一〇二一頁中。

(31) 『続芝談』本文は「円頓戒には受法有れども、捨法無し。これを受くると雖も、別行の煩無し。声聞戒の持犯に日夜用心の限り有るが如きに非ず。もし亦た犯有れども、声聞戒の戒体を失するが如きに非ず。故に金剛宝戒と名く」。『顕浄土伝戒論』該当箇所には、戒体のことは書かれていない。大我の主張が入っている引用になっている。浄土宗全書一五、八九五頁。

(32) 『続芝談』、一一丁右。

(33) 『遊芝談』、一三丁左。

(34) 前掲書、一五丁左。

(35) 『続芝談』、一三丁左―一四丁左。

(36) 前掲書、一六丁右。

(37) 『遊芝談』、五丁右。

(38) 川口高風前掲書「俊鳳妙瑞の伝記」、『諦忍律師の研究』下巻、八七三―九二一頁。『略述大乗戒義』をめぐる俊鳳と諦忍との論争の一部始終が、翻刻と解説によって明らかにされ（同上、七六八―八七二頁）、大変参考になった。浄土宗からの研究は、井ノ口泰温「俊鳳上人の行実と学説」、『西山学報』四、一九三一年と、上田良準「俊鳳妙瑞の生涯」、『西山学報』一五・一六、一九六四年がある。

(39)『仏書解説大辞典』、森本真順の「略述大乗戒義」解説による。

(40)『戒義』上「純菩薩僧」、四右―五丁右。

(41) 川口高風前掲書、『諦忍律師の研究』下巻、七七九―七八〇頁。

(42)「新学菩薩、すべからく解・行を分つべし。もし学解に約すれば、則ちまさに絶待の義に依て、以て一切法を融すべし。もし学行に約すれば、則ちまさに相待の義に依て、以て大・小を相隔すべし」。『戒義』下「円戒弘伝」、三九丁左。

(43)『戒義』上「相待絶待」、四八丁左―四九丁右。

(44)『浄土戒学繊路』、浄土宗全書一二、三四〇頁。

(45)『玄談』浄土宗全書一二、三六一頁。

(46) 東京都立大学学術研究会編『目黒区史・資料編』、東京都目黒区発行、一九六二年、四四五―四四六頁。

おわりに

近世仏教思想の独自性とは何か――。

まず中世南都の学僧であった貞慶（一一五五―一二一三）の言葉から、中世人の宗教的な心情を見てみよう。貞慶は、興福寺から遁世した法相宗の学僧であり、法然を批判すると同時に、戒律の復興を志した。中世の旧仏教を代表する一人である。後世に広く流布した、彼の『愚迷発心集《ぐめいほっしんしゅう》』冒頭には、恐るべき自己認識が述べられる。

敬《つつし》んで、十方法界の一切の三宝、日本国中の大小の神祇等に白して言く、弟子五更に眠り悟《さ》めて、寂寞たる床の上に、双眼に涙を浮べて、つらつら思ひ連《つら》ぬることあり。その所以《ゆえん》いかんとなれば、夫れ無始輪転の以降《このかた》、……常に地獄に処することは、園観に遊ぶがごとし。……我《われ》いかなる処よりか来れる、また去りていかなる身をか受けんとする。……神と云ひ、仏と云ひ、またこのたび纔《わず》かに知る者なり。

（『愚迷発心集』[1]）

神仏に申し上げる。深夜に目覚めて、涙と共に深く思うことは、私は一体どこから生まれ来て、どこへ死に去るのか。思えばこれまでの果てしない輪廻の間、常に地獄にいたのである。神仏と出会ったのも、わずかに今生が初めてであり、頼みにもならないわずかの縁にすぎない、と。ここで認識される自己は、永遠の冥い過去から果てしない未来に続く輪廻転生の中の一点である。それはたとえば、暗闇の中で始点も終点も見えない長い長いレールを、たった一人で永遠にとぼとぼと歩き続ける私である。

この果てしない悪夢から脱け出すただ一つの方法は、道心を発して仏に成ること、仏道修行を決意して実行することなのだが、貞慶は、どうしても自ら道心を起こせないと悩み続ける。

発心修行の計《はかりごと》、内と外と共に乖《そむ》けり。……夜は則ち睡眠のために侵《おか》され、昼はまた塵事のために汙《けが》さる。……かの乞匃《こつがい》非人の門に望むに、賜はずして悪厭《おえん》せしめ、烏雀犬鼠《うじゃくけんそ》の食を求むるに、情を廃《す》てて慈悲もなし。……朦朦緩緩として、昨《きのう》も過ぎ、今《きょう》も過ぎぬ。悲しいかな、痛ましいかな、徒《いたず》らに晩《くら》し、徒らに曙《あか》す。

（『愚迷発心集』[2]）

自らの発心修行の志を、私は常に裏切っており、ありあまる時間も無駄に過ごし、門に来た乞食や餌を乞う犬などに対して嫌悪するばかりで、慈悲心もない。朦朧として、昨日も今日も過ぎていく。なんと悲しいことか、痛ましいことか。貞慶の願いはただ一つ、仏道への覚悟、道心を起こすことである。

我進んで道心を請ふ。……かの二利の要義を思ふに、ただ一念の発心に在り。……仰ぎ願はくは、三宝の神祇、愚意を哀愍《あいみん》して、道心を発《おこ》さしめたまへ。一要もし成就せば、万事皆足りぬべきのみ。

（『愚迷発心集』(3)）

ただ仰ぎ願わくは、神仏が私を哀れんで、私に道心を起こさせてくれることを請う。この一事さえかなえば、すべては成就しうるのである、と。貞慶は、仏を目指す自己の心さえも、当の神仏に衷心から願うことができる。彼にとって、神仏の加護や哀れみは、いわば空気か水のように当然のことであって、もし加護を得られないとすれば——この場合、もし道心を得られないとすれば——、ただ自己の真摯さが足りないからなのである。(4)神仏自体への疑義は決して抱かずにすむ貞慶は、確かに神仏の懐に深く抱かれている。輪廻転生に怯え、そこから脱出するための発心を神仏に請う彼の懺悔は、中世の冥《くら》く美しい夢である。

近世の宗教世界が、果たしてこれまで考えられてきたほどに世俗的な色合いが濃いものであったかどうかについては、近年さまざまな議論がある。しかし知識人の思想を見る限り、中世とくらべれば近世における神仏ははるか遠くに在り、その存在は危うく儚《はかな》い。普寂の三大疑問は、そのことを如実に物語る。

時に衷懐に忽然として三大疑を生ず。一に建立器界の事。二に大小両乗の弁。三に因果報応輪回の趣。予、仏教の大体に於て深信を得るに及んで、遅慮する所無しと雖も、但だこの三関に於てのみ明了を得ず。

（『摘空華』(5)）

仏教を深く信じるに至って、もはやためらうことはないけれども、その宇宙像と教えの空間的・歴史的な実在性、因果輪廻の教説の意義はどうしても理解できない、と。この疑義は、日本近世における宗教的な知性のありよう、世界史的区分で言えば近代初期における主体のあり方を象徴的に示していよう。仏教を深く信じる普寂にとってさえ、仏教の語る宇宙や歴史はもちろんのこと、貞慶には疑うべくもなかった因果と輪廻の世界観も、もはや無前提には到底受け容れられないものとなっていた。それらの疑問は、仏の不在を示唆する致命的なものであった。仏の存在が疑われる以上、貞慶のようにその解決を神仏に一任することは、すでに不可能である。近世知識人である普寂は、自己内部にある聖と俗との深い乖離を、まず俗たる自分の側から埋めねばならなかった。

普寂が生きる世間の日常においては、富永仲基が言うように「只今日の人の上にて、かくすれば、人もこれを悦び、己もこゝろよく、始終さはる所なふ……人のあたりまへより出来たる事」[6]、すなわち今現在の周りの人と感覚こそが現実味のある理非である。出定如来と自ら名乗る仲基に見えるのは、今のならわしと今世のみであって、貞慶の恐れた輪廻の過去世も未来世もあり得ない。

一方、仏教内部の状況は、どうであったか。社会・経済史的な視点から見れば、幕藩体制下において繁栄を極める仏教教団は、普寂や仲基といった時代を超える個人を生む直接的、間接的な母胎となった。たとえば仲基の持つ仏教の知識は、膨大な仏教典籍を含む近世の出版状況が背景にあるだろうが、教団なしでは経典類の継続的な出版は不可能であっただろう。また、近世を通じて正しい仏法なるものを求める律僧という個人的な形式が、とにもかくにも保障されたのは、巨大な教団組織が現実の下支えになったからである。その意味では、檀林の定法あってこそ、律僧の活動が可能であったとも言えるだろう。

しかし思想史的に見たとき、たとえば出定如来・仲基が生まれる時代、世俗が圧倒的な価値観となっていく世界の不可逆的な変質が、[7]仏教内部においてどこまで認識されていたか。大我や俊鳳、文雄のように目前の現実と事象に埋没する者が、教団および僧侶の多数派であったのが事実だろう。もちろん世間に対して、漠然としたあるいは明確な危機感を持つ者も常にいた。そのことは、近世を通じて出された膨大な量の護法論を見れば、分かることである。しかし時代状況としての内なる世俗を自覚して、明確に思想化した者がどれほどいたのか。

その実質的な答えは、今後の研究の進展が明らかにすることだろうが、少なくとも、普寂はその一人であった。世俗化が内にも外にも進んでいく状況、過去世と未来世が刻一刻と奪われ失われていく時代において、普寂は教判を生きた。それはとりもなおさず、因果と輪廻による仏教倫理の普遍性を具現化すること、来世を前提として現世を生きることであった。現世での合理性にかなう教えとして小乗教を実行すること、現世での小乗教の実行が来世での精神性、すなわち大乗教を保障する。これはほぼ完璧な実践倫理である、因果と輪廻の世界観を吾がものとしさえすれば——。普寂にとって、その世界観を獲得する道、過去世と未来世を自己一身に取り戻すことは、戒律をはじめとする日々の行いによって初めて可能なことであった。普寂が選択した律僧という生き方は、聖と俗との乖離を俗たる自身の側から埋めていく方法であったろう。

近世仏教思想の独自性とは、強大な幕府権力の下で、内なる世俗と合理性を聖性に昇華させていくこと、近代的な世俗化が進行する世界にあって、仏教を根源とする聖性を獲得していくことにあったと考える。宗教学の堀一郎は、聖と俗の弁証法的な葛藤を論じて、聖界から俗界への越境を述べている。[8]神仏がはるかに遠い世界と時代にあっては、その越境は、俗の側により多くの負担がかかるのではなかろうか。

このことは、優れた思想家であった普寂のみならず、たとえば絹の衣をめぐる近世僧侶たちの議論にも、執拗な低音として鳴り響いている。僧侶たちは身にまとう一枚の衣に、凡夫における不殺生の難問への答えを示し、蓄財に励む貪欲への怒りを託し、禁欲による傲慢という陥穽を見た。世俗権力と結びつく紫衣の欲望を拒否し、聖性を社会的に保証する禁絹の誘惑から逃れ、非布非絹を梃子として、閉塞する現実から跳躍しようとした彼らの精神と学問は、精神の自由の具体性、無我を目指した者たちの強靱さを示す。単なる布地が、袈裟という象徴を通ることによって自身の存在証明となり、思想の表現手段となる近世社会を生きたからこそ、彼らは精神の飛翔を引き出す強靱さを持ち得たと思われる。

近世においては、超合理のシンボルである光り輝く世界海は、すでにはるかに遠い。一方、今のならわしと今世に拠る世俗の価値観も、はっきりした輪郭を持つ思想としては、いまだ誕生したばかりであった。近代以後における聖と俗の関係は、その端緒の時にあって、新たな精神の形式として発見されつつあった。

註

（1）『日本思想大系新装版　鎌倉旧仏教』、岩波書店、一九九五年、一四頁。
（2）前掲書、一九―二〇頁。
（3）前掲書、二八―二九頁。
（4）西村玲「中世における法相の禅受容」、『日本思想史研究』三一、一九九九年、五頁。
（5）『摘空華』、浄土宗全書一八、二八五頁。
（6）『日本古典文学大系九七　近世思想家文集　翁の文』、岩波書店、一九六六年、五五三頁。

（7）近代における世俗主義については、たとえばタラル・アサド『世俗の形成』、みすず書房、二〇〇六年、一九頁。
（8）堀一郎『平凡社ライブラリー　聖と俗の葛藤』、一九九三年、五六―五七頁。

普寂の主要著作一覧

1　仏教総論・護法論・自伝

『顕揚正法復古集』二巻、大日本仏教全書
『諸教要義略弁』、大日本仏教全書
『香海一渧』、『願生浄土義』所収、報恩出版、一九一一年
『願生浄土義』、『願生浄土義』所収、報恩出版、一九一一年
『天文弁惑』、安永六年版本
『摘空華』、浄土宗全書

2　経論注釈書

『華厳五教章衍秘鈔』五巻、大正新脩大蔵経
『華厳経探玄記発揮抄』九巻、大日本仏教全書
『華厳法界玄々章』、大日本仏教全書
『華厳玄々海篙測』、大日本仏教全書
『円覚経義疏』二巻、日本大蔵経
『阿毘達磨倶舎論要解』十一巻、大日本仏教全書
『成唯識論略疏』六巻、大正新脩大蔵経

『摂大乗論釈略疏』五巻、大正新脩大蔵経、日本大蔵経
『法苑義林章纂註』七巻、写本
『天台三大部復真鈔』(『法華玄義復真鈔』六巻、『法華文句復真鈔』六巻、『摩訶止観復真鈔』五巻)、大日本仏教全書
『天台四教義集註詮要』四巻、安永六年版本
『勝鬘師子吼経顕宗鈔』三巻、大日本仏教全書、日本大蔵経
『大乗起信論義記要決』三巻、安永五年版本
『首楞厳経略疏』四巻、天明一年序版本
『遺教経略疏』一巻、寛政三年版本
『般若心経略疏探要鈔』二巻、安永二年版本

3　**戒律論書**

『菩薩三聚戒弁要』、大日本仏教全書、浄土宗全書
『菩薩戒経義疏弁要』三巻、安永六年版本
『梵網経心地戒品摘要』、安永九年版本
『六物綱要』、日本大蔵経
『六物弁』、大日本仏教全書

普寂年譜

和暦	西暦	年齢	普寂関係記事	政治・社会・宗教
宝永四	一七〇七	一	八月十五夜、伊勢桑名増田村の一向宗源流寺に生まれる。父は源流寺住職秀寛。母、中村氏。幼名、左南。	富士山噴火。鳳潭『華厳五教章匡真鈔』成る。
宝永五	一七〇八	二		イタリア人宣教師シドッティ上陸、捕らえられる。
宝永六	一七〇九	三	文字を知る。	徳川綱吉、没。将軍徳川家宣。新井白石、シドッティを尋問。大我、生まれる。
正徳一	一七一一	五	仏像礼拝、読経で喜ぶ。	
正徳二	一七一二	六	浄土三部経の習得を始める。	徳川家宣、没。新井白石『読史余論』成る。
正徳三	一七一三	七		将軍徳川家継。
正徳四	一七一四	八		貝原益軒、没。
正徳五	一七一五	九	九月二十六日、三部経の習得終わる。	富永仲基、生まれる。新井白石『西洋紀聞』（初稿）成る。
享保一	一七一六	十	儒書と詩文を習う。	徳川家継、没。将軍徳川吉宗、享保の改革始まる。

享保三	一七一八	十二	儒書と詩文の習得終わる。	
享保五	一七二〇	十四	伊勢桑名、浄土宗西山派の光明寺にて『倶舎論』「世間品」聴講。	漢訳洋書輸入の緩和。
享保六	一七二一	十五	父秀寛より大呵責され、修学を志す。浄土家書籍を読む。	
享保八	一七二三	十七	北伊勢香取、法泉寺にて円澄（美濃・称名寺住職）より『浄土論註』聴講。	足高の制。鳳潭、京都松尾に華厳寺を開く。
享保九	一七二四	十八	夏、伊勢三重郡下村、成願寺にて円澄より『無量寿経』聴講。秋、四日市、真光寺にて円澄より『阿弥陀経』聴講。	近松門左衛門、没。
享保十	一七二五	十九	伊勢桑名、天祥寺にて禎山禅師より『起信論義記』、『華厳五教章』、『円覚経略疏』、『因明纂解』等を聴講。学教を志して上洛。	新井白石、没。
享保十一	一七二六	二十	京都にて、十玄より『起信論義記』、『四教義集註』、『華厳五教章』、天旭より『成唯識論述記』聴講。泉州堺にて、真教より『大日経住心品疏』、湛慧より『成唯識論述記』聴講。大坂にて、鳳潭より『法華徐註』聴講。	東大寺戒壇院が再興される。
享保十二	一七二七	二十一	一夏の間、河州の雁屋村にて義雄と共に『倶舎論』自習。堺にて、専称寺の慧然より『成唯識論』、『倶舎論頌疏』聴講。『倶舎論頌疏』「業品」以後を代講。講義終わり近くに発病し、伊勢桑名に帰郷。肺病か。	

享保十三	一七二八	二十二	桑名にて養生中に、一向宗は非正法と知り、遁世を決意。	徳川吉宗、東照宮参詣（将軍社参は六十五年ぶり）。荻生徂徠、没。
享保十四	一七二九	二十三	桑名にて養生。	
享保十五	一七三〇	二十四	桑名にて養生。	『天経或問』刊行。
享保十六	一七三一	二十五	病から回復し、堺へ行く。四天王寺にて聖徳太子に生死からの出離を祈る。	東大寺戒壇院、再建開始。
享保十七	一七三二	二十六		享保の大飢饉。
享保十八	一七三三	二十七		享保の大飢饉。東大寺戒壇院、再建成る。
享保十九	一七三四	二十八	四月二十八日、一向宗の生寺を出る。夏、河州交野郡津田村の正応寺に行く。秋、尾張の真言宗興正寺に身を寄せる。	
享保二十	一七三五	二十九	高麟より菩薩戒と斎戒を受ける。観音を自仏とする。焼念仏三昧を行い、関通から阿弥陀仏像を受ける。焼掌と断食の苦行を試みて、苦行の誤りを知る。九十日の般舟三昧により三昧発得し、如来蔵を悟る。経蔵にて華厳経を得る。	天桂伝尊、没。
元文一	一七三六	三十	江戸の敬首に、弟子入りを断られ、義灯について上洛。浄土宗に入門（宗戒両脈）。一夏の間、湛慧の『梵網経疏』聴講。義灯に従い、三河の崇福寺へ。二回目の菩薩戒を受ける。天台安楽律を学ぶために	荷田春満、没。

			再度上洛するも、翻意する。江戸に下り、増上寺学寮に住する弟・乾雅のもとで『倶舎論頌疏』を講義。十一面観音像を得る。	
元文二	一七三七	三十一	江戸にて、敬首の『天台菩薩戒義疏』を一夏聴講。義灯について、尾張の円成律寺に下る。	江戸大火、寛永寺焼失。
元文三	一七三八	三十二	義灯より沙弥法を受ける。上洛。近江浄土寺の留守居を頼まれ、近江に下る。	鳳潭、没。
元文四	一七三九	三十三	泉州にて、律僧快存の『四分律行事鈔』聴講。近江に帰ってから、三大疑問を発し、禅の修行を志す。	ロシア船、陸奥・安房に出没。
元文五	一七四〇	三十四	二月下旬に近江から加賀の曹洞宗大乗寺へ旅立ち、三月下旬に到着。慈麟元趾に修行を許され、一夏修行。三度目の菩薩戒を受け、道孝禅師に励まされる。近江に帰る。	
寛保一	一七四一	三十五	浄土寺の可吟庵にて一年半念仏坐禅。三大疑問の解決。	法霖、没。
寛保二	一七四二	三十六	檀家から食事をもらえなくなり、上洛。吉野山の西行の苔清水庵を訪れる。近江に帰った後に再上洛し、通西律師のもとに一年半滞在。	公事方御定書成る。
寛保三	一七四三	三十七	近江に戻る。乞食自炊のため修行できず。	
延享一	一七四四	三十八	南都東大寺の上生院留守居に入るが、一カ月で出る。唐招提寺の菩提庵に居住するも、乞食のため修行できず。赤貧。	

延享二	一七四五	三十九	湛慧の弟子から、衣食の申し出がある。	富永仲基『出定後語』刊行。
延享三	一七四六	四十	湛慧からの具足戒の申し出により上洛し、湛慧に面会。清水寺参詣。七月に備後・尾道に旅行。秋に上洛し、長時院に入る。十二月に湛慧が病となり、法隆寺の法澤に普寂等の授具足戒を託す。	二月、『翁の文』刊行。八月、富永仲基、三十二歳にて没。
延享四	一七四七	四十一	二月十九日、湛慧（一六七五―）没。六月十日、法澤等の証明により、具足戒を受ける。長時院をとりまとめる。	
寛延一	一七四八	四十二	一夏、不能・忍照の具足戒証明となる。法澤の『四分律行事鈔』聴講。長時院住職の就任を拒否する。	
寛延二	一七四九	四十三	病気のために、嵯峨瑞応院、東福寺南明院に移る。一年ほど金銭を受けない行を続ける。	白隠『遠羅天釜』、『諦忍律師語録』刊行。
寛延三	一七五〇	四十四	冬に相国寺雲興軒にて病回復。山中隠棲のため大原に赴くも、観音籤にて中止。	禅海、三十年かけて、青の洞門、完成。
宝暦一	一七五一	四十五	長時院住職となる。	徳川吉宗、没。
宝暦二	一七五二	四十六		
宝暦三	一七五三	四十七	翌年にかけて、僧尼数十人を出家させる。	安藤昌益『自然真営道』刊行。
宝暦四	一七五四	四十八	冬、大心・大成を筆頭とする洛東の禅僧十余人に、『倶舎論』講義を頼まれる。冬から春にかけて『発智』『五足』『婆沙』等を歴覧す。	山脇東洋ら『臓志』を著す。白隠『辺鄙以知吾』刊行。

宝暦五	一七五五	四十九	夏、常楽寺にて『倶舎論』を講義する。六月八日、父秀寛没。長時院に帰って追福。	
宝暦六	一七五六	五十	病悪化し、弟湖巌を呼び寄せる。	貞極、没。
宝暦七	一七五七	五十一	長時院を湖巌に任せ、成等庵で静養。	
宝暦八	一七五八	五十二		竹内式部、拘禁される（宝暦事件）。
宝暦九	一七五九	五十三	湖巌が病にかかり、普寂が再び長時院住職となる。	
宝暦十	一七六〇	五十四	母を呼び寄せて、洛西の福王子村に住まわせる。	
宝暦十一	一七六一	五十五	『成唯識論述記』講義に、聴衆百余人。	将軍、徳川家重、没。
宝暦十二	一七六二	五十六	『倶舎論』講義に、聴衆八十余人。病悪化し、命が危ぶまれ、数カ月間、成等庵で静養。江戸の千如から目黒長泉院の住職を依頼され、再三断るも引き受ける。	江戸大火で増上寺が焼ける。奈良大火で東大寺戒壇院、焼失。安藤昌益、没。
宝暦十三	一七六三	五十七	四月に京都から、善光寺に参詣し、五月に長泉院に入る。秋に増上寺にて『華厳五教章』講義。	文雄、没。本居宣長と賀茂真淵、松坂にて会見。
明和一	一七六四	五十八	増上寺新谷雲察寮にて『倶舎論』講義。	
明和二	一七六五	五十九	増上寺天神谷千如寮にて『華厳経探玄記』講義。性悪論は誤りと知る。	
明和三	一七六六	六十	上洛し、長泉院本尊を堺の心蓮寺に求める。長時院にて『大乗法苑義林章』講義。	山県大弐、捕らえられる（明和事件）。
明和四	一七六七	六十一	長泉院に帰る。夏に長泉院の本堂を建立。	
明和五	一七六八	六十二	七日の本尊供奉。秋に、増上寺にて『成唯識論述	白隠、没。上田秋成『雨

明和六	一七六九	六十三	記』『大乗法苑義林章』講義。弟子の大心を長時院住職とする。『起信論義記』講義。『華厳五教章衍秘鈔』の版木制作開始。『香海一滴』『華厳玄々章』を著す。	月物語』成る。賀茂真淵、没。面山、没。
明和七	一七七〇	六十四	上洛し、成等庵にて『華厳五教章衍秘鈔』講義。	関通、没。
明和八	一七七一	六十五	『法華玄義』『摩訶止観』講義。十一面観音像を造立する。秋に江戸に帰り、増上寺にて『華厳五教章衍秘鈔』『法華文句』講義。	本居宣長『直毘霊』成る。
安永一	一七七二	六十六		田沼意次、老中就任。目黒行人坂火事。
安永三	一七七四	六十八	『般若心経探要鈔』開版。『華厳経探玄記発揮抄』を開版し、冬に増上寺周品寮にて講義。一向宗との宗号諍論のため、長泉院に講義を移す。	『解体新書』成る。東西本願寺、浄土真宗公称の上訴。
安永四	一七七五	六十九		慈雲『十善法語』をまとめる。
安永五	一七七六	七十	『大乗起信論要決』『天文弁惑』開版。この年、三宝を夢見ること七十四回。	
安永六	一七七七	七十一	『大乗起信論義記要決』講義。秋に増上寺慈光寮にて『倶舎論』講義。三宝を夢見ること九十四回。	
安永七	一七七八	七十二	『四教義詮要』開版、増上寺弁戒寮にて講義。夢で「道光」の名を授かる。経蔵完成。三宝を夢見ること百五十回。	ロシア船来航し通商を求める。

安永八	一七七九	七十三	『梵網経台疏弁要』開版。学寮完成。六月『顕揚正法復古集』を完成し、著述を止めようとするも、夢告により著述を再開し『首楞厳経略疏』を著す。六月までに三宝を夢見ること百二十回。	塙保己一『群書類従』、編纂開始。
安永九	一七八〇	七十四	『華厳経探玄記』講義。六月に『首楞厳経略疏』を完成させて、著述を止めようとするが再び夢告により再開し、『遺教経論略疏』を完成。	
天明一	一七八一	七十五	八月十五日、『華厳経探玄記』講義、性起品まで終える。八月二十日、死期を悟る。九月十日、飲食を断ち茶のみ喫する。西壁の浄土曼荼羅に向かって、結跏趺坐し昼夜念仏する。九月二十八日、『願生浄土義』が刊行され、弟子に託す。九月二十九日、七日間の別時念仏開始。日に三回、錫杖を杖として仏殿に昇る。十月六日、別時念仏を終えて、遺偈を告げる。以後、日に三回浄土曼荼羅に礼拝する。十月十日、奢摩多・毘婆奢那の境界現れる。十月十二日、自ら二日後の死を告げる。十月十四日、念仏しつつ眠るように死去。	
天明二	一七八二			大我、没。
天明六	一七八六		一向宗素性者の立入を禁ずる「長泉院定規」が出される。	慈雲、雲伝神道を唱える。本居宣長と上田秋成の論争。

あとがき

寺院の出身でもない私が、なぜ日本仏教を研究しているのか、とよく尋ねられる。私の両親は、葬式や法事はできれば避ける方であったから、私は研究を始めるまで仏教について何も知らなかった。今を生きる多くの人にとってそうであるように、仏教の思想は私にとっても全くの他者だった。

高校生だった頃の日本史の教科書に、平安時代の歌謡集『梁塵秘抄』の数首が載っていた。意味はよく分からなかったが、その言葉がとても新鮮で奇妙に美しかったので、私は授業のたびにそのページばかり眺めていた。

仏は常にいませども　現《うつつ》ならぬぞあはれなる　人の音せぬ暁《あかつき》に
ほのかに夢に見え給ふ

仏も昔は人なりき　我等も終《つい》には仏なり　三身仏性具せる身と
知らざりけるこそあはれなれ

とりわけ、仏と人が同じであるということに驚いたことを、よく覚えている。そんなことは聞いたことがなかったから。

そういうわけで、高校一年の夏休みに読書感想文を書くことになったとき、私は岩波文庫の『梁塵秘抄』を買った。読んでみて、古代末期の歌が持つ伸びやかな美しさ、おおらかさもさることながら、確固たる仏のイメージに惹かれた。この仏というのは、一体何だろうと思った。仏教に興味を持ったきっかけをあえて言えば、このことだったと思う。もちろん高校生に何も分かるはずもなく、めくるめく言葉に惑乱して終わったのだが、次の一首が強烈に印象に残った。

鵜飼《うかい》はいとをしや　萬劫年《としふ》経る亀殺し　又鵜の首を結ひ
現世はかくてもありぬべし　後生わが身を如何《いか》にせん

この歌に惹かれた私は、現代人は皆が後生を失った鵜飼である、ということを感想文に書いた。その後だいぶ経ってから、ある小説の中に、精神を病んだ少年が、この歌をずっとつぶやき続けるという場面を見つけて、この歌に共鳴する人間は自分だけではないのだなと、心強く感じた。少年のつぶやきとして、すべてカタカナで繰り返される鵜飼の問いは、鬼気迫るものであり、哀れを誘うものであった。

本書を書き終えて、自分がこの問いをずっと持ち越していたらしいことに気がつき、驚いている。ともあれ、これが今の私にとって精一杯の答えである。十六歳の高校生は、この拙《つたな》い答えに納得してくれるだろうか。

本書は、二〇〇四年三月に東北大学に提出した学位請求論文「日本近世仏教思想の研究――学僧普寂をめぐる諸問題」をもとに、大幅な加筆と修正を加えたものである。本書を刊行するまでに、多くの師と先輩・友人に恵まれ、支え導いていただいた。この場を借りて、心より感謝の念をささげたい。

まずはじめに、思想史の視野と方法をご指導いただき、常に叱咤してくださる東京大学の末木文美士先生に。そして、一年間のアメリカ留学の間に、時代と地域にまたがる思想史の立場を教えてくださったプリンストン大学のジャクリーン・ストーン（Jacqueline Stone）先生に。末木先生とジャッキー（Jackie）先生は、踏み迷っていた私に宗教思想史の視点を教えてくださり、私は自分の研究を続けていく自信を得た。

東北大学にいらした西洋哲学の坂口ふみ先生には、大学最初の二年間の授業を通して、哲学と宗教の視点を学んだ。坂口先生は、私に学問的な基点を与えてくださった。中国哲学の中嶋隆藏先生は、大学院での漢文講読から博士論文の審査に至るまで、文献の読み方をはじめとして終始細やかに導いてくださり、温かく励ましていただいた。ただ感謝申し上げるばかりである。博士論文の審査では、佐藤弘夫先生、吉田忠先生、大藤修先生、中嶋先生に懇切なご教示をいただいた。

大阪府立大学にいらした上田さち子先生は、大学院へ進学した当初、歴史学に近づきかねていた私に、歴史学の重要さと民衆の意義を懇切に教えていただき、前に進むための確かな励ましをいつもくださった。いつも温かいお言葉をかけてくださる駒澤大学の吉津宜英先生には、東京にいた折にゼミに出席させていただき、仏教学の視点を学ばせていただいた。東洋大学中国哲学の吉田公平先生からも、お励ましをいただいた。

東北大学の曽根原理《さとし》大兄には、日本思想史専攻へ進学して以来、研究者としての基礎と姿勢をお教えいただいた。愛知学院大学の蓑輪顕量先生は、日本仏教の研究者として範を示し、折に触れて励ましていただいた。東北大学の本村昌文氏と東海林良昌氏は、変わらぬ理解で支えてくださった。ミシガン大学のマイカ・アワーバック（Micah Auerbach）氏は、近現代仏教への蒙を私に啓いてくださり、宗教研究の広い視野を教えてくださった。カールトン大学の三後《さんご》明日香氏には、アメリカの日本宗教研究について教えていただいた。

目黒区長泉院の渡邊泰裕氏と渡邊泰充氏は、数度の資料調査を快く受け入れてくださり、貴重な多くの資料を閲覧複写させていただいた。長泉院附属の現代彫刻美術館では、阿部昌義・明美ご夫妻が資料調査の便宜を図ってくださった。いただいたご厚意に、あらためてお礼を申し上げる。

私に研究を続ける場を与えてくださった財団法人東方研究会理事長の前田專學先生と、日々お世話になり続けている総務の三木純子氏に、心より感謝申し上げる。東方研究会で出会った諸学兄学姉は、私に広い世界を教えてくださった。

最後に、太田久紀《きゅうき》先生について語ることを許していただきたい。駒澤女子短期大学にいらした太田先生は、法相唯識《ほっそうゆいしき》の専門家であられた。学部四年の秋、卒業論文のテーマを決めるにあたって、私は法相をやりたかったのだが、法相はことさら難しいと聞いて足がすくみ、動けなくなっていた。太田先生に、必死の思いでお手紙を差し上げたところ、先生は一面識もない学生の私に会ってくださり、思想史の立場から仏教や唯識をやるのは大変よいことだ、と励ましてくださった。そのお言葉をいただいて、私は前に進むことができた。

それ以後、年に数回先生のご自宅に伺ってはご指導を仰ぎ、千代夫人の素晴らしい手料理をごちそうになって帰った。先生のお顔を拝見すると、私は自分の現状と希望を喋り出して、止まらなくなるのだった。先生は黙ってじっと聞いてくださり、私が話し疲れて黙ると、私の目をのぞき込むようにご覧になって、「それで、次は」とだけ仰しゃるのが常だった。そうすると私はうろたえて、自分でも思ってもいなかったような学会発表や論文の予定をぺらぺらと喋り、それらは先生への約束となって、実行することができた。

私の修士論文は、中世南都の法相学僧であった良遍の思想についてであるが、そのテーマは先生からいただいたものである。法相批判の学僧として、普寂をお教えくださったのも先生である。論文発表のたびに草稿を見てくださり、学会発表の折には博士課程の最終年まで、いつも奥さまとご一緒に会場まで来てくださった。先生は晩年ご不調な時が多かったから、来ていただくのは誠に勿体なくありがたいものだった。そのことでどれほど勇気づけられたかは、とても言い表せない。卒業論文から博士論文まで、太田先生は盤石のように私を支えて、導いてくださった。もし先生がいらしてくださらなければ、私が研究を続けることはできなかっただろう。

先生が亡くなられたのは、二〇〇七年の六月のことである。今ようやく本書をまとめることができ、早く本にするようにと前々から仰しゃってくださった先生に対して、宿題を一つ果たした気がしている。博士課程を終えたときに、先生ご夫妻から、法相宗薬師寺の故高田好胤師の色紙と万年筆をいただいた。その時いただいたロイヤルブルーの万年筆インク一瓶が、今なくなりつつある。先生が「それで、次は」と仰しゃるのが聞こえる。そのお声に答えられるよう、これから歩いていきたい。

本書の出版にあたっては、末木文美士先生にトランスビュー社の中嶋廣氏をご紹介いただいた。出版の機会を与えてくださり、根気強く伴走して私の可能性を引き出してくださった中嶋廣氏に、深甚の謝意を表する。

二〇〇八年三月二十五日

西村　玲

初出一覧

はじめに　書き下ろし
第一章　書き下ろし
第二章　『インド哲学仏教学研究』〈東京大学大学院人文社会系研究科・文学部〉、第一四号、二〇〇七年（原題「徳門普寂―その生涯（1707―1781）―」）
第三章　『宗教研究』〈日本宗教学会〉、第三四二号、二〇〇四年（原題「聖俗の反転―富永仲基『出定後語』の真相―」）
第四章　『宗教研究』〈日本宗教学会〉、第三三〇号、二〇〇一年（原題「合理の限界とその彼方―近世学僧・普寂の苦闘―」）
第五章　『宗教研究』〈日本宗教学会〉、第三五二号、二〇〇七年
第六章　『日本仏教綜合研究』〈日本仏教綜合研究学会〉、第一号、二〇〇三年（原題「蚕の声―近世律僧における絹衣禁止について―」）
第七章　『佛教史学研究』〈佛教史学会〉、第四六巻第二号、二〇〇三年（原題「日本近世における絹衣論の展開―禁絹批判を中心に―」）
第八章　『東アジア仏教研究』〈東アジア仏教研究会〉、第三号、二〇〇五年（原題「不退の浄土―普寂の実践観―」）
第九章　『仏教学』〈仏教思想学会〉、第四九号、二〇〇七年（原題「近世浄土教団における戒律観の変遷―普寂批判を通して―」）
おわりに　書き下ろし

＊なお各章とも大幅な加筆・修正を施した。

索　引

ア　行

カ　行

サ　行

タ　行

ナ　行

ハ　行

マ　行

ヤ　行

ラ　行

ワ　行

西村　玲（にしむら　りょう）

1972年、東京に生まれる。東北大学文学部史学科日本思想史専攻卒業。同大学院文学研究科日本思想史専攻、博士課程後期修了。博士（文学）。日本学術振興会特別研究員（SPD、2005〜2008年）。プリンストン大学客員研究員（2005〜2006年）を経て、現在、財団法人東方研究会研究員。専攻は日本思想史、日本仏教思想。

近世仏教思想の独創
——僧侶普寂の思想と実践

二〇〇八年五月一日　初版第一刷発行

著　者　西村　玲

発行者　中嶋　廣

発行所　株式会社トランスビュー
東京都中央区日本橋浜町二-一〇-一
郵便番号一〇三-〇〇〇七
電話〇三（三六六四）七三三四
URL http://www.transview.co.jp
振替〇〇一五〇-三-四一一二七

印刷・製本　中央精版印刷

ISBN978-4-901510-60-8　C3015